U0640985

战场决胜者
/002/

欧洲佣兵战争史

（修订版）

指文烽火工作室 编

中国长安出版社

图书在版编目（CIP）数据

战场决胜者：欧洲佣兵战争史 / 指文烽火工作室著. ——
北京：中国长安出版社，2015.7
　ISBN 978-7-5107-0776-6

　Ⅰ.①战… Ⅱ.①指… Ⅲ.①战争史 - 欧洲②雇佣军 -
军事史 - 欧洲 Ⅳ.①E509②E159

　中国版本图书馆CIP数据核字(2015)第180396号

战场决胜者：欧洲佣兵战争史（修订版）

指文烽火工作室　著

出版：中国长安出版社
社址：北京市东城区北池子大街 14 号（100006）
网址：http://www.ccapress.com
邮箱：capress@163.com
印刷：重庆大正印务有限公司
开本：787mm×1092mm 16 开
印张：16.5
字数：350 千字
版本：2018 年 9 月第 2 版　　2018 年 9 月第 1 次印刷

书号：ISBN 978-7-5107-0776-6
定价：99.80 元

版权所有，翻版必究
发现印装质量问题，请与承印厂联系退换

目录
CONTENTS

序言
PREFACE

（军事革命）对欧洲未来的历史进程产生了深远的影响，它像一座分水岭把现代世界与中世纪社会分隔开来。

——迈克尔·罗伯茨 《军事革命，1560—1660年》

古罗马帝国之后的欧洲，因为军事组织能力和军事艺术水平上的无力与虚弱，曾被称为"没有军队的大陆"。而伴随着文艺复兴运动的盛行，进入近代的欧洲战场也因为一种武器的出现而发生了变化。

英法百年战争时期，在1450年到1453年的几次战斗中，法国人使用火炮击败了固守诺曼底和阿基坦的英国人。1477年，法国国王路易十一依靠火炮消灭了桀骜不驯的诸侯，扩展了领地的控制范围。10年之后，法国王室控制的领地范围超过了之前600年的总和。最终，一个拥有有效税收财政体系的中央集权政府诞生了。

要建立和保卫这样的国家，就需要一支强有力的军队。供养这样的军队需要大笔款项，而只有这样的中央集权国家才能提供这些巨款。在这种循环之下，一种新的军事模式出现了。

通过税收来筹集、提供这些钱款，参战者与付钱者就分担了战争的责任。因此，统治者作为付钱人，就变成了雇佣者。国王们通过军事合同与那些为他效忠的军队达成协作关系。这在英语里被称作"Indenture"（契约），法语里叫"the lettre de retenue"，意大利语里为"Condotta"。最终，"佣兵"（Condottieri）这个词语出现了。佣兵往往包含步、骑、炮三种武装力量。他们相互密切配合，其中很大一部分人员都由国家金库付给工资。

历史学家通常把 1494 年由于法国入侵而爆发的意大利战争作为现代欧洲历史的开端。但是，当时却只有少数人意识到自己已进入一个新时代的黎明。

当 16 世纪来临，伴随着佣兵在欧洲大陆的称雄，欧洲出现了步兵复兴、枪炮应用、防御工事创新、战术变革、海军军备竞赛等一系列军事革命。

这些军事革命同时也催生了欧洲社会的变革。欧洲大陆上甚至出现了从佣兵成为大贵族的"佣兵之王"，比如在荷兰替西班牙国王管理军队的热那亚人斯宾诺拉侯爵，替神圣罗马帝国选帝侯帕拉蒂尼组建军队的恩内斯特·曼斯菲尔德伯爵，先为瑞典后来又为法国组建军队的来自萨克森-威玛的伯纳德亲王，以及领地从波罗的海直到波西米亚的阿尔伯莱希特·华伦斯坦伯爵。

因为这种佣兵贵族的出现，1648 年的《威斯特法伦和约》不得不规定，王位只能归于三十年战争之前就已是贵族的人。

为了供养那些花费巨大的佣兵，欧洲各国不得不在体制上做出巨大的变革和进步。枪炮的应用提高了平民的军事、政治地位，瓦解了旧的社会等级秩序。为了改善君主财政状况和有效地征税，欧洲各国的官僚机构进行了改进，行政效率提高，引起了一场行政管理方面的革命。在此基础上，欧洲军事力量急剧膨胀和壮大，欧洲的经济也得到了飞速发展。

拉丁有一句谚语"钱财搞活战争"，17 世纪欧洲又有一句谚语"战争就是使君王们得到更多的荣誉，使人民得到更多愉快的职业"，它们表明了欧洲财富与军事力量的携手前进。

本书将着力再现那段波澜壮阔的岁月，描绘欧洲文明崛起的关键时刻，探讨文明崛起的精髓与内核。

第一篇

强盛的根基

所有的帝国和统治均在战争中发现了自己的起源。

——让·德·比埃伊 《源泉》

战争从来都离不开浩大的开支，每一场惊心动魄的战争背后都流淌着一条由真金白银汇聚而成的洪流。从文艺复兴以来，直至三十年战争，欧洲各国的无名小卒、天潢贵胄都围绕着叮当作响的金银演出了一幕幕悲喜剧。而铺设并行走在这条金光大道上的，是由金钱聚集起来的各式军队。

作者/
许天成

跃动的金银

14—17 世纪欧洲战争经济简史

> 货币成为一切文明国商业上的通用媒介。通过它，一切物品都能进行买卖，
> 彼此交换。
>
> ——亚当·斯密 《国富论》

每当提起 14 到 17 世纪的欧洲，似乎大家一定会联想到勇敢的统帅和骄傲的国王、悲剧性的英雄和时常变节的雇佣兵。他们谱写了历史，制造了战争和杀戮，改变了这个世界的版图；最重要的一点是，他们似乎从来无须过问"钱从哪里来"这样的"小问题"。

然而事实却恰恰相反。闪耀着魅惑之光的金银币和世界历史之间存在着密切的联系，它既可以"在投入购买赎罪券的钱箱的叮咚声中让人的灵魂洗清罪恶"，也同样能够因为每年 20 万杜卡特（金币，或称杜卡币、泽西诺币、西昆币，意大利威尼斯铸造的金币）的教皇国剥削而在德意志地区引发轰轰烈烈的宗教战争。16 世纪初，为教皇服务的威尼斯雇佣军首领吉安·吉亚柯莫·特利维齐奥（Gian Giacomo Trivulzio）直接对教皇说道："发动战争需要三样东西——钱！钱！第三还是钱！"三十年战争中的著名统帅阿尔伯莱希特·华伦斯坦（Albrecht Wallenstein）则显得稍微委婉一点，他说："没有钱就没有火药，自然就没有战争"。

百年战争的开销和经济影响

让我们以 13 世纪末期开始，一直持续到 15 世纪中期，最为引人注目的英法百年战争为例证，来看一看战争的惊人花费。

首先需要明确的一点是，查理大帝曾经规定，为保证银质货币的铸造质量，每 1 法磅（里弗尔）重量的白银最多可以铸造 22 个苏或 264 个德涅尔。一般情况下，法磅、苏和德涅尔的比例关系则应该是 1：20：240。自公元 9 世纪起，这个比率虽然一直在变动，但基本是围绕着 1：20：240 这样的三级关系来折算的，这也是近代欧洲便士币体系

的源头所在。

1294 年至 1298 年，英国国王爱德华一世与法国国王腓力四世之间爆发了争夺加斯科涅地区的激烈战争，这也是英法百年战争的第一阶段。腓力四世在 1294—1298 年间至少为战争花费了 432000 英镑（相当于 1 英镑约 0.45 千克白银），约占其在此期间全部收入的 61.5%。腓力四世为防御城堡和攻占城堡的行动划拨了大笔专用款项，而这些城堡有很大一部分以惊人的频率迅速地多次在英法两军之间来回易手。爱德华一世则花费了大约 40000 英镑，这是他所有的封建贡赋收入和税收收入。爱德华一世还急切地需要资金来归还他对商人和银行家们欠下的大笔贷款，因此不得不借助极为沉重的关税来为战争筹款，即开征所谓的"恣意税"（又称"邪恶税"），因而招致了许多批评。此后，爱德华一世苦于军费不足而没能在加斯科涅御驾亲征，贵族们也因此抵制了他对封建军事服役义务的要求。迫于压力，1297 年 11 月 5 日，爱德华一世不得不在根特城重新颁布了《大宪章》，并宣布废除"恣意税"。这份文件确认了国王开征新税需要得到议会批准的原则，这是英国历史上的一个巨大转折点。

"自今往后，任何献金、权利令状、赏赐均不会从本王国境内被征收，除非此举出于全国一致共识并确系为全国公共福祉服务。"

——爱德华一世 1297 年 11 月 5 日所颁布之协议

爱德华一世的继任者们的情况也好不到哪里去，英格兰王室手头的现金总是不够。英格兰国王的不动产收入每年只有 5 吨纯银，所以依赖于税收来提高其收入。爱德华一世

时期开始对动产征税（即所谓的"俗世附加税"），该税目在爱德华二世时期最终成为年度固定税种，但是开征该税需要经过议会下院批准。不过，这一约束并不一定是对王权的削弱。因为议会授权使得国王可以公开其意图，并使自己的意图得到全国一致的支持。这有利于明确战争的目的，提升己方国民的组织度。由于英格兰贵族地产的规模通常比法国贵族的要小，国王就必须在更大的范围内征兵。这种情况可见于苏格兰战争中的英格兰军队，其中有大批威尔士和英格兰长弓手。14世纪40年代的英格兰军队中也可见到这种情况。但是跟随爱德华三世在法国北部发动战争的那些军队则是由贵族及其"重骑兵和弓手混编扈从"所组成的，一般说来，重骑兵与弓手之比为1：1。英格兰国王御驾亲征时，部队的服役期与国王一致。如果是由别人带领军队，那么就会更为频繁地运用"定期服务契约"（合同）体系。契约中事先议定服役条件和期限。

到了爱德华三世那一代，虽然时间已经过去了半个世纪，但他依旧如同其祖父一样，非常依赖于贷款。英格兰羊毛出口就被银行家盯上，成了这种战争贷款的重要抵押项目之一。羊毛出口同时也是英格兰方面在百年战争初期的重要财政支柱。法国国王得到的信贷支持则较少。1335年至1336年，腓力六世不得不依靠铸币面值改订（实际上的通货紧缩、货币供应断绝）来渡过难关。腓力六世在统治之初的确想要恢复"圣路易时代（1226—1270）的优良硬币"，但是战争所需使他一再食言而肥。后来的经济史学家统计过，1337—1350年间，法国的货币制度走马灯一样地变换了24次，单单是"一法磅纯银"的重量就在380~550克之间变来变去。

除了只用作记账重量单位的里弗尔之外，

当时的法国还铸造了各种各样的埃居金币。1266年，法王路易九世开始铸造金埃居。埃居的法语原意为"盾形徽章"。这种埃居称大埃居（Gros Ecu）。1337—1349年铸造的金埃居重4.53克，等值于20~25苏，在当时基本等值于1图尔里弗尔的金币。1385年铸造的金埃居重3.95克，等值于22苏。1422年铸造的金埃居重3.47克。1461年铸造的金埃居重3.45克，等值于1里弗尔又13个苏。法王于1473年把1金埃居兑换25苏改为兑换28苏又4德涅尔。1515年又变成了1金埃居等于36.75苏。1547年，1埃居竟然可兑换45苏。金埃居的含金量不断下调，这反映了金银比价的变化趋势。从1483年起，金埃居重3.496克且保持稳定。1577年，亨利三世首次启用白银来铸造埃居银币，规定1银亨利三世埃居等于3图尔里弗尔。路易十三于1641年发行了等值于此的新埃居银币。此后，各种埃居金银币的币值起伏不定，极其混乱，1726年之后才约定残存下来的1埃居等于6图尔里弗尔。

法国国王主要在自己的土地上获得收入并供养军队，这种财力上的优势非常明显。正常情况下，法国国王自己的土地每年能够提供相当于16吨白银的收入。在腓力四世统治时期，法国发展出了一种王权观念，即：国王可以无须召集任何"代表会议"（后来发展为大名鼎鼎的"三级会议"制度）而为国防目的的课税，课税额度取决于人民缴纳的"免役钱"。但是法国同时存在多种不同名目的"免役钱"，而且所谓的"免役钱"并非特指"贵族对国王的免役钱"，法国的普罗大众也会被征收"免役钱"。法国在克雷西战役惨败之后，国难当头，腓力六世趁机于1347年在蓬图瓦兹的一个省级议会上发言炮轰"贵族在军事上的无能"，而且打算用"免役钱"来招收雇佣兵替代贵族

上图: *1266 年第一版路易九世埃居*

上图: *腓力六世"单人人像埃居",铸造下限年份为 1350 年*

上图: *查理六世"王冠埃居",铸造下限年份为 1422 年*

上图: *路易十二世"太阳埃居",铸造下限年份为 1515 年*

上图: *标记为 1643 年的路易十三世"十二分之一迷你银埃居",巴黎造币厂造,重 2.26 克*

军队。所以他借口要组建一支舰队进攻英国，提高了业已存在的贵族"免役钱"的应征额度。尽管腓力六世对于银行家不那么依赖，他从教皇那里还是获得了极其慷慨的贷款。考虑到自腓力四世一手制造出著名的"阿维尼翁之囚"事件（天主教教廷迁移到法国阿维尼翁）后，数十年间教皇一直由法国国王扶植起来的法国人担任，这种贷款就显而易见是怎么一回事了。1345—1355年，教皇总共为法国国王送去了339.2万金弗罗林。

战争无疑也给英法两国带来了巨大的经济损失。亨利·德尼夫勒于1897年到1899年之间出版的《百年战争期间法国教堂、修道院及医院的荒废》一书表示，在14世纪的战争中，即使是教堂也不能免于战火，遭到"失业的散兵游勇"袭击的教堂尤其不能幸免。对法兰西岛地区、奥弗涅地区、安茹地区以及诸如图卢兹、图尔、普瓦捷、佩里格这样的重要城市所做的详细研究也证实了前述观点。例如安茹地

区农村的地租价值在14世纪后半期内下跌了30~40个百分点。

相对于浩大的军费开支，法国各阶级的经济生活状况则千差万别。在1384—1388年这个相对和平的间隙，法国最穷困的小领主也可以一年挣到60里弗尔，最高则可以收入500里弗尔。贫穷的骑士就差得多了，年收入大约在25里弗尔。一个步兵当时一天的薪水大约为3个苏。军备开支方面，当时重装步兵的一套正常质量的盔甲售价约为25图尔里弗尔，一门加农炮的价格为2埃居金币，骑士的战马售价为每匹75图尔里弗尔或60巴黎里弗尔，随从人员的驮马售价为28图尔里弗尔。生活方面，一双鞋售价4个图尔苏，每蒲式耳盐巴较为便宜，只需6个图尔苏，每磅羊油蜡烛的售价为12图尔德涅尔。《军队与骑士壮举录》（*Livre des fais d'armes et de chevalerie*）记载1382年的卢瑟贝克战役期间，一支200人规模的军队作战所需的开支如下：

上图： 此图可能是现存于一份英国手稿中的第一幅加农炮的插图，现收藏于大英图书馆。该手稿出现在为爱德华三世（1326—1327年）所写的一部说明书中，而且可能比沃特·德·马尔迈特论述中的一幅相似插图要早

"让我们考虑一下200名重骑兵再加上他们的仆人，每名骑兵有两个仆人，他们要备有6个月所需的给养。那么按照巴黎人所使用的度量衡，你将会需要约27.5夸脱的小麦。其中的三分之一应该以面包的形式支付，而剩下的小麦则以面粉的形式支付……12架扔石头的投石机，其中有两具投石机应该比其余的更大，以便击毁城防器械、防御盾牌和其他覆盖物……为大炮发射所需，还需准备3000磅铅、6打铁头长枪……反地道作战所需的8个风箱……6打木制铲子……"

所以我们可以发现，战争期间，军人的部分工资采取了实物发放的方式，为便于理解，可以将之与我国明朝官员薪俸中的"本色"、"折色"制度相类比。相对于以上所列的小人物们的消费水平，法国国王花起钱来真可谓是"土豪"。这里的"土"倒不是说国王的品位不高、举止粗俗，而是如同其字面意义，指的是国王陛下购买土地主权的行为。1349年，腓力六世从马略尔卡国王詹姆斯三世那里花钱购买了蒙彼利埃地区的主权，共花费了12万金埃居。

对法国厄尔省卢维埃城的一项研究显示，战火绵延至15世纪之后，英法百年战争对诺曼底地区的经济和物价造成了更为剧烈的影响：该城在1418—1420年之间曾五次易手，其谷物税收入从1424年的29英镑下跌到了1432年的13英镑，而同期该城的总收入则从191英镑下跌到了115英镑。法国人于1440年夺回该城以后，拆除了该地的纺织会馆，以便用其材料重建卢维埃城外围的防御工事。该城的羊毛和其他纺织品的贸易活动因此遭到沉重打击，大量商人迁居至布拉班特和其他一些还能够做生意的地方。15世纪30年代到40年代该地区地租和

农业收成的下跌幅度太大，以至于虽然不是所有的经济问题都能被归咎于战争，现代法国经济学和历史学家居伊·布瓦还是非常激进地称之为"诺曼底的广岛"。物价飞涨的同时却又通货缺乏，经济凋敝的情况也影响到了占领者。许多英格兰人在诺曼底公国被分封了土地，但这毫无意义。这些土地往往价值很小或毫无价值。例如因为法国西北部石灰岩高原地带的丢失和随之而来的经济危机，约翰·法斯特尔夫爵士就损失了他在诺曼底公国封地上应得的那600镑收入的三分之一即200镑。

既然传统战争艺术的运用遇到了这样沉重的经济负担和军事破坏，那么是时候对战争的形式做出一点改变了。

雇佣兵的花费及周边影响

在采邑制度的旧封建体系下，一般而言，封臣的服役期限是每年总计不超过40天，如果国王另外付钱可以适当延长。但从"付钱买人"的那一刻起，这些人就一定是不再可靠的了。而且，从英法百年战争的实际情况来看，40天的封建贵族服役期、3个月的城镇动员兵服役期远远不够。于是法国国王开始把战争中得到的土地、战利品，甚至原属于王室的一些特权下放给跟随自己作战的骑士和随从。但是这种做法代价巨大。于是，在封建中央集权最为发达、王室直属领地和收入最多的法国，国王开始加税并自己雇用军队。原有的军事贵族为免服兵役需要交纳一定的"免役钱"，附庸通过交钱来逃避兵役，封君便拿这笔钱去招募雇佣兵。

对于附庸来说，通过付钱来减少他们个人的服务时间是一件很划算的事。作为采邑的领主，他们需要时间来照料自己的土地和

处理行政事务。对于国王而言，他们也更愿意花钱雇用受过专业训练而且可靠得多的人。12世纪的经济复苏过后，商人和教士手中的货币日渐增多，经历了十字军东征的西欧领主也见惯了东方来的各种奢侈品和东方的先进生活方式。他们情愿出钱买个清静，因此到了13世纪，腓力二世就能够付薪召集常备军而不依赖于临时组织的征召兵。后来，那些支持法国国王的市镇也开始交纳市民阶级的"免役钱"。通过花钱组建常备军和雇用雇佣军，腓力二世减轻对封建附庸武装的依赖。使用领取薪水的军队也有利于加强中央集权并平定"我封君的封君不是我的封君"这种形式的叛乱。1202年，腓力二世雇用了一批共2800人的雇佣兵。其中2000人为步兵，剩下的800人包括骑士、骑兵、弓箭手、弩手、步兵。他们都拿到了国王的报酬并且作为城堡的守备队而固定驻扎在某地。

这些雇佣兵来源五花八门，其中既有法国人，也有外国流浪者。他们的唯一共同点在于都身怀武艺而又穷困潦倒。英法百年战争的持续进行催化了雇佣兵制度的发育与完善。由于西欧封建制度实行的是长子继承制，其结果往往具有两面性。一方面，它维持了采邑的集中度，防止了主从关系的混乱和消磨。另一方面，长子以外的其他骑士很难弄到土地。由此产生出了一种无采邑继承权的无地产无财产骑士阶层。为了还债、维持其奢侈的贵族生活或是开创自己的家系，他们中的一些人开始了游侠儿的冒险生涯。譬如诺曼骑士唐克雷德·德·豪特维尔，他是个小庄园主，但却有12个儿子。于是，有8个儿子跑路去了意大利。在那里，他们通过充当雇佣兵赚钱购买了新的土地。对于这些过剩的贵族子弟而言，大多数人死得籍籍无名，剩下的幸运儿则大获成功。虽然风险

极高，还是有大量骑士踊跃参与，因为对于贵族而言，战争是获得财富和社会地位不可或缺的前提条件，没落、贫困比死亡更坏。对于国王，雇佣兵不受服役时间的限制，服从指挥调度，人际关系简单，而且他们即使没有继承财产，也还是有贵族家学渊源的，即所谓的"拥有骑士的美德"。

1202年的法国王室财政卷宗中记载了雇佣兵的价格。市镇公共财政一般会付出3个里弗尔来代替其出兵1人的义务；为了自身防卫的需要，他们还得另雇一些骑士，1名雇佣骑士每天的薪水是7个苏。一般情况下，骑士的佣金是其净得收入，他的装具和饮食另外由国王和贵族提供。1226—1270年的圣路易时期，路易曾经雇用了香槟伯爵下辖的一个采邑的邑督儒安维尔，并且圣路易还显摆了一把他的会计技能："为表示对儒安维尔的关切，路易亲自为他算账。路易算出，儒安维尔需要再雇佣3名骑士，每人要付给工资400里弗尔，还有800里弗尔要花在马、武器装备和骑士的一日三餐上。"但很可惜的是，以上记录中没有提及这次雇佣的时间长短。至于出身法国西南部加斯科涅地区的弩手的价格，在腓力二世在位期间（1180—1223年）很高昂：骑马的弩手为每天5个苏，步兵弩手较为便宜一点，为每天18个德涅尔。由于弩手属于技术兵种，法国国王比较重视为他们提供防护装备。1295年的一份材料显示，一个法国弩手的装具包括了头盔、皮甲、装在箭袋中的箭矢、手持的一把剑。全套装具的价格为3图尔里弗尔。相应地，这时候他们的工资也比起前辈们涨了一点。14世纪时期，由于在对英国的战争中强调杀伤输出，战场上弩手的重要性进一步提高，法国国王开始从热那亚、西班牙、加斯科涅等地四处搜罗弩手。

雇佣兵中还包括一部分骑兵和步兵。雇佣骑兵薪资水平比骑士要低，却又比普通骑士的随从们拿到的报酬高。骑兵每天的工资是 3 个苏，骑士的听差随从每天最多拿 0.75~1 个苏。雇佣步兵的薪资水平很低，约为每天 9 德涅尔，仅仅略高于军队中徒有虚名的皇室总管。在布汶战役中，腓力二世使用骑兵来保护自己。到了他的儿子圣路易在位的 1231 年，为了雇用 1 名骑兵，就得要求有 3 匹马，作战、骑乘、驮载各 1 匹。到圣路易死后，即 14 世纪早期，骑兵雇佣军和步兵雇佣兵已经被正式纳入王室军队编制。尽管高级贵族看不起并嘲笑他们，教会也会干涉他们的武器装备问题，但他们赖以为生的优秀作战能力却也不得不被所有人认可。

雇佣兵的花费是巨大的，但在西欧货币经济日渐发达而且国家财税系统日渐完善的情况下，雇佣兵比采邑封建附庸兵的能力强很多，因而显得自己物有所值。借助于王室直属领地的巨大财力，法国王室的雇佣兵实际上成了中央集权的战争工具，大大加速了法国国家形态的演变进程。

这对王权是好事，但对平民就不同了。在那个时代，发动战争的人往往故意将平民卷入其中。百年战争期间的反平民行为大都得到了英法双方国王的授意，看上去这似乎是"已经经过授权"的战争行为。但是同时也存在着许多其他的"私人破坏或扰乱行为"，这些行为是由雇佣兵自己决定发动的。在英法百年战争中，据点里的英法双方士兵常常跑出来进行"自由冒险"。而且毫无疑问，他们的佣兵首领赋予了这些小喽啰某些见机行事的权力。虽然英法双方部队都曾宣布过纪律条令以阻止士兵们攻击平民，但他

们仍可以自由决定抢谁的东西作为战利品。而英法双方政府都鼓励海盗行径，即使是在 14 世纪晚期到 15 世纪早期的停战条约期间，海盗行为也从未停歇过。

在法国，除了以上这些问题以外，还有私自劫掠、破坏社会秩序的雇佣兵游荡武装团伙流散在外。他们以"失业雇佣兵"的名头而为人所知。他们发现自己从常备军雇佣关系中被炒了鱿鱼之后，仍自发继续开展针对平民的战争。同时我们必须考虑到，法国这一时期还爆发了两次特别艰苦、暴力性的内战。14 世纪 50 年代末期，在法国王太子和纳瓦拉的查理之间爆发的第一次内战，席卷了巴黎盆地；雅文邑人和勃艮第人之间于 15 世纪早期爆发的第二次内战又蹂躏了勃艮第公爵领地。这两场战争都与百年战争搅在一起。基本上，正是法国人在对英战争中的失利激化了矛盾，鼓动起了公开的秩序大乱和内斗。

由于雇佣兵的来源十分复杂，民族、语言、阶层各不相同，管理和组织雇佣兵是一件千头万绪的事情。同时，使用雇佣兵实际上鼓励了某些地方的青壮年男性脱离土地、脱离城乡劳动。习惯了刀口讨生活的雇佣兵在无事可做的时候又会威胁地方的治安，甚至会发生雇佣兵首领纵兵为匪、私自劫掠的恶性事件。

一般来说，当冲突发生在王室直属军队之间的时候，平民会得到更好的保护。而即便如此，也不能确保士兵的良好行为。1358 年的法国"衬垫斜襟衣衫党"农民暴动（即"扎克雷起义"）的直接起因就是一小撮法国王太子的士兵强占了要塞化的圣勒修道院，无视了其领主稍早前要求"任何士兵都不得夺取、劫掠或抢夺广大臣民的谷物、葡

萄酒或其他食物储备"的训令。

但是暴露在失业雇佣兵团伙面前时，法国人民尤其脆弱。失业雇佣兵的散乱军纪和所犯罪行令人发指。相比之下，法国王太子殿下的队伍简直可以说是彬彬有礼了。毫无疑问，如果不是由于英法战争的缘故，失业雇佣兵的问题本不会出现。这场战争创造出了对于士兵的"史无前例的需求"，但是一次又一次地，这些士兵发现，他们被雇用后没能领到薪水。这种情况在《布雷蒂尼条约》签订后尤其严重。而14世纪50年代晚期，王太子和纳瓦拉的查理之间爆发了内战。这已经造就了一批无法无天的士兵。他们可以肆意按照自己的意愿随时发动"我们自己的战争"。

这些人中绝大部分是法国人，但是也有一些英格兰人、纳瓦拉地区的西班牙人、弗兰德斯和布列塔尼的自由执矛战士。有趣的是，这些人的组织往往模仿了正规军的组织形式。在这些"伟大的扈从队"（即雇佣军）中产生了他们自己的军事首领，首领往往准备残酷地惩罚其属下。他们也试图模仿王室军队的突袭行动——这些行动往往动作迅速，紧张刺激。而且，这种快节奏的暴行容易获得战利品，又不容易与别的士兵发生遭遇或打斗。抢劫平民这种行为在中央政府软弱无能时往往不会被追究。虽然平民们为了抵抗已经结社抱团，他们仍然是一种"毫无防御能力的软弱目标"。正如历史学家赖特写的那样，扎克雷农民暴动时，圣勒的农民们收到了王太子训令。训令鼓舞他们起来对抗行为不端的士兵。

"又及，如果士兵们确有抢劫，我们希望、并且命令，任何人都可采取任何对自己来说最方便的方式方法来抵抗他们并且用钟声从邻近村社寻求支援。"

——1357年3月王太子查理的训令

法国国王对于雇佣兵又爱又恨是有其历史根源的。1356年的普瓦捷战役中，法军大败溃散，就连国王约翰二世都被俘虏。法方雇佣兵团发现，由于军团的秩序已经瓦解，贵族大批死亡，法国国王被俘不知所踪，他们不用再受雇于贵族或者国王，却可以趁乱抢劫而一夜暴富。于是有很多雇佣兵就此失业，流散在外，开始了土匪生涯。

流散在外的失业雇佣兵团伙作案的问题才是导致查理五世在14世纪60年代和70年代重组其军队的实际原因。但是，必须牢记的重要一点是，这些雇佣兵也时不时地被招募到王室军队中去。所以他们的职业状态像走马灯一样变来变去才是常态。他们不仅参加了14世纪60年代在西班牙发起的各类行动，也参与了1369年后对英占法国故土的入侵。到14世纪末，这种雇用关系在更加遥远的战场上也出现了，其中最明显的当属意大利。

后来，失业雇佣兵的问题在英法百年战争的第四阶段险些再度浮出水面。但这一问题的规模和出现的地理范围并不像上个世纪那么大。15世纪30年代中期，英格兰又向法国增兵数千人，但他们在15世纪40年代早期又削减了据点的数量。这导致了"无人雇用且不属于任何据点的人"再次出现，这些人靠抢掠"社会边缘"（即疏于管理或者荒凉偏僻的新开垦地方）的土地维持生计。当英格兰人的要塞守备队出现空缺员额的时候，这些人是很好的人力后备资源，可以从中招人，他们的存在也确实解释了为什么这些空额可以很快得到填补。

当雇佣兵带来的麻烦超过了英法双方的忍耐限度，而英法两国又都想拖欠工资的时候，两国会毫不犹豫地勾结在一起，共同镇压雇佣兵。在签署了《图尔停战协定》之后，英格兰和法国共同合作，采取行动来包围双方的失业雇佣兵。这次战役由当时身在瑞士的法国王太子路易主持。随后，英格兰方面下令所有英方失业雇佣兵在法国东北部的阿尔让唐地区南部集结。其中有些人在要塞守备队里找到了职位，那些有手艺或土地的失业雇佣兵则被要求各自重操旧业，赶紧散伙。而其他被认为是"不适于服役"的人，不论他们是英格兰人、威尔士人还是爱尔兰人，都在卫兵押送下前往瑟堡和巴尔夫勒，再坐船回英格兰。

前面我们说过，躲避英法百年战争的很多商人，尤其是纺织业商人逃往了以布拉班特为代表的尼德兰地区。在尼德兰，神圣罗马帝国选帝侯们发行的弗罗林金币一般作为记账的货币单位使用，日常实际流通中，很

少见到大批量的弗罗林金币出现。1354 年的"选帝侯弗罗林"金币重量为 3.54 克，含金量 98%——这实际上是抄袭了意大利"佛罗伦萨金弗罗林"的标准；德意志地区铸造的其他金币也与之保持一致。但从 13 世纪到 17 世纪，"选帝侯弗罗林"、"莱茵古尔登（莱茵盾）"、"莱茵弗罗林"、"选帝侯古尔登（盾）"发生过几次降低铸币质量引起的贬值。1419 年的贬值最为明显，当年铸造的 1 弗罗林重量下降至 3.51 克，含金量减少至 79%，相当于一次性贬值了 20%。到 1626 年，以上金币的重量下跌至 3.24 克，含金量下跌至 77%。商人们在 15 世纪 40 年代约定俗成的汇率一般是 1 弗罗林兑换 40 个弗拉芒格罗特币。到 15 世纪 50 年

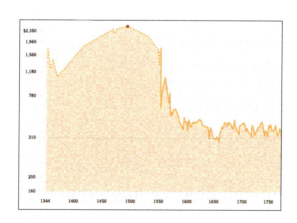

上图: *1344—1770 年的金价 / 盎司估算折线图，折算单位为 1998 年时的美元，美国高盛集团制图。按照图中数据计算，1354 年的"选帝侯金弗罗林"含金量为 3.4692 克，当时黄金折合 1998 年的美元价格是每盎司 1080 美元，即 1354 年的 1"选帝侯弗罗林"可折合 1998 年的 120.46 美元。按当时人民币兑美元汇率 8.27：1 计算，约合 996.2 元人民币。而我们从政府公报中可以查证，1998 年时，合肥地区每斤普通质量的大米为 1.1 元，每立方米自来水为 0.74 元，每个奶油脆筒雪糕为 2 元，每平方米房价 990 元。所以您要是 1998 年拿着这玩意去买米，得雇一辆人力板车才能拉走；买水可以自家开澡堂；买雪糕的话，一天吃一支，得吃约 500 天。最后还得恭喜您，120 个弗罗林您就可以在合肥拥有香港人念念不忘的"千尺豪宅"*

代，尼德兰的大小城主和公爵们正式承认了这个比率。但实际上，在尼德兰地区流通的主要银币是来自于勃艮第的斯图弗或者帕塔银币，它们大约每枚价值2格罗特。自13世纪起，物价水平也显著上升。我们可以参考1430年时美第奇家族的银行支取薪水记录作为印证，账簿上的记账单位是1354年铸造标准的佛罗伦萨弗罗林金币：作为家族总部用途而购置的上等宫殿建筑地产价格为1000弗罗林；美第奇银行"坐在银行大厅里板凳上"的学徒工（"银行"的词源来自于意大利语"banca"，就是指银行大厅里货币兑换商坐着的凳子）年薪为20弗罗林；正式出纳员的薪水是学徒工的两倍；美第奇宫（Palazzo Medici Riccardi）价值5000弗罗林。这一时期的另一个显著特征是银币的贬值和衰落。1467年，莱茵发行的古尔登金币官方牌价下跌到了1：42个弗拉芒格罗特银币，到1488年，这一比率已经跌破1：90。

同样的货币混乱和货币贬值也出现在尼德兰地区与欧洲其他地方的经济联系中。法国货币体系的基本单位是里弗尔银币，主要的辅币则是巴黎和图尔铸造的德涅尔银币。法国早期的里弗尔和德涅尔都是在巴黎铸造的，后期则被转移到图尔并改订了新重量。因此，1图尔里弗尔只相当于0.75~0.8巴黎里弗尔。巴黎德涅尔最后一次发行是在1365年，含银量为16%，重1.28克。法国国王从图尔修道院收回铸币权之后，在1204年至1649年发行了各种质量不一的图尔德涅尔，就发掘结果来看，1223年发行的图尔德涅尔重量为0.78~1.01克，1483年发行的图尔德涅尔重量稳定在1.02克，银含量为8%。虽然有两种法国里弗尔、德涅尔在弗拉芒地区流通，但记账使用的往往还是格罗特。1433年以后，布拉班特就没有了自己的独立货币，但其旧币记账单位则沿用了下来，维持在3个布拉班特里弗尔银币兑换2个弗拉芒里弗尔的水平，记账货币则以弗拉芒格罗特为基础进行折算。

格罗特币和面值更小的德涅尔币在13世纪到15世纪的250年中铸币质量持续下降，而且兑金币的比值也一路下跌。这说明它们实际上已经不含有白银。在金融业十分发达的意大利佛罗伦萨，德涅尔币的价值已经小到了铸造这种钱币完全无利可图。于是，另一种"起码还含有一点点白银"的夸特里尼银币变成了实际流通中面值最小的硬币，它价值4个德涅尔，大概可以买两条1磅重的面包。这种钱币的含银量只有1%~2%，以至于被俗称为"黑钱"。于是，14世纪末期，大量含银量在50%的"半银硬币"开始出现。这类钱币在法国被叫作布莱币，在德意志被叫作威斯芬尼，在意大利被叫作皮格纳，在尼德兰被叫作帕塔。这些质量好的铸币按照其鲜亮的颜色被叫作"白钱"。"白钱"主要用来支付日常生活中的大额购物、租赁所需。每磅黄油或者动物脂肪制造的蜡烛、雇佣石匠的日结工资、有偿使用磨坊的租金都只认各种"白钱"，按照蒲式耳称重批发的苹果、奶酪、杂粮也大多可用"白钱"购买。"黑钱"退缩到了日常小额开支的领域，每一枚"黑钱"只能买很小的一条面包，或一品脱葡萄酒，或一小团不到100克的肉。

基于这样的社会经济条件，低地国家的雇佣步兵，特别是布拉班特的贫民弓箭手和农步兵，大量地投入到了近在咫尺的百年战争中去。到了13世纪初，他们已经在战争中凶名卓著。布拉班特步兵雇佣兵擅长快速行军，而且对敌人十分残忍。在战争中，他们一般精于使用长枪、矛，有些人自备头盔和锁子甲，但大多数人只身穿手工缝合的皮甲。

三十年战争的起因与政治乱局

不过，英法百年战争所带来的混乱和无序，跟德意志地区的情况相比其实就不算什么了。德意志地区拥有众多的自治城市和活跃的市民阶层，它们联合起来，拥有了极大的自主权，还进一步发展成了政治实体。从地理上看，德意志地区的城市可以分为三类：莱茵河流域的美因茨、法兰克福、科隆、斯特拉斯堡、巴塞尔；北海和波罗的海沿岸北德意志平原上的不莱梅、汉堡、吕贝克、格但斯克；南德意志山地多瑙河流域的奥古斯堡、慕尼黑、纽伦堡、维也纳。这些城市是其周边地区的贸易和商业活动中心，也作为各个不同经济圈之间的转运枢纽而存在。它们虽然都是自由市而且具有基本相似的政治架构和社会阶层，但却分属于不同的经济圈，而且历史来源不同。有些城市起源于主教领地和修道院辖地，有一些城市来源于采邑，还有的城市干脆就是王室领地演变来的。所有这些城市的市议会都是主权实体；它们都宣布组成自治的市民社会、各自制定法律、开设司法机构、铸造货币、征收税款、结成同盟、自由地与别国缔结条约或者宣战。于是我们就看见了德意志地区多种多样的货币，形形色色的城主、雇佣兵、王侯之间各种莫名其妙的战争一刻不停。

至于隐藏在这些统帅们身后的银行家和高利贷商人，往往在自己的言语中将贪婪不经意地流露无遗。譬如曾经自封为"事实上的欧洲央行"的赫尔措格、金权帝国的后起之秀雅各布·富格尔等人就显得言语间顾盼自雄，雅各布·富格尔甚至比赫尔措格·西格蒙德更了解欧洲王室：赋税和捐税都不能

满足国王们对奢华和排场毫无节制的追求，而他们彼此之间消耗巨大的战争也从未停止，随着陆军不断壮大，所需费用也日益增加。因此，这些银行家关心并且决定由谁来担任国王，以期在将来的战争中获得高额回报和土地上的种种权益。

既非"神圣"又非"帝国"的神圣罗马帝国的选帝侯制度为银行家的这种欲望提供了可乘之机。1519 年，又老又昏聩的马克西米利安一世终于驾崩，帝国的选帝侯们将从两位候选人中选出新皇帝，要么是哈布斯堡家族的西班牙国王卡洛斯一世，要么是法兰西的弗朗索瓦一世。

然而选帝侯们并不在意谁来当名义上的君主，他们所关心的是谁能抛出更多的贿赂金，选举皇帝实际上是一场拍卖会，一种"卑鄙的特权动物"之间的金钱游戏。此次拍卖的最终获胜者是卡洛斯一世，他一共花了 85 万古尔登。而这笔钱的真正投资人就是我们那光芒四射的银行家——雅各布·富格尔先生。竞拍成功之后，奥古斯堡城的编年史作者克莱门斯·森德尔在编年史中这样写道："皇帝、国王、侯爵和绅士们为他提供消息，传教士像对待亲生儿子一样欢迎和接待他，红衣主教们在他面前也要起立。他为伟大的德意志，尤其是奥古斯堡城增光添彩。"银行家本人在写给卡洛斯一世的信件中则谦逊地表示："毫无疑问，尊敬的皇帝陛下您学识渊博，这就是为什么我和我的侄子到现在一直热衷于为哈布斯堡王朝的兴旺腾飞竭诚奉效的原因。"

为了使读者对这样一笔钱有一种直观的概念，笔者就其购买力略作说明。莱茵古尔登（盾）由选帝侯和其他莱茵兰地区的大小封建主按照 1354—1626 年间签订的一系列

上图: 1917年发行的 10 荷兰盾金币。直至荷兰采用欧元之前,在其发行的金币背面,依然能看见盾形徽章和古尔登(盾)的首字母 G,荷兰盾深受莱茵盾币的影响

上图: 带鸢尾花标记、由法国铸造的皇室弗罗林,近似足金,重 3.55 克

上图: 1915年版的奥匈帝国 4 杜卡特金币,采用拉丁化的钱文,将匈牙利拼写作 "Hvngar"(拉丁语中原本 u、v 不分),另可见到波西米亚也出现在钱币上

协定铸造发行。1519 年的古尔登金币重量略低于 3.51 克,含金量也不到 79%,但其购买力已经足够一户三口之家的贫民过上一整年的温饱生活。

在贿选中落败的法国国王弗朗索瓦在银行家的眼里是个穷人,对于普通人而言却仍旧是个富豪,他给雇佣军卫队开出的薪水非常可观。根据《法国大编年史》的相关记载,瑞士雇佣军在 16 世纪中期每人每年从法国国王那里领到的招募金为三又四分之一弗罗林金币。

当时的瑞士雇佣兵是以团为单位出租的,由于瑞士人善于使用长枪,且组成的方阵极具威力,所以深受广大诸侯君王的欢迎。瑞士人具有忠诚的特点,所以屡屡被用作国王的卫队。不过后来瑞士雇佣兵除了继续为教皇服务外就不再出租给各国君王了。

前文我们提到了 1493 年到 1519 年在位的神圣罗马帝国皇帝兼奥地利国王、哈布斯堡家族的马克西米利安一世。他有一个儿子娶了西班牙国王斐迪南二世和伊莎贝拉女王一世夫妇的女儿"疯女"胡安娜为妻。这样,马克西米利安一世的孙子查理五世就继承了爷爷和外公的两份遗产。查理五世身兼神圣罗马帝国皇帝、奥地利国王、西班牙国王等多个头衔。查理五世皇帝(1500—1558 年,1519—1556 年在位)是第一位也是唯一一位神圣罗马帝国和西班牙王国的共同君主。这个时候的西班牙—神圣罗马帝国—奥地利—匈牙利—波西米亚君合制帝国是个无比庞大、实行多元制度、各部分叠床架屋的怪胎。所以聪明的查理五世本人比较偏爱母系传给他的、实权在握的西班牙。于是他就叫来自己的亲弟弟斐迪南一世,要他去当这个既非"神圣",又不"罗马",更算不得"帝国"的劳什子倒霉皇帝。斐迪南同时已经担任了波西米亚(德意志人对捷克地区的称呼)和匈牙利两国共同的国王,这也是后来奥匈帝国的雏形。

大银行家、地产商、蒂罗尔州铜矿、银矿主富格尔（1459—1525 年）

虽然从此以后兄弟两家的后代分别继承了神圣罗马帝国皇帝（后来的奥匈帝国皇帝）和西班牙国王两个王位，但是毕竟一笔写不出两家姓，别具特色的"哈布斯堡下巴"就是两家人密不可分的最明显例证，而且这个特色在欧洲已经传为笑谈。在哈布斯堡家族的统治下，西班牙和神圣罗马帝国联成一气，这显然是欧洲另一个强权法国所不能容忍的。所以此后两百年间，"法国的外交政策就是不惜一切代价削弱哈布斯堡王朝在德意志和西班牙的势力"。在后来的三十年战争中，和西班牙一样是天主教国家的法国却加入新教的英国—普鲁士一边作战的根本原因也正在于此。这一外交和战争政策的制定者和忠实执行人就是著名的红衣主教——黎塞留大人。

引发三十年战争的另一原因是波西米亚王国的王位归属问题。波西米亚在经过 15 世纪的胡斯战争以后，在理论上已经争取到了宗教自由。但是其实波西米亚的国王就是那个远在维也纳、信奉天主教的神圣罗马帝国皇帝陛下，于是宗教的压迫程度全凭皇帝陛下的心意。1612—1619 年在位的马西亚斯（Matthias）就是这样一个天主教的神圣罗马帝国皇帝兼波西米亚国王。马西亚斯是个狂热的天主教徒，他下定决心要制止帝国境内新教的扩张，做一个纯粹的天主教信徒。但是，当时的德意志地区七大选帝侯中，只有三个还信天主教。普法尔茨、勃兰登堡选帝侯信仰"异端"加尔文派，萨克森选帝侯已经皈依路德派。所以波西米亚国王的宗教信仰倾向在相关问题的投票时不具有使得任意一方过半数的压倒性力量。当时波西米亚的国王是皇帝陛下兼任，天主教阵营暂且万无一失。但是这位皇帝陛下没有儿子，将来神圣罗马帝国皇帝和波西米亚国王两个职位都要选举产生，万一波西米亚选出的国王是个

新教徒，那么七大选帝侯的力量平衡一定会倒向新教一边，很可能会就此产生一位新教徒皇帝。这是马西亚斯所绝对不能容忍的。马西亚斯皇帝这时候福至心灵，想起了查理五世的老把戏。他决定也来一出"李代桃僵，宗藩入继"的大戏。趁着自己还没死，就让自己的表弟斐迪南（好多个斐迪南，在这里吐槽一下奥地利人贫乏的常用名范围），也就是马西亚斯皇帝的祖父斐迪南一世皇帝的另一个孙子，先接替自己出任波西米亚国王。这位斐迪南表弟是个和马西亚斯一样狂热的天主教徒。这样，通过让波西米亚王位先一步交接班，马西亚斯可以顺理成章地让表弟接替自己当皇帝。

为了实现这个如意算盘，马西亚斯双管齐下，一面加紧在捷克境内迫害新教徒，一面让保皇派的捷克议员召开国会，选举表弟斐迪南为新的波西米亚国王。但是波西米亚的新教徒不答应，和两百年前的胡斯战争一样，他们决定起来反抗。1618 年 5 月 21 日，经过国会一番激烈的辩论，国王最宠信的两位近臣和一个书记官从王宫的窗口被扔了出来。这就是历史上颇有名气的"第二次掷出窗外事件"。但是据说这三个大臣掉在了粪堆上，都只受了轻伤，后来天主教徒宣称他们之所以没有受伤，全赖天主显圣保佑。这个事件成了三十年战争的导火索。之后，新教徒组织临时政府，并组建了一支军队来抵抗马西亚斯皇帝。皇帝陛下于1619 年驾崩，他的表弟斐迪南正式当选新皇帝（1620—1637 年在位），即后来的斐迪南二世。波西米亚发动起义的新教徒拒绝承认皇帝斐迪南二世可以自动兼任波西米亚国王，新教徒们把波西米亚—捷克王国的王冠献给了信新教的普法尔茨选帝侯弗里德里希。德意志新教诸侯大多数站在波西米亚一边，推举弗里德里希为首，组成新教统一战线。而神圣罗马帝国皇帝

斐迪南二世获得了天主教诸侯联盟的支持，在军事上以巴伐利亚公爵马克西米利安为首组织联军。三十年战争正式爆发。

在三十年战争的战场上，我们会见到雇佣兵的一代传奇人物华伦斯坦。

华伦斯坦的崛起与以战养战

阿尔伯莱希特·冯·瓦尔德施泰因（Albrecht von Waldstein），其姓氏常被柔化为华伦斯坦（Wallenstein），1583 年 9 月 24 日出生于波西米亚东北部的赫美尼斯村，其家族是捷克最古老的贵族之一。祖父格奥尔格是捷克独立运动激进分子，因参加 1547 年布拉格起义而被神圣罗马帝国皇帝斐迪南一世处死。父亲威廉·瓦尔德施泰因是个精明的土地经营者，并且信奉新教。母亲出生于一个"在上一世纪取得惊人发展的家庭"。华伦斯坦对意大利的军事理论、绘画、建筑、剑术等都有着极大的兴趣，这对他以后的军事生涯有深远的影响。从信仰新教的父母那里，华伦斯坦得到了最早的宗教家庭教育。在少年时期，年轻的华伦斯坦被家庭灌输的全是对捷克民族独立的渴望以及对天主教和神圣罗马帝国皇帝的国仇家恨。12 岁那年，华伦斯坦遭遇了重大的家庭变故，父母双亡，被送往母亲的亲戚阿尔伯特·斯拉瓦塔家寄养。从此以后，他形成了果决坚毅但残忍无情的性格。1597 年，14 岁的华伦斯坦进了专为贵族子弟设立的名校——西里西亚戈德堡的路德宗新教中学。两年后，他转学到纽伦堡附近的阿特道夫新教大学，这是一座著名的新教学校。

作为新教徒，年轻的华伦斯坦与众不同。他对自己的身份和信仰有自己的理解。在他眼中，波西米亚不是"捷克人的故乡"，而是大德意志的一部分。捷克人与其当一个渺小的独立民族，不如承认自己是德意志民族的一部分，和德国人一起建立一个统一、强盛的德意志帝国。在承认"一个德意志"的原则基础上，他想自己再捏出一个捷克民族自己的王国来。当然，站在捷克民族主义者的立场上看，这是为了他自己的权力欲望而赤裸裸地背叛民族的独立事业。后来在 1600 年的时候，华伦斯坦与阿特道夫大学校方发生冲突，决心辍学。华伦斯坦此后找到一个占星术士彼得·凡尔登戈（Peter Verdungo），和他一起游历德国、意大利和法国。这位 17 岁的贵族所看到的是统一而又强大的法国，商业贸易兴盛但政治上分裂、成为列强各自势力范围的意大利城邦，还有自己的祖国——诸侯割据、交通不便、经济萧条、民不聊生的德意志。他痛感统一的重要性。为此，华伦斯坦开始追逐自己的梦想，走上了一条日后让他收获无数荣耀和权力，却最后使他身死名裂，被世人诅咒的道路。

1604 年，华伦斯坦随着神圣罗马帝国辖下的波西米亚分遣队，参与了哈布斯堡王朝时任皇帝鲁道夫二世镇压匈牙利博奇凯起义的战争。1606 年 6 月，鲁道夫二世的弟弟、时任匈牙利国王的马西亚斯与起义领导者匈牙利贵族斯蒂凡·博奇凯以及南面的土耳其人签订《维也纳和约》，私自媾和。

鲁道夫对此显然不能忍受，他认为马西亚斯的行为是在出卖神圣罗马帝国和哈布斯堡家族的利益，以此来巩固自己的王位，而且还有借机把自己赶下台的阴谋。因此鲁道夫二世准备重新对土耳其开战。这种猜想其实是正确的。但马西亚斯收买了匈牙利的新教叛乱分子，让他们向马西亚斯暂时效忠。

借由这个机会，1608年，马西亚斯迫使鲁道夫放弃了匈牙利、奥地利和摩拉维亚的王位。同时，波西米亚新教派看准神圣罗马帝国最虚弱的时机，提出了更多宗教自由的要求。鲁道夫在1609年被迫签下屈辱的《1609年宗教信仰自由敕令》（Der Majestätsbrief Rudolfs Ⅱ . von 1609），赋予信奉新教的波西米亚和西里西亚贵族以宗教信仰自由和特权。他们却得寸进尺，施压要求更多自由，鲁道夫只得派兵镇压。波西米亚人转而向马西亚斯请求帮助，马西亚斯发动政变，将鲁道夫囚禁在布拉格的城堡中，直到1611年鲁道夫将波西米亚的王位让给他才释放出来。被弟弟夺去所有实权的9个月后，鲁道夫于1612年1月20日去世，去世时只剩下神圣罗马帝国皇帝这个空头衔。经过选举，马西亚斯在1612年6月13日继承了鲁道夫的皇位。

1617年，施蒂里亚大公查理二世之子斐迪南当选为波西米亚国王。西班牙哈布斯堡王朝自然要扶植他上位，而马西亚斯皇帝的皇位和匈牙利王位都因为没有后嗣而肯定要转给他。斐迪南二世顽固的宗教政策引起了新教信徒的极度不安；登上王位后不久，斐迪南就撕毁了鲁道夫二世颁布的《1609年宗教信仰自由敕令》。很快他在波西米亚便受到了来自各个社会阶层的反对。但他还是在1619年成功被选为神圣罗马帝国皇帝。随即，捷克新教起义者拒绝承认新皇帝斐迪南二世为波西米亚国王，转而把王冠献给德意志新教诸侯联盟的领袖、普法尔茨选帝侯侯弗里德里希。三十年战争的第一阶段正式开始。

早在1604年，华伦斯坦在匈牙利战场上就展现了自己出众的军事才华，而且为此深受马西亚斯赏识。华伦斯坦在战后被提拔为上校，指挥一个3000人的摩拉维亚步兵团。1606年

6月，他被哈布斯堡王朝任命为摩拉维亚军队上校，同年秋成为马西亚斯的侍从。华伦斯坦这时的政治立场已很明确，他把自己"最终塑造出在大德意志境内的独立捷克"的事业与神圣罗马帝国连在了一起，这就促使他抛弃了少年时代所接受的新教教育，从一个新教徒变成了旧教徒。问题在于，他在政治上要同时对付法国的黎塞留枢机主教、神圣罗马皇帝、天主教诸侯，军事上要对付新教诸侯联军和瑞典的古斯塔夫狮子王，等于一个人与欧洲全部主要力量为敌。这样一个注定悲剧性的人物，在无休止的战争中，让自己短暂的生命辉煌地燃烧出了灿烂的光华。

华伦斯坦身材高大瘦削，仪表堂堂，加之他冷峻的军人气质，使他在马西亚斯的宫廷中鹤立鸡群。1609年，华伦斯坦在他所改宗的天主教耶稣会神父的安排下，与富有的寡妇卢克丽霞太太结婚。1614年春天华伦斯坦的夫人去世，华伦斯坦从而继承了她的全部财产，成为巨富。借助寡妇的财产也是大航海时代一般破落贵族最简便的发家之路中的一条，并不存在什么道德上不光彩的说法。由于对皇帝极尽忠心，华伦斯坦在1615年得到首席侍从的头衔。但是，此时的华伦斯坦在宫廷里还只是个小角色，他的时代还没有到来。在宫廷里结识各种贵妇和大人物并度过了两年相对平静的时光之后，1617年，当时还是帝国王储的斐迪南大公与威尼斯共和国开战，华伦斯坦用自己第一次婚姻继承来的财富，私人招募了两百骑兵去帮助斐迪南，这大概是他和斐迪南的首次接触。作为回报，他被授予了伯爵爵位。不久，他就在宫廷里找到了新的婚姻对象，新娘是帝国宫廷重臣、皇帝心腹哈拉赫（Harrah）伯爵的女儿，这次婚姻完全是他为了实现自己的政治野心而精心算计的结果，体现了他一贯的冷

华伦斯坦肖像画

酷、精确。

时间转眼来到了1619年，新继位的斐迪南二世发现，困扰历代皇帝的问题同样缠上了他。他没有军队，打仗时要临时花钱雇一堆杂七杂八的雇佣兵，平时就遣散他们，并无后世民族国家的那种常备军。而神圣罗马帝国皇帝的头衔并不能带来什么实际利益，他能收到税款的地方仅限于他在匈牙利、奥地利的一些直属领地。这些领地的总面积只有约60万平方公里，此时他的国库几乎是空的。更糟糕的是，波西米亚人已经于当年6月推进至维也纳郊区，城里的达官贵人已经可以听到人喊马嘶、枪炮齐鸣，人人惶恐不安。

华伦斯坦那边也不太妙。1619年5月，摩拉维亚议会宣布加入与波西米亚人联合的捷克联军。本来华伦斯坦计划带领自己的摩拉维亚雇佣兵团勤王，这下他的如意算盘顿时陷入了困境。他的手下哗变。考虑到华伦斯坦从新教改宗用天主教耶稣会并且"双手沾满了匈牙利新教起义人民的鲜血"，摩拉维亚议会宣布他是捷克的叛徒、卖国贼。华伦斯坦只得带着财宝和少数几个亲信手下一溜烟逃到维也纳。不过，在重新见到"我的恩主、我亲爱的陛下"之后，华伦斯坦的霉运终于结束了。

波西米亚向同为新教邦国的北德意志新教同盟请求联合时碰了钉子，新教诸侯们认为不值得为了波西米亚人这群南方佬而冒险和神圣罗马帝国皇帝以及天主教同盟开战。相反，由于普法尔茨选帝侯本人已经在接到波西米亚议会的通知之后跑去接任波西米亚国王，斐迪南皇帝于是顺手拿普法尔茨选帝侯的位子向巴伐利亚公爵封官许愿。巴伐利亚公爵是南方的天主教同盟的领头人。名位财帛动人心，巴伐利亚公爵替天主教同盟表态，答应出钱出力帮斐迪南二世打仗，他派出的领军人物是"披甲修士"蒂利伯爵。在蒂利伯爵的指挥下，1619年8月，25000人的平叛军队开入波西米亚，捷克联军被迫撤回。同时，斐迪南的本家，西班牙的哈布斯堡王室，也把一支24000人的部队交给斐迪南二世，其中包括了一小部分西班牙王国部署在尼德兰的精锐部队，这批部队共约8000人，由斯皮诺拉（Spinola）侯爵率领，直捣普法尔茨选帝侯的老家。但斐迪南二世觉得这还不保险，于是他召见了华伦斯坦，命令他指挥一支雇佣兵部队，协助蒂利伯爵攻打波西米亚。

分裂的德意志各个邦国对于这一桩如此有利可图的生意自然是不会放过的，华伦斯坦的个人魅力、财富，他和皇帝陛下的私人关系也大大地促成了这一生意。不过早期的德意志雇

上图: *1617年奥地利1塔勒银币，含银量较低，颜色泛乌*

佣兵与瑞士长枪兵团比起来逊色不少。这主要是因为那时的德意志各邦国雇佣兵主要以失去土地的农民和无业游荡市民组成。他们行军队伍杂乱，拖家带口，人也往往满面尘土、面黄肌瘦，每到一地便如蝗虫过境，把地方抢掠一空。并且士兵士气低落，中途开小差或者哗变炸营的事情是家常便饭。如果穷乡僻壤实在没有东西可供劫掠或者都城大邑防御森严，抢掠无望，他们便立刻变成良民，开始重操贫民旧业。队伍中，有手艺的人卖手艺，有苦力的人卖苦力。雇佣兵的妻儿一般都跟在行军队伍中，如果谁的老婆颇有姿色或是手艺不错，那他的日子就会过得比一般同僚要滋润。行军中，这些雇佣兵队伍里还夹杂着向皇帝陛下买了随军做生意特许状的、闹哄哄如无头苍蝇一般的各种商贩、铁匠、妓女，使人感觉队伍更像是一个游动的城镇。这和我们在各种影视片里看见的武装整齐、盔甲鲜明、英姿飒爽、纪律严明的军队根本是两回事。

组成这样一支军队之后，华伦斯坦就开始向他的波西米亚老家发动一场浩大的武装游行。当然，对于一个已经改宗天主教耶稣会的皇帝爪牙来说，那些造反的波西米亚新教徒并不算他的老乡。波西米亚新教徒一开始召集的乌合之众约有 3 万。但是他们却坐失良机，没有趁着维也纳空虚的时候抢先进行运动战。新教联军的雇佣兵首领曼斯菲尔德和特兰西瓦尼亚君主加博花了好几十天才结束了分歧，慢吞吞地向着维也纳推进。更糟糕的是，虽然新教联军占据着地利，他们的武器装备却比保皇派的差很多。华伦斯坦于是用同样是乌合之众的雇佣军在拉布拉特（Rablat）和多瑙河沿岸展开了两次小规模的突袭，取得了意想不到的效果，解除了维也纳战略方向上的危机。

随后他反攻回波西米亚。就像中国历史上的地主还乡团一样，他无师自通地发明了类似的"蝗虫战略"。他鼓吹并亲自领头实行"以战养战"的策略，以补充军饷、提高士气。他在波西米亚连续获得胜利，但这也造成了另外一种传言："华伦斯坦匪徒经过的地方，连草也不长。"由于捷克民族主义者在宣布他为叛国者和卖国贼之后，还没收了他在波西米亚和摩拉维亚的大批房产、田庄，华伦斯坦胜利后采取了激烈的报复行动。他的雇佣军像漫天的蝗虫一样，抢走给养和值钱的财物。1620 年 11 月 8 日，波西米亚起义者与蒂利伯爵展开了决定三十年战争第一阶段结果的白山会战，起义者大败。弗里

上图：*1637 年斐迪南二世头像塔勒，钱币质量进一步下降*

德里希被迫逃亡荷兰。这个时候的华伦斯坦雇佣军还远在波西米亚西北部。听到这个消息，华伦斯坦迅速东进，扫荡了各地的残余反抗分子。

佣兵之王的敛财与政治狂想

不过，华伦斯坦用自己继承的寡妇钱财招募雇佣兵为神圣罗马帝国皇帝打仗是附加了条件的。他在临行前向皇帝陛下要求波西米亚总督的职位和弗里德兰公爵头衔、铸币权。利用军队和皇帝给予的特权，他强行"购买"、征用、"恢复"了大量土地。白山战役后，约有75%的波西米亚土地被各位神圣罗马帝国的地主老爷占据。而华伦斯坦作为其中最大的地主，占据的土地面积达到了波西米亚总面积的25%。华伦斯坦用各种铁腕手段获得了巨额收入。不过他并没有像葛朗台那样把每个铜板都窖藏起来。相反，他找来了几个犹太银行家，组团向斐迪南二世提供了200000塔勒的军费赞助。这对于正为国库空虚而头痛不已的斐迪南二世来说无疑是雪中送炭。现在到了皇帝陛下实现他与华伦斯坦签订的契约的时候了。华伦斯坦如愿以偿，变成了"全捷克军事统帅"，受命指挥波西米亚和摩拉维亚全境所有帝国军队和私人武装。同时，华伦斯坦还在捷克和奥地利得到了开设造币厂的特权。众所周知，发行劣质钱币、获得超额铸币税是任何处于动荡时期的国家屡试不爽的敛财法门。华伦斯坦和耶稣会勾结起来，连同斐迪南二世宫廷中的大财团、大贵族串通一气。他们发行的新钱币几乎不含白银，颜色发黑，又轻又薄，还强制回收高质量的旧币和外国货币。而我们明确地知道，奥地利的蒂罗尔州、捷克的喀尔巴阡山中有大量的银矿和铜矿，很早就

生产高质量的钱币。这种货币的混乱明显是故意所为。这种劣质的钱币几乎可以"媲美"明朝东林党发行的铁铅钱或两晋南北朝时期私人铸造的鹅眼钱。通过人为制造通货膨胀，华伦斯坦、皇帝陛下、教士们都发了大财。利用这些搜刮来的钱财，蒂利伯爵于1631—1623年再次击败了普法尔茨新教诸侯联军。三十年战争的捷克阶段就此结束。1623年，华伦斯坦与斐迪南二世的那位宫廷宠臣的女儿伊莎贝拉结婚。同时，皇帝授予他弗里德兰公爵的头衔。随后的两年，华伦斯坦经营他的领地，搜刮每一分钱送给皇帝做军费。1625年，他对皇帝输出的贡赋达到500000塔勒，几乎足以支持神圣罗马帝国的全部开销。捷克人民"连最后一滴血也被榨干了"。

捷克阶段的战事虽然告终，但法国不能容忍查理五世时期的"大哈布斯堡帝国"复活；而荷兰于1621年开始反抗西班牙殖民统治。英王詹姆斯一世担心其女婿普法尔茨选帝侯弗里德里希的命运；丹麦和瑞典则不愿看到神圣罗马帝国真的从"一个松散的城邦幽灵"变成"有血有肉的实体"。因此，本来只是波西米亚人民反抗神圣罗马帝国民族压迫和宗教专制的起义的活动演变为了广泛的国际干涉行动。1624年，法国首相、红衣大主教黎塞留牵头，法国、英国、荷兰、丹麦、德意志新教各个邦国结成反哈布斯堡同盟。丹麦负责出兵6万人，而英国与荷兰则在幕后提供金融支持。由此，战争的第二阶段——丹麦阶段正式开始。

1625年，当丹麦国王克里斯蒂安四世发动战争的时候，由于天主教各个诸侯反对哈布斯堡家族继续扩大皇室直属领地，斐迪南二世又变得没钱招兵了。华伦斯坦于是主动凑上去表示，可以为皇帝陛下招来4~5万人，最妙的是招兵费用完全自理，皇帝陛下不要出一分钱。

当然，他也表示，唯一的条件是皇帝不得干涉这支雇佣军的人事任免、作战计划制定和执行。于是皇帝陛下询问，以波西米亚现在的状况，是否养得起 2 万人的雇佣兵。华伦斯坦坚决而又响亮地回答道："我可以一夜之间组织起来 5 万帝国军。"大喜过望的斐迪南二世随即颁布谕令，任命他为帝国军总司令。从 1625 年夏天开始，神圣罗马帝国就变成了一个大兵营和兵工厂。华伦斯坦忙着四处征调粮草、购置军械，同时用严酷的军法整顿那些无法无天的雇佣军兵痞。当然，所有这一切基本上与斐迪南二世无关。

由于华伦斯坦在前一阶段的战争中已经树立起指挥果断、付钱慷慨的名声，他回到弗里德兰公爵领地宣布招兵的时候，很是吸引了一批欧洲各国的雇佣兵。黑森—卡塞尔、意大利各城邦、瑞士，甚至丹麦、法国这样敌对方面的雇佣兵都跑来表态"愿意追随元帅"。回到封地仅仅一个月后，他就拉起了 2 万人的队伍。等到正式出兵镇压上匈牙利地区叛乱的时候，华伦斯坦已经招募到了 5 万人。于是他宣布这支雇佣军各级主要军官都由他自己任命，向他个人负总责，绝不拖欠薪水，奖金优厚。更重要的是，他对于坚决执行自己战略意图和战术部署的人立刻予以嘉奖，替自己的属下承担执行命令带来的损失和失败，论功行赏的时候依据指挥能力和作战表现，不怎么考虑家系传承和贵族出身的问题。这种作风很快就树立起他对雇佣军的绝对控制。他也关心战士的福利，运用个人的恩情来对他人施加影响。

比如，华伦斯坦手下的主要将领之一伊索拉尼（Isolani）因为达成作战目标而从华伦斯坦那里领了 4000 弗罗林的奖励，但是当天晚上就喝酒赌博，一夜变回了穷光蛋。

华伦斯坦听说这个消息之后，立刻派人送去了 2000 弗罗林给他救急。伊索拉尼后来因为这事跑来向华伦斯坦致谢，这时华伦斯坦指着桌面上的侦查结果要伊索拉尼自己看。伊索拉尼发现情报上面说瑞典方面正躲在后方安全距离之外，向前线运送补给品。伊索拉尼立刻激动起来，用行动向华伦斯坦报答知遇之恩。他只带了一个摩拉维亚团队，趁夜向瑞典人背后进行大纵深穿插，部队就位后干净利落地击溃了这些瑞典军队。当然，他也没忘了抢掠战利品这种雇佣兵的老本行。还有一次，华伦斯坦发布指令，要求军官统一使用红色绶带。其中有一名善于表现的下级军官接到命令后立即把自己珍爱的白色弗兰德斯花边绶带取下来扔在泥里，还跺了几脚。华伦斯坦对此表示赞赏，马上提拔了他。

对于雇佣兵中的小头目，华伦斯坦也无愧于他慷慨的名声。自从 1625 年当上神圣罗马帝国元帅，他对自己拉起来的雇佣兵队伍就开始实行周薪制度。每周他发给骑兵和步兵上校的薪水是 500 古尔登，上尉的每周薪水则为 100 古尔登，少尉的薪水只有上尉的一半。为了保证作战勇猛，他给军法官的薪水也比照少尉。军医、神父这类专业技术人员的薪水为每周 6~8 古尔登。

但是华伦斯坦同时也认为，适度的饥饿、抢劫和放纵有助于军队的士气和忠诚。所以，他不打算给一般雇佣士兵发现金。每周普通士兵领到的给养就是他的工资。这些给养只包括 2 个面包、2 升啤酒、1.5 磅肉。显然，靠这么一点东西维持一周是不可能的，那么士兵们就只能紧密团结在各自团体的小头目周围。而且他们还得以战养战，劫掠乡村。就这样，华伦斯坦提升了他的军队的破坏性和组织程度。当然，"蝗虫大军"的名头也就在波西米亚不胫而走。

而根据席勒的《三十年战争史》和一些其他同时代人的记录，1624年华伦斯坦在弗里德兰开始招兵的第一个月，军队规模为2万人，到1625年他第一次升任神圣罗马帝国元帅的时候，已经有61900人聚集在他手下，其中步兵45300人，骑兵16600人。1628年他春风得意的时候，雇佣兵人数已经膨胀到了130200人，其中骑兵27300人，步兵102900人。1630年，他的军队人数达到顶峰，共有150900人，含骑兵21000人，步兵129900人。由此我们就能够猜想，华伦斯坦为了让这些人保持战斗力所必须列支的各项费用有多少了。这些钱财都是德意志地区人民的斑斑血泪凝结而成的。

对于这些"蝗虫大军"以及他们的元帅，当时神圣罗马帝国的占星家、预言师兼首席天文学家约翰尼斯·开普勒（就是后世行星运动开普勒定律所指的那个开普勒，开普勒在华伦斯坦还是个青年的时候就认识他了）在自己的笔记里记下了这样一段话："（华伦斯坦）只忠于自己和自己的欲望……贪得无厌，虚伪狡诈……总是默不作声，常常做出暴行。"还有与他同时代的人的日记记载，华伦斯坦最喜欢听见人遭到折磨后的惨叫声。他还极其严苛，仅仅因为仆人在他睡觉时把他吵醒了，就下令把这个仆人抓起来绞死，以儆效尤。诸如此类的暴虐记录不胜枚举。这其中固然有德意志新教诸侯和他的捷克老乡对他的憎恨之语和夸大之辞，但毫无疑问，华伦斯坦绝不是一个宽厚善良的人。相反，他冷酷、残忍、无情甚至嗜杀。但是，慈不掌兵、义不掌财是古今中外的共同原则。华伦斯坦残酷的名声除了来自于"蝗虫大军"，应该还来自于他所执行的残酷

军法，其目的自然是为了使这支雇佣军达到如臂使指的驯服程度。古罗马时代对付不服从军令的军人还仅止于抽签杀头，但华伦斯坦却残酷得多。他曾宣布把不服从战役安排的一个连队全员吊死在树上，全军必须现场观礼。由此达到了恐怖的震慑效果，全军肃然。对付这样一群"千里打仗只为钱的乌合之众"，华伦斯坦可谓是恩威并施，效果斐然。当然，德意志人民自然是横遭兵祸。你不能指望17世纪的德意志邦国军队和五花八门的雇佣兵有什么良好的纪律。事实上，斐迪南二世既没有为组建军队出钱，又没有对华伦斯坦发号施令的能力，所以也就谈不上什么"欧洲骑士美女、战争与玫瑰"的文质彬彬浪漫表现了。参与战争的统兵者是强盗匪类，大家在抢掠方面的纪录无非半斤八两。只不过，能把对自己的民族同胞进行抢劫一事搞得这么具有战略意义，还只有华伦斯坦一人可以做到。

1626年，华伦斯坦进入西里西亚。4月25日，他带领的帝国军在德骚会战中击败由曼斯菲尔德统率的新教军队。1627年，西里西亚的抵抗被扑灭。在1627年的一系列战役中，丹麦国王克里斯蒂安四世的军队被打得落花流水。当年春天，华伦斯坦攻克西里西亚公国。到了7月，萨克森、勃兰登堡等北德重要的新教诸侯都在帝国大军兵锋前献城投降。以巴伐利亚公爵为首的天主教联盟唯恐华伦斯坦把功劳占尽，再没有自己什么事。于是他们急忙进行动员，加入皇帝一方。在蒂利伯爵指挥的另一支帝国军的支援下，华伦斯坦把丹麦军队彻底赶出了神圣罗马帝国北部边界。帝国军乘胜追击，攻入丹麦本土，拿下了石勒苏益格公国。1628年，皇帝陛下加封华伦斯坦为"波罗的海和北海元帅"。在德意志北方的新教地区，华伦斯坦残酷洗劫了反抗者。对于望风投

降的顺民，他也不放过。他的雇佣军向这些顺民征收高额的"占领费"，如果收的现金不够，就强征实物。占领区的社会生活和经济情况每况愈下，城乡发生了严重的饥荒。三十年战争结束后，根据统计，因为遭遇连番战祸，勃兰登堡选帝侯国首府柏林及其郊区的人口只剩原来统计人口的30%。

如果有人在战争中凄惨无比，那就一定也有人飞黄腾达。1627年，斐迪南二世为了表彰华伦斯坦的竭诚奉献，把西里西亚公国送给了他；1629年，又更进一步封他做梅克伦堡公爵。这时华伦斯坦已经一身兼有三个公爵头衔，在帝国境内拥有大片封地，实现了一人之下万人之上的野心。但这个时候，他青年时期心怀的统一梦想开始刺激他走上僭越的巅峰。这一切的起因都要追溯到这一年他给斐迪南二世上的一份条陈。

在上奏的文章中，华伦斯坦表示："我们的帝国陷于分裂，人民穷困。所有这些情况的原因都源于各个邦国诸侯。他们拥兵自重，割据一方……不遵守皇帝陛下的训令，不执行您的政策……如果不消灭这些诸侯，国家就不会迎来和平。"他要求皇帝削弱各邦国的兵权、财权，加强中央集权，统一政令，结束政治上自行其是的状态，建立一个类似法国和西班牙的统一集权君主国。可以说，像当年叛教一样，华伦斯坦作为威福自操、受益于分裂的雇佣兵司令和诸侯，再一次背叛了自己所属的阶级。华伦斯坦还向皇帝建议放弃宗教迫害政策，实行宗教宽容和信仰自由。其目的并不是由于他自己的叛教者经历，而是要借这个政策得到新教徒的效忠和和解，整合帝国。

鉴于自己在和瑞典常备军作战时得到的经验教训，华伦斯坦还呼吁建立皇家陆军和

海军舰队。必要的时候，帝国皇帝可以不再乞求各地邦伯，而是反过来用这样的直属部队征讨不臣。由于自己身上还挂着"波罗的海和北海元帅"的头衔，他自然希望通过海军控制海权，发展北海—波罗的海地区的商业和贸易。为了这个远大的目标，他与丹麦讲和，用钱赎买了那些丹麦控制的汉萨同盟城市。他希望德意志能够利用汉萨同盟城市的税收，建起像西班牙和英国那样的海军，护卫神圣罗马帝国的商船。他真切地希望"从马斯河到梅默尔，从阿尔卑斯山到波罗的海，再也没有阻断经济血脉的苛捐杂税；诸侯割据、为私利相互攻杀的时代也将一去不复返"。对于这种远见卓识，德国社会民主党的元老弗兰茨·梅林做出了公允的评价："华伦斯坦在德国所追求的目的，与当时的黎塞留在法国所追求的目的完全一样，建立这样一个纯粹世俗的君主国，它将摆脱一切宗教矛盾而使互相倾轧的诸侯处于其统治之下，缓和国内的阶级矛盾，并且集中全民族的力量一致对外。他不是一位富于幻想的政治家，而有非常明确的目标。像法国的范例那样，他的目的不仅可以达到，而且也是符合历史进步的。"到1629年的时候，华伦斯坦坐拥13万大军，挟战胜丹麦的余威，下令利用新控制的汉萨港口城市，征调人力物力，建立帝国波罗的海舰队。只要再假以时日，一支颇有规模的舰队就会出现在大洋上，从而成为帝国有力的北方屏障。单纯从军事上讲，华伦斯坦统一德意志计划所要求的军事目标在1630年已经基本达成了。

最坚固的堡垒往往是从其内部被攻破的，这是一个永不过时的真理。天主教联盟首领、巴伐利亚大公马克西米利安一世固然觉得北德意志新教仇敌的死很让他们快活，

时任瑞典国王
古斯塔夫二世
（1594—1632年）

上图: *瑞典重型火枪*

上图: *团属 3 磅炮*

但同时又发现华伦斯坦这种大兵在握、妄图削藩的危险简直不能忍！更何况，你一个波西米亚人怎么能骑在我们这些真正的贵族头上？！于是，各位天主教诸侯开始弹劾华伦斯坦。他们还威胁斐迪南二世必须解除华伦斯坦的职务，否则就不再支持斐迪南二世及其儿子的继承权。更为神奇的是，在这之前，皇帝陛下还自己激化了矛盾。斐迪南二世于 1629 年 3 月 6 日签署命令，要北方的新教诸侯归还 1555 年《奥古斯堡和约》签订后侵占的教会地产。按照这个命令，新教诸侯将失去 70% 的直属领土。这样一来，斐迪南二世使得自己变成了两边都不靠的无本之木。

按正常人的逻辑，既然已经先后得罪了新旧两派的诸侯，就应该握紧大棒，抓住军事上的优势。但是这个时候皇帝陛下再一次出了昏着。他觉得华伦斯坦的 13 万雇佣兵有点太多了。他回想起当初准许华伦斯坦招兵的限额是 5 万，于是又想通过牺牲华伦斯坦来讨好巴伐利亚人。然后我们就看到，1630 年 8 月 13 日，华伦斯坦被迫解散军队，将指挥权交给蒂利伯爵，自己回到了波西米亚封地。

古斯塔夫的常备军团与双雄落幕

夺人钱财如杀人父母，剥夺新教诸侯们的土地简直就是巴不得他们造反。1631 年，新教诸侯向瑞典国王古斯塔夫求救。随即，瑞典军队大举南下。当年夏，蒂利伯爵的天主教联军攻克造反的马格德堡，随之而来的大火和屠戮造成了数以万计的人员死亡。9 月，古斯塔夫终于和这个"马格德堡屠夫"接上了火。双方在莱比锡附近的布赖滕费尔德展开了会战。按照美国人的说法，这次战役是"中世纪的结束和现代的开端"。

瑞典军队是那个时代在组织形式上最先进的军队。它理论上采取义务兵役制，实行统一着装，每个团一种统一的颜色，一个团的军装可以不统一，但是颜色必须划一。不过随着战争的持续，其要求也日益降低。它的核心兵力是自由民组成的常备火枪兵以及轻便且可伴随步兵、骑兵运动的炮队。在军队运用方面，古斯塔夫参照荷兰奥兰治亲王莫里斯的方法，对西班牙式的方阵战术动了大手术。瑞典步兵的基本战术单位是中队，一个中队定员 408 人，其中包括了长枪兵 216 人，滑膛枪火枪手 192 人（后来增加到 288 人）。古斯塔夫把中队的队形正面拉长，纵深减少为只有 6 列；在采用滑膛枪的队伍中，还可以让士兵更密集地排列，将纵深减少为只有 3 列。作战的时候，三列火枪手可以按照传统方式展开三段式射击，也可以三列统一进行一次齐射，在牺牲火力连贯性的前提下取得短时间的火力压制效果。至于炮兵，古斯塔夫于1629年组建了第一个炮兵团，由27岁的托尔斯滕森（后来成为元帅和瑞典军团总司令）指挥，下辖4个炮兵连，还有1个野战工兵连和1个特种爆破连。炮兵在瑞典军队中首次成为一个独立正规的专门兵种。古斯塔夫并不在意大炮的发射速度和口径，他所关心的是如何提高炮兵的机动性，使他们能够和步兵骑兵联合作战。他把瑞典火炮的规格统一为3磅、12磅、24磅三种，减轻炮身重量，以最轻便的3磅团属火炮为主，这样的炮可以由一匹马或者两三个人拉走，是理想的步兵伴随火炮。结合古斯塔夫的指挥艺术，它终于开始敲响西班牙式战术的丧钟。

虽然瑞典以征兵得到的常备军为核心力量，但以瑞典的人口是撑不起太大的军队规模的。所以古斯塔夫也招募了大量的雇佣兵，其份额随着战争的进行越发上升。他的军队中包括了日耳曼人、斯拉夫人、苏格兰人、爱尔兰人、佛兰德斯人、法国人、芬兰人和信新教的波西米亚人。许多雇佣军都有特殊用途：佛兰德斯人经常担任的是军队里的工兵以及少部分炮兵；法国的胡格诺教徒充当重骑兵；被驱逐的信仰新教的波西米亚人独立组成骑兵军团；步兵尤其是线列步兵的差事归了苏格兰人。

按照服装颜色的不同，这些雇佣兵被分作"颜色军团"。其中有4个团最为出色：黄色军团，这是一个由高级雇佣兵组成的军团，又被称作"宫廷军团"或"近卫军团"。该军团历史沿革十分清楚，历经生命军团（1613年）、国王陛下军团（1615—1616年）、德拉班特军团（1618—1621年）、老霍夫军团（1621—1624年）的变动。1624年，古斯塔夫用这些高级雇佣兵成立了新霍夫军团。1626年的时候该军团改名为黄色军团，此名号直到1635年转而为法国雇佣后才废止。该军团大部分都是日耳曼人。蓝色军团，主要由北德意志、普鲁士、瑞典本国的农民联合组成。绿色军团，该军团本来是勃兰登堡选帝侯组建起来要去支援波兰人的，结果在古斯塔夫的波兰战役期间误入了瑞典人的包围圈。这时候，军团里的苏格兰人、普鲁士人纷纷表示自己是同样信新教的朋友，也愿意

下图: *红、黄、蓝"颜色军团"*

上图: 瑞典骑兵的标配服装、短剑、手枪

效忠瑞典国王。他们就这样成了新军团。古斯塔夫闻讯后曾写信给勃兰登堡选帝侯，表示"希望勃兰登堡的老爷们下次好好管理自己招来的人"。还有一个军团是一直驻防在普鲁士、并未参与三十年战争的红色军团。1629年后，为应付三十年战争的需要，这些老军团都扩军了50%~100%；此外还组建了许多新的颜色军团，譬如黑色、橙色、棕色、白色军团，这些军团在史籍中资料较少，并不出名。

古斯塔夫于1631年9月17日赢得布赖滕费尔德会战的胜利后，进一步获得了中立的部分北德意志诸侯的支持。古斯塔夫乘胜南下，于1632年初在列赫河会战中再次取得大胜，蒂利伯爵在此战中受重伤，两周后去世。瑞典军队攻下了美因河畔法兰克福、维尔茨堡、班贝格、多瑙沃尔特。战争风暴一站又一站地席卷上述城市，攻无不克。瑞典军在随后的三个月中连陷南德重镇美因茨、奥古斯堡和慕尼黑，兵锋直指奥地利。

皇帝由于实在无人可用，不得不在疑惧之中起复华伦斯坦。华伦斯坦也算是不负众望，于吕岑会战里跟古斯塔夫打得难解难分，后者更是于此战中战死。

虽然现在史学家依然对谁是吕岑会战最终的胜利者存在争议，但不可否认的是，古斯塔夫虽然战死了，但瑞典军达成了战役目标。神圣罗马帝国对萨克森的攻势被粉碎，华伦斯坦只能选择撤退到波西米亚过冬，瑞典维持了与萨克森选侯国的同盟。

而此战一个更为深远的结果则是，由于古斯塔夫的死，德意志的新教诸侯陷入了混乱和分裂。哈布斯堡家族得以在之后重整旗鼓并挽回了一些古斯塔夫二世所造成的损失。更为关键的是，古斯塔夫二世之死让法国人可以更加牢固地控制反哈布斯堡同盟。瑞典在联盟中只好退居二线。

古斯塔夫死了，华伦斯坦本人的日子也就屈指可数了。本来皇帝斐迪南二世和南德意志天主教诸侯对他虽然疑惧，但是不得不借

上图: 古斯塔夫的瑞典、芬兰、立窝尼亚骑兵

助他的军事才能来抵抗瑞典。吕岑战役的结果实际上是神圣罗马帝国在战略上的彻底失败。当然,让皇帝感到放心的是,古斯塔夫已经死了。对于华伦斯坦,皇帝疑惧他,诸侯也憎恨他,命运的齿轮已经开始嘎嘎作响。

华伦斯坦自己也意识到了这种困境。吕岑战后,华伦斯坦变得畏首畏尾,开始迷信"搞媾和"。他总是按兵不动,和德意志各派诸侯、欧洲反哈布斯堡同盟的各个参与国展开各种各样的谈判。但是他所做出的各种诺言相互矛盾,萨克森人和瑞典人都不相信他。瑞典首相奥克森滕和军团司令伯恩哈德公爵元帅都不信任华伦斯坦许出的带领部下投诚的条件。而他昔日的老下级,代表萨克森和勃兰登堡两大选帝侯前来谈判的阿尼姆元帅,不喜欢"元帅大人您那肮脏的政治"。法国这个战争的总策划地更是不可能给他喘息之机。华伦斯坦妄图用政治手段多少保留一点战争果实的希望又破灭了。

导致华伦斯坦二次下野的,是1634年的"宣誓事件"。1月12日,雇佣兵和帝国其他各类部队的所有将领都被要求宣誓"只要华伦斯坦还在为皇帝服务,就效忠于他"。但是,最终拿来签字的誓约被改动,"只要华伦斯坦还在为皇帝服务"这个前提条件被删掉了。军队中忠于皇帝陛下的人赶紧送出消息,向皇帝报告华伦斯坦叛国。于是皇帝立刻下令解除华伦斯坦的职务,华伦斯坦竟然不申诉或反抗,真的带着一些亲信离职了。他带着一帮铁杆亲信回到自己在埃格尔的庄园闭门卧床休养。这是保存军事骨干的小聪明,但却是政治智商上的大昏君:他本质上是个军阀,而军阀离开了军队就什么也不是了。在没有外国威胁的情况下自动弃权引退,无异于自己认输找死。

1634年2月25日,菲迪南二世派遣爱尔兰雇佣兵将军巴特勒和两位苏格兰雇佣兵上校莱斯利、乔丹率领军队冲进了华伦斯坦的城堡。英国上尉沃尔特·德弗克斯(Walter Devereux)一戟刺死了刚从病床上爬起来没作任何抵抗的华伦斯坦。将军的不幸由此造就了德国文学史上的幸运，大作家席勒依据这个事件，创作了悲剧《华伦斯坦》的三幕剧本。

1634年9月，在讷德林根会战中，神圣罗马帝国再一次击败瑞典军队，但无法扭转战略局面。

1636年，法国对神圣罗马帝国宣战，直接卷入战争。

1642年，战争的规划者和幕后操纵者，黎塞留枢机主教在法国国王和众多权贵的祈祷声中安详逝去，去世前留下最后一句话："我一生没有敌人，除非是国家公敌。"马萨林接任首相一职，继续执行黎塞留的政策。

1648年，筋疲力尽的哈布斯堡家族向反哈布斯堡同盟求和。当年10月，双方签订《奥斯纳布吕克条约》与《明斯特和约》（合称《威斯特伐利亚和约》，其中确立的一些原则成了近代国际法的基础），宣布停战。

根据席勒的《三十年战争史》，战争过后，全德意志六分之五的乡村被毁，人口下降到原来的一半。波西米亚和下萨克森地区的银矿铜矿全部被毁，工商业受到重创，手工业规模萎缩到战前的十分之一。大德意志地区的总人口由1600万下降到700万。约有32.5~33.8万人在战争中阵亡。饥饿、瘟疫和流行病泛滥。

三十年战争加深了德意志的分裂，还借着条约把这种分裂伪装成一种平等共处的国际关系新模式。所有为了德意志统一而流的血都白流了。三十年战争，以银行家的喜剧开头，却以德意志民族全体的悲剧落幕。

黑森佣兵的兴盛与"血钱"条款

三十年战争结束后，神圣罗马帝国的中央权威进一步下降，各个邦国的财政资源和经济自由度不断膨胀。帝国议会立法允许各个邦国自行征收军事捐税。原本由独立承包商负责招募的德意志雇佣兵团摇身一变成了邦国常备军，由各邦国的诸侯出租给外国。1670年，黑森—卡塞尔伯爵卡尔一世冒险将其常备军扩张到8个步兵连队又4个骑兵连队。起初几年，这种财政上的冒险让伯爵"亏掉了裤子"。但1677年的丹麦、瑞典、普鲁士的三方混战扭转了这种濒于破产的局面。卡尔一世向丹麦出租了1600名士兵，赚来了32000帝国塔勒银币。

1687年，卡尔又向威尼斯出租了1000人；1688年他派遣了3400名士兵为荷兰提供国防服务，荷兰人得以抽出自己的军队用于对抗英国。卡尔一世有5个儿子作为雇佣兵团领队出国征战。卡尔还指示自己的外交官积极活动，寻求"商机"。在随后发生的西班牙王位战争中，黑森雇佣兵获得了极高的职业赞誉。

其实对德意志人来说，到南方世界去当雇佣兵几乎是个祖传事业了。中世纪后期，城邦制的意大利拥有了充裕的财富，但却陷于不断的冲突之中。这种局面为雇佣兵的兴起提供了理想的场所。阿尔卑斯山北的落魄骑士、士兵不断涌向温暖而富裕的南方，其中就有瑞士雇佣兵的祖先。由山地农民组成的瑞士步兵先后击溃了勃艮第伯爵和奥地利哈布斯堡家族，由此在这一行当中树立了商业信誉。瑞士政府甚至组织起由政府出面招募并对外出口雇佣兵的大生意。根据约翰·麦考马克在伦敦出版的相关研究，其历年总数高达百万。

由于民族、文化上的亲缘关系，同时也因为瑞士实在太小，无法满足巨大的市场需求，德意志地区的各个邦国开始"山寨"这种"商品"。其中把"山寨"做出了名气、做成了规模的，当属黑森—卡塞尔地区的"雇佣步兵"（Landsknechts）。早在英国国王亨利八世那个时代，"山寨品"就开始在国际市场上威胁"原装瑞士雇佣兵"的地位。

因此，黑森雇佣兵在历史上就拥有深远的影响和光辉的业绩，以至于在英语中，"黑森人"（Hessian）变成了"雇佣兵"的同义词。而在南非荷兰语中"黑森人"（Hes）意为"笨拙的人"，这是被派去海外驻扎的黑森雇佣兵在语言学上留下的印记。16世纪的黑森—卡塞尔邦国面积约为6.1万平方公里（大约相当于小半个安徽省），人口18万左右。南德意志的森林和山地土壤并不肥沃，经常可以看见冰川期留下的砾石。山间的气候更为恶劣。讨生活的贫农们在经历了惨烈的三十年战争之后，已经适应了军事生活和不算丰富但是营养、热量足够的伙食。美国历史学家查尔斯称黑森人为"陌生的野蛮人"。

雇佣兵输出的总包合同将其收益归于黑森邦国的政府，因此，这些流入的资金改善了黑森贫民的境遇。弗里德里希二世当政时期开始给军官或战死者的遗孀发放年金，并大修公共设施，其中就有后来成为"封建王朝社会主义"发端的全德第一座育婴堂和全欧洲第一家对公众开放参观的博物馆。对于小贵族和资产阶级富二代而言，报考或担任雇佣兵军官是一种谋求上进的好门路，当然也很体面。对于农村的莽汉和城市里的无产者来说，当雇佣兵可以混一口饭吃，不用变成寒冷秋冬季节里冻死在街道或荒原上的"路倒"。每年夏收季节来临前发布的招兵榜文总能吸引大批青壮年，一旦入伍，他们就可以拿到每月1.5塔勒的薪水，可买一头母牛外加一些农具。

相对于含辛茹苦还要冒着生命危险才能挣到一点血汗钱的雇佣兵，他们的总后台——黑森伯爵（后来的选帝侯之一）却大发其财。黑森邦在1677—1815年期间签订了37份雇佣兵服务合同，其中有20份的乙方是英国。英国后来甚至希望在任何时候都能优先使用黑森佣兵。就这样，当18世纪雇佣军群体已经在欧洲其他国家消失的时候，黑森人还在继续着自己的佣兵生意。

▌上图: *1692年铸造的利奥波德一世帝国塔勒，全重27.2克，含纯银25.984克，铸币质量大为提高*

1727 年，英国议会批准了一份条约，同意英国政府以每年 125000 英镑的价格购买"优先雇佣权"。1744 年，这种优先权进一步发展成了"英国和黑森之间的特殊关系"，黑森从此以后只向英国"出口"军队。1730—1760 年间，黑森邦伯总共拿到了 830 万帝国塔勒的报酬。黑森政府每次出租军队都要和雇主订立协议。协议详细规定了雇佣兵人数、服务期限和伯爵本人的收益。绝大部分协议都规定由雇主另外付给雇佣兵工资、招募费、装具费。1776 年的英国—黑森镇压北美独立运动雇佣兵使用协议规定：黑森向英国提供 12000 人，伯爵的收益为每年 108281 英镑，如果战争结束则额外多付半年津贴；英国按照本国士兵的薪水额度发给佣兵个人工资；英国还需要另外向伯爵大人支付招募费和武器装备费；武器装备绝大部分必须在黑森本地生产订购；双方宣誓保护彼此利益，如果其中任何一方遭到进攻，另一方有援助的义务。士兵的伤亡有时竟然也构成收入的来源。1744 年，威廉八世借兵给巴伐利亚，租约规定，每死一个士兵，威廉八世就会得到 36 弗罗林，这就是臭名昭著的雇佣兵"血钱"条款。平均算下来，这一时期黑森雇佣兵为邦国赚取的财政收入大概是每名重骑兵 80 塔勒，步兵 30 塔勒。当然，雇佣兵本人是见不到这笔钱的。

就像电影《战争之王》里的尤里·奥洛夫说的那样，一个最成功的战争贩子能够"把共产主义的子弹卖给法西斯主义者"。作为一个"由合格的战争贩子组成并领导的诸侯国"，黑森在奥地利王位继承战争中竟然成功地向交战双方都提供了战争服务。战争开始时，英国方面的军队中有 6000 名黑森雇佣兵，而英国在奥地利王位继承权战争中与奥地利结盟。于是吊诡的情况出现了：如果黑森继续支持英国，那么它就必须要去对抗"北方的普鲁士伙伴"，但奥地利绝对不会因为这点好处就承认黑森对哈瑙地区的领土要求；与此同时，普鲁士和巴伐利亚则表态，如果黑森出借军队为其作战，就会给予其很多领土并把黑森邦变成神圣罗马帝国选帝侯。于是，黑森向巴伐利亚出租了 6000 名雇佣兵，以便在英国—奥地利和巴伐利亚—普鲁士这两方中骑墙并发财升官。就这样，黑森人在这场战争的两边都有份儿啦！

雇佣兵队伍的膨胀使得 18 世纪的黑森邦形成了彻头彻尾的军国主义。1773 年，黑森军队总员额为 18600 人，根据此前所做的人口统计，这一年黑森地区军事化程度为 14 人中出 1 兵。我们往往把具有统一德意志野心的普鲁士看作"古典军国主义"的代表而予以批判和反思，认为他们是"穷兵黩武的普鲁士蛮子"，但这其实是一种长期形成的错误印象。普鲁士在弗里德里希一世时代，凭着无比的吝啬和各种苛捐杂税，养起了一支 9 万人的军队。这对于普鲁士这样的小国来说是一个了不起的成就。但直到 1787 年，普鲁士的军国化程度也仅仅是 28 人中出 1 兵。根据彼得·泰勒的《18 世纪黑森—卡塞尔军事制度和乡村变革史》，1793 年，全黑森 15~25 岁的年轻人中，士兵占到了 34.3%，已经造成了严重的土地荒芜。整个美国独立战争期间，黑森农民不得不提高农业雇工的工资水平，雇用外邦人。

黑森雇佣兵在北美十分常见，人数众多，以至于在七年战争结束后，一大批黑森人干脆留在了北美。再加上跑来新大陆讨生活的德裔和后来北美独立战争时期受雇于英国而

上图： *詹姆士一世国王*

来到美国的黑森雇佣兵，讲德语的人口极大增加。甚至在最早的北美产业工人同盟（劳联—产联的雏形）中，开会时的工作语言是德语。黑森人的货币"塔勒"（Thaler）经过语音转化和拼写形式的变形，也在美国的货币单位中暗藏下来，变成了"美元"（Dollar）。不过这就是另外一个故事了。

奢侈的英国王室与贫穷的苏格兰佣兵

　　作为百年战争的一方、黑森人的老主顾，

英国王室跟佣兵和金钱的关系自然也很深。

　　中世纪的君主受制于生产力的限制，为了保持其生活水平，必须在吃穷一处庄园之后马不停蹄地赶往另一行宫，从一处狩猎场跑去另一处狩猎场。英国王室自然也是如此。但到了 16 世纪，管理的需要开始变得迫切，因为这时的国王一年中的大部分时间都待在伦敦及其郊区。只有在夏季的"乡间巡游"期间，都铎王朝的各位君主才下到地方。伊丽莎白一世和后来的詹姆士一世都希望在巡游期间吃好玩

伊丽莎白一世女王

好，其至还要从地方乡绅或贵族那里拿到昂贵的临别礼物。当时的人记载了伊丽莎白一世的多次"乡间巡游"。一次，这位女王在闺蜜、枢密院大臣、贵族的陪伴下，带领一队王室侍从，从极不情愿的农民那里强征了600辆马车，开始了旅程。而1574年那一次，约翰·塞恩爵士送给伊丽莎白一世的宝石价值140英镑。掌玺大臣帕克瑞恩于1595年送给女王陛下的钻石花束价值400英镑。1561年，光是付给巡游队伍中的警卫人员的小费就高达100英镑。1575年，女王巡游西奥博尔兹的两周时间内，地方对她的接待费用为309英镑，此外还有私人"作为女王密友而自愿献上"的价值32英镑的食物。到了1591年，女王故地重游，时间缩短为10天，花费却高达900英镑。从英国议会和英国王室司厩人员留下的账单来看，西方国家公务人员的清廉似乎也很成问题。不过，在货币远没有贬值的1560年，女王每天在宫里的生活开支是100英镑，相比之下，我们还真要"感谢"她出去旅游的时候"委自枉屈"地削减开支了呢！

因此我们就非常理解并且同情那些怀疑自己将要接待女王的人的心情了。伊丽莎白一世恰巧又有在旅行问题上优柔寡断的恶名。每年夏天，"仁慈"的女王将要巡行到哪里的传言就会大肆流传，酒馆里也会开启关于这一问题的赌局，就像赌"女王到底今年结不结婚"这个题目一样热烈。有些焦躁不安的贵族仅仅因为听见女王要来的传言就抛家舍业，潜逃到外地去了。比如有一次，托马斯·阿伦德尔爵士就千方百计地避免在女王的一次巡游中提到沃德城堡。他生怕女王记住这个名字以后跑到他的产业那里要吃要喝要赠物。

后来的斯图亚特王朝在某些贵族那里也不受欢迎。1608年，詹姆士陛下的巡游遭到了大家的唾弃，被骂成是"像不受欢迎的雨"。国王陛下圣驾前往北安普顿时，当地的斯宾塞勋爵迅速带上家产跑去了肯特郡。1626年，国王故伎重演想去斯宾塞勋爵那里蹭吃蹭喝，这位年老的勋爵假装自己得了恶性疟疾，又一次幸运逃脱了破财的厄运。1634年，他的儿子接管了勋爵领地，但由于"过度的责任感和荣誉感"，他竟然没有保持其父的优良传统，让国王从他那里搜刮走了800英镑巨款。

17世纪早期的男性时装潮流变化多端，来自弗兰德斯的刺绣、蕾丝花边让服装的价格如同坐上了火箭一般飞涨。工作时间，国王的大臣们身着时髦的奇装异服，沉湎于整日的豪赌；下班回家，他们还要在伦敦西区租或买一套房子、一辆奢华的马车，雇用起让人炫目的随从队伍。在宫廷里，担任低阶

上图：1663年2月发行的查理二世金几尼，该金镑名称源自铸造该金币所使用的黄金的原产地西非几内亚，含金量为91.67%，重8.385克，可兑换20个银先令。查理二世时期英国的金价有小幅上涨，1667年6月13日的货币兑换价已经上涨到可兑换25先令，到1680年，兑换价稳定在1：22先令

职务的人年消耗也高达 2000 英镑。喜欢玩弄感情的伊丽莎白女王和继任的同性恋国王詹姆士都特别懂得欣赏衣着华丽的时尚小青年。这无疑引发了英国男人对衣柜内容物的更新换代，他们开始大量使用丝绸、刺绣、金银花边、天鹅绒。16 世纪 90 年代，拉特兰伯爵罗杰的年度服装开销为 1000 英镑。1623 年，白金汉公爵的此项开销为 1500 英镑，而 1627 年他的服装采购花销进一步上涨到了 3000 英镑。

贵族们的饮食也极其荒诞。宫廷宠臣伯利于 1581 年为宴请法国使团，仅仅一个晚上就花掉了 363 英镑餐费。1582 年，他为了张罗女儿的婚事，大宴宾客 3 天。在这 3 天里，不考虑谷物、面包一类的主食，宾客们一共喝光了 1000 加仑葡萄酒，吃掉了 26 只鹿、15 头猪、6 头小牛犊、14 只成年羊、16 只羊羔、4 只山羊、6 只山野兔、71 只其他兔子、2 尾鳟鱼、23 只鸽子、36 只天鹅、41 只火鸡、2 只鹳、370 只不明种类的家禽、453 只各类鹬鸟、109 只野鸡、615 只家养公鸡、277 只鹧鸪、485 只沙锥鸟、21 只燕鸥、840 只云雀、135 只野鸭、354 只水鸭、1049 只鸻。这 3 天的餐费达到了 629 英镑。而当时在英国，宴席除了要求菜品创意花样翻新之外，还普遍要求"精致的烹饪，外加法国的大厨"，即使弄不到法国大厨也要退而求其次，找来在法国学过厨师的人掌勺。来自法国的厨师早在 300 多年前就已是业界翘楚。在这方面，卡莱尔伯爵早有饕餮名声。1621 年，他在自己位于埃塞克斯的宅院中为法国大使举办了为期 8 天的宴会。依据约翰·张伯伦的说法，这场宴会雇用了 100 位厨师，总共上了 1600 道菜。其中有一道菜是 6 条从俄国进口的 6 英尺长的鲑鱼。甜点花费 500 英镑，

烧孔雀使用的龙涎香价值 300 英镑。8 天马拉松宴会的总开支达到了 3300 英镑。宾客们在这种纯属炫耀的宴会上围坐在一起，一道美味只是刚刚过眼一瞥就被撤掉，换上更为奢华的下一道菜。卡莱尔伯爵后来如愿以偿地谋取到了驻法国大使的职位，终于去法国当地吃上了他梦寐以求的大餐。1671 年，卡莱尔伯爵从英国驻法国大使的任上退休。既然享受过了原汁原味的法式大餐，伯爵先生回国以后自然对吃熟门熟路。他天天想着稀奇的菜谱，在全英各地搜罗奇怪奢华的食材，最终成功地患上了暴饮暴食所导致的泛酸、胃胀、长期慢性消化不良和结石。1667 年的第一代科尔雷因勋爵则更严重，他竟然因为拼命抢吃火鸡腿而噎死在了餐桌上。

与这种奢华无度形成强烈反差的是市民阶级的惨淡收入。根据英国历史学家富勒的说法，在 17 世纪 40 年代的英国内战时期，议会军为应征入伍的市民阶级开出的军饷是骑兵每天 8 个先令，步兵每天 2 个先令。如此低廉的薪水自然不能让这些穷汉满意，所以我们就能在大约同时代的三十年战争中再次发现不列颠雇佣兵的身影。

苏格兰人和瑞典人在那个时代构建起了非同一般的兄弟情义。两国人民同样经常面对严寒气候，同样遭到天主教封建主剥削，同样信仰新教。1627—1628 年间，古斯塔夫在北德意志地区招募雇佣兵受到了很大限制。德意志民族对"南下的瑞典外国佬"的态度算不上友好。于是他果断将目光转向了不列颠诸岛。而招募不列颠雇佣兵还有另外的原因，因为那时候的瑞典人普遍对不列颠人（尤其苏格兰人）印象很好。奥克森·斯提尔那就曾说过："这些不列颠人都是好兄弟，比其他的雇佣兵好沟通多了。"

上图: *瑞典雇佣的双手持戟兵、苏格兰长枪兵、火枪手*

所以,瑞典在已征服的拉脱维亚、普鲁士、北德意志地区使用这些苏格兰雇佣兵驻防显得更合理也更安全。苏格兰人得到了瑞典高层的特别信任,他们经常作为中高级军官指挥瑞典的本土省级军团或者其他北德意志人雇佣军。许多苏格兰人升任瑞典军少将甚至以上级别的高级将领,著名野战元帅亚历山大·莱斯里克就是苏格兰人。

许多在瑞典军中服役的高级军官都选择了留在瑞典,他们当中詹姆斯爵士、汉密尔顿、福布斯、弗里特伍德等人的后人都成了瑞典的大贵族。也有许多苏格兰军官选择回到故乡,他们为不列颠尤其是苏格兰带回了瑞典的新式职业化陆军的先进理念,但也带回了他们在三十年战争中养成的残忍冷酷的作风。这在1640年的英国内战中就有所反应。

以上就是14—17世纪欧洲人围绕着佣兵和金钱发生的一系列故事。

14世纪到17世纪,从黑死病以来,到发现新大陆,再到新大陆发现的黄金白银造成价格革命,金币作为有效的大额支付手段,逐渐取得

了统治地位。欧洲各个地方的政府开始公布法令,规范"什么种类的金币可以在本行政区流通、它们按本地发行的标准货币怎样折算"。

其中,威尼斯共和国于1551年9月24日发布法令。这个法令代表金币建立自己的统一霸权所迈出的第一步。法令中列举了可以在威尼斯流通的各种外国货币的清单,对于容易产生混淆的货币,它还附有21种模本供鉴别用。其附件给出了各种金币兑换威尼斯铸币厂出品的"有效威尼斯里拉"的比率。

从这一刻起,一切都变得井井有条。欧洲已经有了足够的黄金,各地诸侯自己发行的金币,意大利的银行家,巴黎和阿姆斯特丹的交易所,佛罗伦萨、安特卫普、鹿特丹的汇票和贸易票据,现在又得到了汇率表。金币开始施展它在流通领域的霸权。如果一位威尼斯的资本家要偿付10万金法郎,他可以使用威尼斯法令中列举的任何一种本币或外币,以10万法郎的价格除以巴黎的最新报价,拜托银行家开出汇票。

历经几个世纪,金币终于从白银重量单

上图: 拿破仑皇帝的 20 金法郎正面, 笔者自藏的这枚发行于 1813 年

位和极其少见的大额支付用具变成了核算货币, 现在, 它又与日常流通的银币和小额铜辅币之间建立了连续的兑换核算程序。后来, 鼎鼎大名的牛顿在任职于皇家造币厂期间进一步完善了金本位的理论体系。到 1803 年, 在走向帝国的隆隆炮声中, 根据 3 月 28 日的法国政府法令, 1 法郎等于 0.2903225 克纯金的"芽月法郎"诞生了。这种金法郎后来成了 1874 年成立的万国邮政联盟、1930 年成立的国际清算银行的结算货币。金本位的大厦终于盖上了最后一块瓦片。

以往的岁月里, 战争的洪流中, 永远少不了滚滚而来的金币, 少不了你方唱罢我登场的雇佣兵, 少不了小人物的悲欢离合, 少不了大英雄的日暮途穷。金本位建立后, 也不会缺乏金钱的光芒和野心家的野心。拿破仑皇帝陛下的财政、北美独立战争里的德意志雇佣兵、远在大清的洋枪队、高尔察克的黄金……金币与雇佣兵还将交织在一起, 演出许多幕或悲或喜的故事。

参考书目

汤普逊. 耿淡如译. 1997. 中世纪经济社会史. 北京: 商务印书馆

波斯坦主编. 王春法译. 2002. 剑桥欧洲经济史, 第三卷: 中世纪的经济组织和经济政策. 北京: 经济科学出版社

朱迪斯·M. 本内特, C·沃伦. 霍利斯特. 杨宁, 李韵译. 2007. 欧洲中世纪史 (第 10 版). 上海: 上海社科院出版社

席勒. 沈国琴, 丁建弘译. 2010. 三十年战争史. 北京: 商务印书馆

劳伦斯·斯通. 于民, 王俊芳译. 2011. 贵族的危机 (1558–1641 年). 上海: 上海人民出版社

房龙. 曹竞仁译. 2012. 伟大的逃亡. 北京: 新星出版社

Szabo, Franz. 2007. The Seven Years War in Europe, 1756–1763. London: Longman Publishing Group

Alexandre Dumas. 2008. The Three Musketeers. 上海: 外语教学与研究出版社

作者/
矢锋

灭国的军制

由 14 世纪后的欧洲雇佣军制浅谈世界军制发展

战斗不能决定国内的争吵，它只能像以前那样使国家沦为征服者的劫掠物。

——奥勒若公爵罗杰·博依尔

上图：法国国王弗朗索瓦一世

1525 年 2 月 23 日深夜，意大利，米兰以南 30 公里，帕维亚城城郊，风雪交加。

瑞士连的队长们钻出私人营帐时，发现阵地上一片混乱。炮声隆隆，沉闷的恐惧伴随着芒硝刺鼻的臭味四处发散。火光阵阵，喊杀四起，那些素质低劣的意大利雇佣兵惊恐万状，四处乱窜。他们漆黑的脚印横七竖八地切割在皑皑白雪之上，踏出一片片泥泞，把整齐的营地搞得七零八落。这让高傲的瑞士人不由得皱起了眉头。

这是一支在今天看来十分奇特的军队。

率领他们的是法国国王弗朗索瓦一世。他正率领着这支约 20000 人的大军与神圣罗马皇帝查理五世鏖战，争夺北意大利的控制权。但是这支军队中的法国人却只有 1000 余人，其他的是大约 9000 名意大利雇佣兵，4500 名德意志雇佣兵和 5000 名瑞士雇佣兵。这是一支几乎完全依赖商业合同建立起来的军队。除了法国骑士组成的宪骑兵①，所有的士兵和军官所效忠的对象都只有合同、金币和面包。在他们对面，神圣罗马皇帝查理五世的军队同样由来自西班牙、德意志和意大

① Gendarmes，法国国王查理七世时代建立的一支近卫骑兵部队，是法国国家常备军的开端。

神圣罗马帝国皇帝查理五世

利的 23000 名雇佣兵组成。查理五世是奥地利哈布斯堡王朝广泛联姻的产物。他父亲是奥地利大公"美男子"腓力一世，母亲是西班牙公主胡安娜，而他本人则是在佛兰德斯的根特出生长大的，以法语为母语。尽管这次婚姻一点也没有美满幸福的影子——腓力一世是个好色不忠的花花公子，而且只活了 28 岁，胡安娜则患上了精神病——但复杂的联姻关系使得查理五世拥有了西班牙、意大利、佛兰德斯、奥地利等地的广大领土，并通过贿选这一传统手段当选了神圣罗马帝国皇帝。以皇帝的身份，查理五世要求法军队伍中的德意志雇佣兵立即离开。这一要求在某种程度上得到了响应。2 月 20 日，法军发生哗变，至少有 6000 人逃离了军营。这使得弗朗索瓦一世丧失了兵力优势。

文艺复兴时代的雇佣军制

不过，历史学家普遍认为，皇帝的命令并不是造成法军哗变的原因，至少不是主要原因。1525 年 1 月，在这个地中海气候下阴冷潮湿的季节，违反过冬原则，弗朗索瓦一世率领 28000 人大军突然包围了重镇帕维亚。促成这次冒险的是法国即将见底的国库。打仗实在太花钱了。即使法国王室是全欧洲最为富有的王室，也很难长期支持两万多人的军队在外作战。弗朗索瓦希望通过包围帕维亚这样的战略要地，迫使一直消极避战的查理五世出战，通过一场决定性会战来结束这场旷日持久的战争。自然法则并没有怜悯这位充满文艺气息的法国国王。地中海冬季连绵的冷雨让法军受尽折磨，军营内肆意蔓延的瘟疫夺去了数以百计的生命。糟糕的天气使得围城战很快演变成漫长痛苦的拉锯战，士兵们忍饥挨饿，而囊中羞涩的国王却一再

拖欠他们的军饷。因此，很多历史学家认为，2 月 20 日法军发生的哗变，根本原因是士兵们对长期拖欠军饷的不满。趁着法军发生哗变的机会，查理五世的一小队德意志雇佣兵对法军发动了一次夜袭，混乱中的法军自相践踏，死伤惨重。这一系列事件加在一起，导致法军总兵力从围城战发起时的 28000 人下降到不足 2 万。但是弗朗索瓦拒绝了大臣们撤兵的建议。他很清楚，自己虽然困难，但是查理五世同样困难。

帕维亚遭围后，查理五世迅速率领自己的军队赶到帕维亚城下。双方在帕维亚城下修筑胸墙、挖掘战壕，形成了阵地对峙的态势。掘壕对峙是这个时代欧洲战争最为常见的景象。一方面，十字弓、火绳枪和野战筑城的普及使得防御成为一种较强的作战方式，以往依靠重骑兵一次冲锋就能决定战争胜负的场面已经成为历史；另一方面，对于依赖战争来得到工资收入的雇佣兵来说，战事拖得越长，他们当然也就能获得越丰厚的薪水。这种对峙常常会持续到其中一方国库耗尽，无法再签订新的雇佣兵合同为止。帕维亚城外的查理五世此时面临着两个问题：首先，由于并未预想到会在冬季遭到包围，帕维亚城内的粮食、燃料、战具的储备皆不足。经过两个月的围城战，帕维亚城已到达极限。其次，神圣罗马帝国的国库同样面临着枯竭的危险，士兵们也好久没有领到军饷了。如果帕维亚城支撑不住，查理五世无法保证自己的军队不会哗变。

因此，2 月 23 日晚，在这个大雪纷飞的寒夜，查理五世决定冒险进攻。他命令己方全部 17 门大炮向着法军阵地不停开火，一些德意志雇佣兵在阵地前齐声鼓噪，吸引法军的注意力。查理五世亲率主力部队，在

夜色的掩护下，绕过法军构筑的堑壕，在无人防守的法军胸墙上秘密掘开了一个缺口，于黎明之前成功插到两支法军中间，分割了法军阵地。

此时，法军阵地上的瑞士雇佣兵已经制止了意大利人的吵闹。在这支来源复杂的军队当中，这些意大利步兵处在食物链的最底端。他们中很多人是这场前后已经持续了十年的战争所产生的战争难民，无处可去只有加入军队求得勉强果腹的面包。讽刺的是，这些战争难民在成为雇佣兵最为廉价的来源的同时，又推动着战争向长期化发展，而长期化的战争又使更多的平民加入战争难民的行列。他们在军营中总是负担着最为繁重的勤务，修营筑路、搬粮运柴、站岗放哨，到处都有他们的身影。他们也到处承受着瑞士人与德意志人的白眼。但军队同样也少不了这些廉价的炮灰与劳动力。

而处在食物链顶端的无疑是瑞士雇佣兵。这些野蛮高傲的山地居民纵横欧洲大陆已有百年之久。虽然瑞士以国力而论不过是一个阿尔卑斯山麓的贫瘠小国，但是它的雇佣兵却在整个欧洲享有盛誉，并一度成为国家主要的经济来源。瑞士雇佣兵在法军中的地位来源于他们显赫的战绩。1513年的诺瓦拉战役中，13000名瑞士兵把法王路易十二的军队杀得一败涂地。瑞士人一路打到距离巴黎不足300公里的第戎，逼得路易十二赔款请和才罢休。弗朗索瓦一世继位之后，一直高价雇佣瑞士雇佣兵为自己作战。和其他雇佣兵不同，瑞士雇佣兵有自己的信条——瑞士人不打瑞士人。因此，虽然瑞士雇佣兵要价颇高，但是对于弗朗索瓦而言，这至少比他们站在查理五世那边来得合算。

2月24日拂晓，弗朗索瓦发现自己的军队已经遭到分割。他命令军队展开队形，重骑兵首先结集在阵地前沿，瑞士雇佣兵在左翼，德意志雇佣兵在右翼，分别列成方阵。随后，重骑兵率先对神圣罗马帝国军队发起冲锋，两队雇佣步兵迅速跟上。法兰西骑士一个冲锋就把西班牙骑兵打得纷纷溃逃。但是他们却无法突破神圣罗马帝国军队中德意志雇佣兵所组成的长枪方阵。瑞士雇佣兵将突破的方向选择在左翼，希望能够突破到神圣罗马帝国军队右翼的侧后，与正面进攻的德意志雇佣兵一起形成夹击之势。

瑞士人排列成三个紧密的长枪方阵，挺起超过五米的长枪，如同一片钢铁森林。在响亮的口令声中，瑞士人迈着整齐的脚步，开始前进。先是齐步，然后转换为跑步，速度不断加快。排列着整齐的方阵跑步冲锋，这是这个时代瑞士人的独门绝招。其他国家的步兵通常只能排列方阵原地防守，能够走齐步行军就很不错了。瑞士人能够做到这一点是因为他们从小就作为民兵在村子里接受军事训练。和欧洲其他地区习惯个人或小群体作战的骑士武装不同，作为城镇自治实体的武装力量存在的瑞士民兵所接受的军事训练是以集体作战为基础的。民兵们从小就训练端着长枪队列行进、刺杀，严格遵守战场纪律。民兵传统让瑞士经过长达两百年的战争终于从神圣罗马帝国手中争得了独立的地位，并于1499年组成瑞士邦联。这些民兵以雇佣兵的形式出现在欧洲战场上，很快就证明了自己是欧洲最为强悍的步兵。他们的冲锋甚至比重骑兵的冲锋更加具有冲击力。

在拂晓暗淡的光线中，铅弹带着死亡的啸音穿透纷纷大雪，扑面而来。1200名西班牙火绳枪兵依托米拉贝洛公园的树林，不断向瑞士人倾泻着弹雨。瑞士士兵密集的方阵使得火绳枪兵几乎不需要瞄准就能击中敌人。瑞士连队长发现西班牙火绳枪兵在仓促中已经为自己建起了一道胸墙，这使得他们有些犹豫。在

1522 年的比克卡战役中,一队轻率鲁莽的瑞士雇佣兵向着已经构筑好胸墙阵地的火绳枪兵发动了凶猛的冲锋。但是结局却是灾难性的。雨点般的弹丸让瑞士人在接触到胸墙之前就损失了上千人。在他们终于到达胸墙时,那些狡猾的火绳枪兵却转身就跑,让后排的德意志雇佣兵上前与瑞士人肉搏。由于胸墙的阻挡,瑞士人无法运用冲锋来击溃德意志人,战局被导入消耗战。此时,火绳枪兵们绕到方阵的侧翼,向着无暇分身的瑞士人疯狂射击。猛烈的火力下,瑞士人逐渐抵挡不住。在百年征战史上,他们第一次溃逃了。4000 多瑞士雇佣兵倒在火绳枪的弹雨中。从那以后,胸墙成为瑞士雇佣兵心中挥之不去的阴影,他们再也不能无所畏惧地迎着敌人的预设阵地冲锋了。

1525 年 2 月 24 日,在米拉贝洛公园的树林之间,面对火绳枪兵的预设阵地,瑞士雇佣兵犹豫了。他们试图绕过这道胸墙。但火绳枪兵的运动速度比长枪方阵更快,他们也不需要排列成整齐的队列作战。这些灵巧的火绳枪兵充分利用公园里崎岖的地形,从各个方向袭击瑞士方阵。此时,瑞士雇佣兵种单一的弱点暴露无遗。他们没有骑兵,火枪和十字弓也很少。在平地上威风八面的瑞士方阵,在树林里却如同动转不灵的公牛,根本无法抓住苍蝇一般乱窜的火绳枪兵。1200 名火绳枪兵,仅在 300 名长枪兵的配合下,就击败了 5000 名瑞士雇佣兵,让米拉贝洛公园成为瑞士人的伤心之地,也终结了帕维亚战役最后的悬念。法军有 8000 人阵亡,而神圣罗马帝国军的损失不超过 1000 人。法国国王弗朗索瓦一世的坐骑被一枚火枪子弹击中,导致国王被俘。瓦卢瓦王朝对意大利的野心就此画上了句号。

帕维亚战役展示了文艺复兴时代雇佣兵制度方方面面的特点。雇佣兵是一种古老的职业,一种为钱而出售兵役的职业。在 14 世纪的文艺复兴时代,这种兵役制度继希腊时代之后又一次成为兵役制度的主流。尤其是在商业城邦林立,社会财富集中的亚平宁半岛,雇佣兵几乎成为唯一的兵役制度。历史学家认为,文艺复兴时代是一个艺术家的时代,一个文学家的时代,一个宗教改革者的时代,一个资产阶级崛起的时代,同时,也是一个"雇佣兵队长的时代"。

对于雇佣兵制,长期以来政治家、军事家与历史学家们褒贬不一。中国战国时期的思想家荀子就曾经针对齐国军队的雇佣兵化发出了"亡国之兵"的警告。而古希腊军事制度的雇佣兵化,长期以来也被历史学家们视为希腊城邦走向衰落的重要原因。文艺时代最伟大的政治思想家之一,《君主论》的作者尼可罗·马基雅维利极其厌恶雇佣兵。他在《战争艺术》一书中痛陈雇佣兵制的种种缺陷和隐患,力主以罗马军团为榜样,恢复民兵制(短期征兵制)。但讽刺的是,他为佛罗伦萨共和国所建立的那支小型民兵部队虽然在 1509 年收复比萨的战斗中显示出了一定的战斗力,但是在 1512 年面对西班牙大军的入侵时却惨遭脆败。马基雅维利本人也因此结束了仅仅 14 年的政治生涯。另一些历史学家认为,以瑞士雇佣兵为代表的雇佣兵制度开启了步兵复兴的时代,并将欧洲军事制度推入近代化,是欧洲军事制度领先于世界其他地区的开端。然而他们也不能否认,在整个 16 世纪,欧洲军队从来没有在陆上会战中击败过奥斯曼帝国,倒是留下了很多被奥斯曼苏丹打得落花流水的耻辱印记。

"存在即是真理",雇佣兵之所以能够存

┃上图: 马基雅维利

在并且盛行于文艺复兴时期的欧洲, 足以说明一个事实, 那就是历史与现实需要他们。军队是社会的组成部分。有什么样的社会, 就有什么样的军队。而军队的制度与组成, 又会反过来对社会产生深远的影响。原始社会的兵制是全民皆兵的民兵制度, 奴隶制社会有公民当兵保卫自身权益的公民兵制度, 封建社会有基于分封制度、保障特权阶级地位的骑士制度, 近现代则有基于现代民族国家与文官政府的义务兵役制度与志愿兵役制度。而在文艺复兴这个资产阶级兴起而民族国家又尚未成熟的年代, 基于雇佣关系的雇佣兵制度, 则成了这个时代的主角。

要理清楚雇佣兵制度与文艺复兴时期的欧洲社会之间的相互作用, 要理解这种军事制度的来龙去脉, 我们需要回归到人类军事制度最初的面貌, 从军事制度本源谈起。

从远古走来的民兵军制

军事制度和社会制度一样, 都要遵循"生产力决定上层建筑"这一社会学的一般性规律。因此, 和人类社会制度从原始社会到奴隶制社会再到封建社会、资本主义社会、社会主义社会的发展历程一样, 军事制度也是遵循着生产力发展的方向, 走过民兵制、公民兵制、分封制、征兵制、世兵制、雇佣兵制、义务兵制、志愿兵制, 按照螺旋向上的发展曲线逐渐走到今天的。人类古典时代的军事制度, 为后世军事制度的发展奠定了基础。

民兵制是部落公社时代的兵役制度。所谓民兵制, 就是整个部落的适龄男性都是兵, 平时生产, 战时一起上战场。显然, 民兵制是和部落公社的原始共产主义紧密联系起来的。部落公社没有多余的剩余产品来进行剥削, 在战

上图：向罗马方阵冲锋的高卢勇士

争中也是"全伙出动"，十分平等。所以说各个文明历史记载里面那些所谓的"野蛮"民族，像罗马时期的日耳曼人，汉朝时的匈奴人，总是兵力特别庞大，动辄出现"控弦之士三十万"的庞大军队。

尤利乌斯·恺撒所著的《高卢战记》详细记述了公元前1世纪居住在法国的凯尔特人和居住在德意志的日耳曼人的军事制度，让我们能够对人类历史早期的军事制度有一个大致的了解。

高卢人的社会发展处在部落公社末期和奴隶制王国早期，部落头领已经开始向贵族转化，拥有较多的社会财富。恺撒说，高卢全境有三个比较大的民族，分别是比尔及、

阿奎丹尼和克勒特。这其中，居住在今天法国与瑞士边境上的汝拉山下的克勒特—厄尔维儿部落是最为勇猛善战的。公元前61年，厄尔维儿人中最为富有的贵族奥尔及托列克斯开始策划叛乱。奥尔及托列克斯对自己的同胞说，我们是高卢人中最为勇猛的，但我们的国土太小了，东边是莱茵河，西边是汝拉山，南北也都被河流所限制，难以继续扩张。恺撒写道："尽管他们的领土面积差不多已达240罗里[①]长、180罗里宽，但他们认为对他们这样人口众多、武功煊赫而又勇敢过人的人来说，它还是嫌太狭小了。"在奥尔及托列克斯的煽动下，厄尔维儿部落决定发动一场远征，目标指向现今法国西南部波尔多

①1罗马里大约等于1490米。

地区的加伦河口。厄尔维几部落将全体居民移居到这个全高卢最富饶的地区，达到称霸高卢的目的。这场战争让我们看到了处在部落公社末期的人们是如何组织远征作战的。

首先，厄尔维几部落将开战以法律形式确定下来。这条法律规定，全部将以三年为期准备作战。在前两年，部落全民动员，大量种植粮食，收买牲畜和车辆。同时，派出使节和周边部落通气，寻找盟友。他们找到了塞广尼人前头领的儿子卡司几克斯，答应帮他篡位夺权，又找到爱杜依贵族杜列克斯，同样承诺帮他篡位。这样就组成了一个强大的临时性军事同盟。

到公元前 58 年，厄尔维几人完成了出征准备。他们烧掉了自己全部的 12 个市镇、400 个村庄以及其余的私人建筑物。除了随身携带的粮食以外，其余的东西也都烧掉，这样便把所有回家的希望断绝干净，只有拼命冒受一切危险去了。他们又命令每家各自从家里带足够 3 个月用的、磨好的粮食上路。他们还裹挟了周边的都林忌、拉多比契、劳拉契、波依等几个小部落一起出发。

这支庞大的军队同时也是一支巨大的移民队伍，老老少少总人数达到 30 万人之巨。根据罗马军队后来抄没的记录，厄尔维几人总数是 263000，都林忌人是 36000，拉多比契人是 14000，劳拉契人 23000，波依人是 32000，合起来有 368000 人。其中能拿起武器来作战的青壮年男性大约为 92000 人。他们披挂盔甲，手持武器，组成武装力量，环绕在大队周围。老弱妇孺以家庭为单位，坐在牲畜牵引的大车上，沿着大路缓缓向前。他们杀进罗马同盟者爱杜伊人的土地，劫掠市镇，抢夺爱杜伊人的儿童为奴。爱杜依人无法抵抗，慌忙向罗马求援。

此时罗马的新任高卢总督正是尤利乌斯·恺撒。接到前线急报，恺撒日夜兼程从罗马赶往日内瓦城，并召唤附近唯一一个罗马军团前往日内瓦城布防。当然，恺撒很清楚，仅靠一个军团是无法拦住 30 万凶狠善战的厄尔维几人的。厄尔维几人派出使者与恺撒谈判，宣称他们只是借道而行，对罗马定当秋毫无犯。恺撒决定使用缓兵之计。他对使者好言相劝，说自己需要几天时间来考虑一下，请使者过几天再来。厄尔维几人相信了恺撒的谎言，恺撒立刻用这段时间征发民夫，修筑了一道 19 罗里长的城墙和堑壕，堵住了厄尔维几人前进的道路。几天之后，厄尔维几人的使者再来时，发现恺撒的脸皮已经变得和他新修的城墙一样厚实。厄尔维几人对城墙发动了几次试探性进攻，都被击退，只好放弃眼前这条大路，选择绕远路通行。

在厄尔维几人绕路的同时，被紧急征召起来的 5 个罗马军团赶到了日内瓦城与恺撒会合。拥有了这支大军，恺撒决定主动出击，对厄尔维几人进行追击。5 个罗马军团全体轻装，日夜兼程而行，很快就赶上了厄尔维几人的队伍。此时，厄尔维几人正在横渡阿拉河，已经渡过去四分之三，还有四分之一尚未渡过。恺撒当然不会放弃击敌于半渡的机会。5 个军团立刻发动进攻，将尚未渡河的厄尔维几人全歼。之后，恺撒命令搭起渡桥，仅用一天时间就渡过了厄尔维几人花了 20 天才渡过的河流，继续紧紧追击厄尔维几人。最终，两军在毕拉克德镇附近展开决战。罗马军虽然兵力劣势，但是武器装备更加先进。他们的标枪可以轻易摧毁厄尔维几人的轻盾，而厄尔维几人的武器面对罗马军团的盾墙却无计可施。尽管勇猛的厄尔维几战士没有一个人从前线逃走，但仍然无法改变厄尔维几人战败的命运。他们抛弃了大部分辎重，逃向莱茵河边的林恭内斯部落境

内。恺撒命令林恭内斯人不得接济厄尔维几人，这使得厄尔维几人逐渐陷入粮荒之中。最终，厄尔维几人的大军土崩瓦解，一部分人渡过莱茵河，投奔了日耳曼人，另一部分在恺撒的严令下返乡。出发的 36 万人中，总共只有 11 万人回到了汝拉山下。

这次战役反映出部落公社末期民兵军队的典型特点。对于这些民兵军队来说，远征与部落迁徙在很大程度上是画等号的。出征的大军既是一支军队，也是一支庞大的移民队伍，老弱妇孺皆在其中。部落首领或者贵族在和平时期是领导官员，在战时则是战争领袖。民兵从小就在部落村庄中接受战斗训练，人人皆是勇武无畏，随时可以踏上战场，因此民兵制军队总是人多势众，并且有着良好的军事传统与军事训练。在战场上，民兵部队常常显示出强大的战斗力。民兵身边的战友几乎都是从小一起长大的兄弟朋友，身后又是自己的亲族姐妹，因此配合娴熟，士气高昂，勇猛无畏。在罗马千年历史上，这些部落民兵一直是罗马最为危险的敌人。在恺撒之前，罗马执政官卢契乌斯·卡休斯就曾经在莱茵河畔被厄尔维几人打得大败，卡休斯本人被杀死，他的军队也在被击溃以后被迫钻了轭门[1]。而日耳曼部落对罗马造成的伤害就更加惨重了。公元前 105 年 10 月 6 日，30 万日耳曼人（其中能作战的青壮年约 15 万人）在今法国里昂城南的罗讷河中游的阿劳西奥与罗马执政官马里乌斯率领的 16 个罗马军团交战。罗马军队在一天之内全军覆没，仅有 10 人生还。德意志史学家蒙森说："这是一场双倍于坎尼惨败的军事毁灭。"阿劳西奥战役的惨败也成了后来马略改革的催化剂。

---

[1] 轭门，就是用两支长矛插在地上，顶上再横扎一支长矛，像球门一样。强迫战败者列队通过轭门是当时投降的必备条件之一。

但另一方面，恺撒击败厄尔维几人的战争也显示出了民兵制军队的薄弱之处。首先，由于部落民兵远征相当于移民，拖家带口有大量老弱妇孺随行，因此行动缓慢。这在渡过阿拉河时表现得尤其明显。拖家带口的厄尔维几人用了20天时间才渡过这条河流，而罗马军队只用一天就渡过去了。在面对高度专业化的罗马军队时，民兵军队常常显得转不灵。其次，因为部落公社生产力差，剩余产品少，打仗的时候又都是全体出动，军械武器又全部自备，部落公社在武器装备、攻守城技术等方面就比较差了。所以文明国家普遍采用修筑城墙的方式来对付这些原始部落。恺撒正是通过在日内瓦抢筑城墙的方式，才扭转了战略上的被动局面。而在毕拉克德镇的最后决战中，罗马军队的装备优势也发挥了至关重要的作用。最后，民兵制口粮自备的原则使得民兵制军队的后勤补给能力受到很大限制，部落公社庞大的移民队伍也在很大程度上加重了远征军的后勤负担，一旦后勤补给不利，很容易被自身的重量所压垮。

民兵制横贯了整个人类历史的始终。厄尔维几人千年之后的后代——瑞士人之所以能够成为文艺复兴时期最为强大的雇佣兵，就是因为瑞士人长期的民兵传统。美国独立战争时期的"一分钟兵"也是一种民兵。布尔战争时期，南非的荷兰裔布尔人仍然使用民兵制的组织方式组织他们的军队，把不可一世的"日不落帝国"打得狼狈不堪。

伴随征服的公民兵军制

在奴隶社会时期，随着战争与征服，民兵制逐渐演变成公民兵制。现代所谓"公民"的概念是"具有某一国国籍，并根据该国法律规定享有权利和承担义务的人"。"公民"与"臣民"相对，体现出"天赋人权"的资本主义核心价值。但在古典时期，"公民"的起源可远没有如此浪漫。简单来说，所谓"公民"，就是战争中获胜的征服者。他们征服了原来的土著民，并将土著民贬为奴隶。这些征服者就成为享有自由与奴隶劳动的奴隶主，也即是公民。

古典公民兵制形成的典型案例就是斯巴达公民兵制的形成。斯巴达人原本不是住在希腊的。"斯巴达"这个词的意思是"可以耕种的平原"。大约在公元前12世纪，居住并统治着伯罗奔尼撒半岛的是迈锡尼人，考古上称他们的文明为迈锡尼文明。今天我们读到的古希腊史诗有相当大篇幅描述迈锡尼人的故事，其中就包括最为著名的《伊利亚特》。《伊利亚特》中，率领希腊联军攻打小亚细亚特洛伊城的，就是迈锡尼国王阿伽门农，他的弟弟是斯巴达国王墨涅拉俄斯。这个时候的斯巴达和我们所熟悉的斯巴达还不是一个国家，它是迈锡尼文明的国家，统治的区域在拉哥尼亚地区。大约在公元前12—11世纪，迈锡尼文明毁灭了，迈锡尼文明的废墟上诞生了多利亚人的新文明。这段历史在希腊神话中的反映是赫拉克勒斯的子孙对伯罗奔尼撒半岛的征服。由于缺少足够的史料和考古证据，历史学家和考古学家对"多利亚人入侵"这一历史事件争论不休。有人认为他们是从北部的马其顿地区一路征服过来的，有人认为他们是本地的奴隶发动的奴隶起义。但总而言之，多利亚人征服了迈锡尼人，统治了希腊。而多利亚人中最为强大的一支则征服了拉哥尼亚地区。从此，他们以"斯巴达人"自居，将原本定居于此的拉哥尼亚人贬为奴隶，称为"希洛人"[①]。"希洛人"在

---

① "希洛人"的另一个著名的翻译是"黑劳士"。

希腊语中的意思是"俘虏"，他们是国家的奴隶，身为国有，一世为奴。后来，所有被斯巴达人征服的民族都被称为"希洛人"。公元前8世纪，斯巴达人征服了面积比本国大得多的迈锡尼亚，将其全国都贬为"希洛人"。自此之后，"迈锡尼亚人"常常和"希洛人"混用，成为奴隶阶级的代称。

斯巴达人以他们浪漫残酷的公民兵制闻名。和其他任何一个希腊城邦都完全不同的是，斯巴达人不修城墙。斯巴达战士的盾牌就是城墙。据希腊时代留下的记载，全体斯巴达人都过着军事化的生活，男孩从7岁开始就从父母身边被带走，在军营中接受严酷的军事训练，一直到12岁编入少年队，20岁正式成为斯巴达军人，30岁才允许结婚成家。相当一部分孩子在12岁之前就因为残酷的军事训练死去，能活到20岁的人几乎个个是以一当十的猛士。打仗时，斯巴达人自备武器与粮食，组成军队进行战斗。在希腊数百年的历史上，斯巴达人近乎战无不胜。为了避免内部因贫富分化产生阶级矛盾，斯巴达人不许从事工商业，但他们有权获得土地和财富。这些财富就来自于被他们残酷压榨与剥削的希洛人。斯巴达人从小就被灌输一个概念："斯巴达人高尚，希洛人低贱。"斯巴达少年兵的重要训练内容就是以小分队为单位分散到乡野中猎杀希洛人，尤其是希洛人当中最强壮和最富裕的人。斯巴达人与希洛人之间的关系近乎猎食者与猎物之间的关系。

因此，斯巴达公民兵制的实质可以理解为特权阶级抱团住在城市里，对外防御外敌，对内镇压奴隶。当这种军事制度扩展到一个更大的国家时，就是中国西周时期的"国人为兵"。

西周时期，"国人"指的是居住在城邑及其附近的人。国人社群是在武王伐纣的历史进程中逐渐形成的。公元前11世纪，几乎就在迈锡尼文明被多利亚人毁灭的同时，周武王率领来自800个部落的45000人大军攻向商王朝的首都朝歌。经过牧野决战，纣王自焚，商王朝灭亡。灭亡商朝后，周武王定都镐京，分封诸侯71国，继续向东讨伐商王朝的残余力量和东夷各部落。《逸周书·世俘解》说，周武王在伐纣灭商之战中总共灭亡了99个国家，另有652个国家投降，斩首十余万级，俘虏30多万人。梁启超在《中国历史研究法》中感叹："若非有《逸周书》，谁能复识'血流漂杵'四字之作何解？"这些鲜血淋漓的数字告诉我们，武王伐纣是当时世界历史上空前规模的军事征服行动。

西周兵制正是在这种空前规模的军事征服中诞生的。西周将生活在城郭之内的人民称为"国人"，生活在城外的称为"野人"。显然，所谓"国人"，正是当年跟随周武王及其诸侯征伐全国的周人的后裔，而"野人"则是被征服的商人与东夷各族人民。西周的国人和野人之间的关系有些类似于同时期斯巴达人与希洛人的关系，但没有那么血腥。

西周兵制的核心是井田制。西周时期，纵横交错的道路（阡陌）把土地分隔成"井"字形的方块。《孟子·滕文公上》载："方里而井，井九百亩。其中为公田，八家皆私百亩，同养公田。公事毕，然后敢治私事。"这段记载的意思是，每900亩田地以九宫格划分为9块，中间的一百亩是公田，旁边的800分别是8家国人的私田。这8家国人一起耕种中间100亩公田，并把收入交给国库作为赋税，然后才能各自耕种自己家的100亩私田。

当然，这些拥有百亩土地的国人也不是

采矿的希洛人

自耕农，真正耕种这些土地的是奴隶。因此，井田制的核心就是国王把土地分给诸侯，诸侯把土地分给国人，国人再役使奴隶耕种。井田之外的土地则被分配给野人耕种。他们的处境比希洛人好一点，虽然不至于被国人随便打杀，但也没有任何政治权利可言，只有服苦役与被剥削的义务。

而作为特权阶级，国人则和希腊的公民一样，拥有参与政治生活的权利和为国家服役打仗的义务。他们和希腊公民兵一样，自备武器，从小参加严格的军事训练，服兵役为国出征，乃至获得提拔出任国家官吏。《周礼·小司徒》记载："小司徒乃会万民之卒伍而用之。五人为伍，五伍为两，四两为卒，五卒为旅，五旅为师，五师为军。以起军旅，以作田役，以比追胥，以令贡赋……上地家七人可任也者三人；中地家六人，可任者二家五；下地家五人，可任也二人。凡起徒役，勿过家一人。"这段描述说明国人的出兵数量是和其占有的地产相匹配的。地产越多，则出兵数也就越多。这和希腊、罗马以财产将公民划分阶级，以阶级计算出兵数的方法有异曲同工之妙。现代金文研究还证明，西周国人和希腊公民一样有干预国家政治生活的权利和传统。春秋时期甚至曾经出现过国人反对国君的战略，于是干脆把国君绑了送给敌人的事例，这倒是和希腊人经常出卖自己的军事领袖相映成趣。至于国人暴动这种国人把天子赶下台的事情，也并非孤例。如《左传》记载，公元前582年郑国贵族公孙申趁国君在外，企图篡位，另一个贵族公子班于是先下手为强，立国君庶弟为王，结果该王一年后就被国人赶下了台。一些历史学家认为，《论语》中"唯女子与小人难养也"一句中的"小人"其实指的是国人，这句话

上图：*雅典公民兵与入侵的亚马逊女族人战斗*

是孔子在抱怨中国春秋时期的国人和希腊公民一样群群盲动，难以伺候。

相对于城邦化的希腊各城邦，组织能力更高一级的西周王朝有着更为严密的军事制度。《论语》曰："礼乐征伐自天子出。"可见当时全国已经实现了军事指挥上的统一化。根据《周礼》的记载，西周建立了强大的常备军制度，具有固定的编制，"凡制军万有二千五百人为军，王六军，大国三军，次国二军，小国一军"。也就是说，军队的战略编制为军，每军12500人，周王拥有6个军的常备军，齐晋等大诸侯国拥有3个军，中等诸侯国有2个军，小诸侯国1个军。当然，这只是理论上的编制，实际上各诸侯国的情况都有所不同。

这种高度正规化的编制体系，是周幽王能够搞"烽火戏诸侯"的背景所在。因为士兵随时都在军营里待命打仗，一旦看到军令烽火立刻全军出动。

可以看出，无论是东方还是西方，公民兵制都是部落公社时代民兵制度在奴隶制阶级社会下的演进与改良。作为统治阶级的大奴隶主以及统治阶级的政治盟友中小奴隶主组成了一个控制武装力量的强大社会集团，用武力维持社会统治。他们以武力对被征服者进行残酷的剥削和压迫，对外侵略扩张，掠夺土地与奴隶。

古往今来，很多历史学家和政治家都对公民兵制充满了各式各样的憧憬与幻想，因为如果不考虑被压榨迫害的奴隶、黑劳士或者野人的话，公民兵制在逻辑上能够自洽，在政治上具有说服力和诱惑力。比如马基雅维利就认为公民兵制优点很多。首先权利和义务互相适应，要享受公民的特权，那就首先要履行服兵役的义务。其次公民兵制让全社会都有习武尚武的风气，一起扛枪打仗的

■上图：斯巴达方阵

经历也有利于城邦内部的巩固团结。最后，公民兵制下出征打仗是履行义务而非"发国难财"，能促使国民和政治家理性思考战和问题，避免当时意大利战乱频繁的弊端。

当时马基雅维利所能掌握的历史资料是有限的，他并不清楚公民兵制在希腊、罗马和西周都同样走向衰亡的真正原因。以斯巴达为例，国际历史学界近50年来的研究发现，尽管斯巴达在希腊长期有着数不尽的光环，尤其是希波战争时期的一系列优秀战斗表现令世人顶礼膜拜，但是，在斯巴达的漫长历史上，斯巴达士兵的人数却在不断减少。希罗多德说，在公元前480年，斯巴达男性公民的总人数大约为8000人，但是到公元前418年，斯巴达男性公民的总人数已经减少到4300人。公元前394年，伯罗奔尼撒战争结束后，斯巴达男性公民只剩下约

2500人，及至公元前371年斯巴达被底比斯击败的留克特拉之战中，斯巴达仅仅投入了700名战士，历史学家 J. M. 摩尔认为这意味着能担负兵役义务的斯巴达人总数约为1200人，A.H.M. 琼斯估计有1300人，P. 卡特里奇认为至多1500人。而亚里士多德则记述说，在他撰写《政治学》一书时，有能力担任战事的斯巴达公民人数已经减少到不足1000。

为什么强大的斯巴达公民兵会在仅仅一个世纪的时间里就凋零殆尽呢？在亚里士多德看来，这是因为当政者对妇女的放纵，让妇女们穷奢极欲却不愿意生孩子，于是斯巴达人口越来越少。罗马时代的希腊历史学家普鲁塔克则认为，斯巴达的立法者来库古斯曾将土地分成9000份，每个公民分得一份，而后来这种份地制度的瓦解，正是斯巴达衰落的重要原因。

现代历史学家说，斯巴达衰落的根本原因在于斯巴达土地制度的急剧变化，斯巴达"平等公社"的崩溃和土地私有制的兴起最终摧毁了公民兵制度，使得斯巴达公民兵消失在了历史长河之中。公元前5世纪，基于希洛人制度的斯巴达国有土地制度仍然坚不可摧。但是到公元前4世纪，这种国有土地制度却迅速瓦解，私有土地制度占据了主流。中国历史学家王敦书认为，斯巴达的土地私有制和土地财产的分化与集中的现象在公元前5世纪之前已逐步发展起来，却在土地国有制尚占上风的情况下受到抑制。而到伯罗奔尼撒战争结束，以及公元前371年斯巴达战败失去迈锡尼亚后，斯巴达的土地制度发生了急剧变化，土地国有制瓦解，私有制迅速膨胀。（王敦书：《斯巴达早期土地制度考》）刘家和教授认为，伯罗奔尼撒战争的胜利，为斯巴达赢得了大量的财富，金银风暴卷起的贪欲狂澜以不可抗拒的威力震荡着斯巴达人的社会，浸淫着贵族们的心。由于斯巴达原来缺乏工商业方面的基础，从而缺乏从这方面吸收和利用金银货币的能力，因此这一狂澜便主要卷向了土地。（刘家和《论黑劳士制度》）

讽刺的是，战争的胜利虽然为斯巴达贵族带来了庞大的财富，但另一方面却又造成中下阶层大范围破产。因为战争虽然会带来丰厚的战利品，但这些战利品中的绝大部分都被贵族们独吞。相反，为战争付出了大量财富、劳动乃至生命的中下层斯巴达人却是入不敷出，最终走向破产。而根据斯巴达法律，不能缴纳公共餐厅粮食的斯巴达人将被剥夺公民权。于是，一方面大量战争财富源源不断地流向上层，另一方面中下层斯巴达人不断破产而失去公民权，原先稳定的斯巴达"平等公社"在财富的冲击下迅速瓦解。最后，虽然斯巴达贵族更加富有了，但是斯巴达人的总数却越来越少。

那些失去公民权的前斯巴达人，除了一身武功以外一无所有，于是便成了希腊雇佣兵的主力。虽然相当一部分前斯巴达人被斯巴达所雇佣，但也有很多浪迹天涯。最后，到公元前362年，连债务缠身的斯巴达国王阿格西劳斯自己都干脆跑到埃及干起了雇佣兵的行当。公元前4世纪中叶，大部分希腊城邦的公民兵制都已走向崩溃，雇佣兵成了希腊军事体系的主角。

同样的事情也发生在中国与罗马。在春秋末期，随着井田制度的崩溃，依附于井田制度的国人兵制同样走到了尽头。而在罗马，布匿战争如同伯罗奔尼撒战争之于斯巴达一样，在给罗马贵族带来大笔财富的同时，也造成了罗马中小有产者的大量破产，罗马由此进入"城邦危机"的时代，一直到马略改革重建募兵制的新型军队，才算摆脱危机。

无论东方还是西方，公民兵制崩溃的根本原因都在于人类终于彻底摆脱了氏族公社人人平等的时代。生产力的发展，社会财富的积累，不可避免地将人类拖向阶级进一步分化的剥削社会。作为部落公社民兵制度的遗存，公民兵制已不再适应这个全新的时代，无论世人对它存有多少幻想，它都将无可避免地在东西方世界共同消逝。

秦汉与罗马的古典军国制

大约在公元纪年前后，在欧亚大陆的东西方，中国与罗马同时出现了古典时代最为强盛的军事制度。在中国秦汉时期，一支通过普遍征兵制建立起来的常备军将中国文明推向了武功的巅峰。而在罗马，民兵制崩溃之后，马略改革带来的全新募兵制军队建立起了欧洲历史上空前规模的超级军事力量，打出了唯一一个完成欧洲统一的巨大帝国。他们各自的军事制

上图: 秦兵马俑

度,也将古典军国主义推向了巅峰。

秦汉普遍征兵制的核心来自战国时期开始实行的授田制。战国时期以后,随着战争规模和范围的扩大以及井田制度的破坏,周天子丧失了全国范围内的土地所有权,土地变成各家诸侯乃至公卿大夫的私产。土地的私有制导致了新兴地主阶级的崛起,带来了新的生产关系和新的社会制度。而在土地私有制下,土地耕种权则成为各诸侯国授予战士封赏的最好奖品。尤其是将掠夺自别国的土地授予己方将士,不但解决了耕种问题,而且激励了将士为保卫自己的胜利果实,在下次参加战斗时更加卖命。因此,将田地直接授予生产者,成为当时各诸侯国的通行做法。魏安王二十五年(公元前252年)的魏户律规定:"自今以来,段门逆吕,赘婿后父,勿令为户,勿予田宇。"(《睡虎地秦墓竹简·为吏之道》)这段文字翻译过来就是:"商贾(段门)和开客店的(逆吕),以及入赘的女婿(赘婿)这些身份下贱的人,都不准立户,不分给田地房屋。"换句话说,当时的普通民户,官方是要分给田宅的。具体制度是"民年二十受田,六十归田"(《汉书》),也就是说,普通民户在20岁时到官府领到自己的田(所有权为诸侯的公田),到60岁时归还。这些记载不仅表明了以土地私有为基础的新生产关系是如何运作的,而且真实记录了土地是如何从公有制到私有制过渡的。

在授田制的基础上,因军功赐予将士爵位,然后再以爵位发给更好的田宅,甚至可以就地提拔当官,就是军功爵制。军功爵制以田齐最早实行,迅速风行于战国时代各个诸侯国。但是军功爵制度最为有名也最为彻底的实践还是在秦国。秦军功爵制度有两项原则：其一，"有军功者，各以率受上爵"。这就是说，凡立有军功者，不问出身门第、阶级和阶层，都可以享受爵禄。军功是接受爵禄赏赐的最必要条件。其二，"宗室非有军功论，不得为属籍"。取消宗室贵族所享有的世袭特权，他们不能再像过去那样仅凭血缘关系即"属籍"就获得高官厚禄和爵位封邑。

授田制和军功爵制度加在一起，使得秦国具备了执行普遍征兵制的制度基础。在西周至春秋的"国人为兵"的兵制下，首先只有国人可以参军，其次国人参军数量也是有法律规定限额的。但是到了战国，尤其是在秦国，"国""野"之别被取消，所有适龄男子全部要从军。秦国规定，男子17岁成年后，就要去乡政权登记，开始服役。（《云梦秦简》）17到20岁主要服徭役，即修墙筑路、运输粮食等。20岁时服两年兵役，即当两年的常备军，其中一年在本郡的地方部队，一年在边防部队或者中央卫戍部队。常备军服役完成后转入预备役，除了每年再服一月徭役外，一旦有战事爆发，要立刻应征入伍，和常备军一起出征作战。一直到56岁（有爵位者）或60岁（无爵位者）才免除服役。这一制度的基本原则一直延续到西汉，成为秦汉时代普遍征兵制的基本面貌。可以看出，秦汉时期的普遍征兵制和今天的义务兵役制非常相似。

由于军功爵制度执行得最为彻底，秦国的军事制度相对于山东六国更占优势。战国思想家荀况写过一篇文章叫作《议兵》。在这篇文章中，荀况详细对比了齐国、魏国和秦国的军事制度。他评价齐国的军事制度："齐人隆技击，其技也，得一首者，则赐赎锱金，无本赏矣。"也就是说，齐国的技击军所得的封赏是纯金钱赏赐，具有雇佣兵的特点。荀况批判它"是其

去赁市佣而战之几矣"，是为"亡国之兵"。荀况评价魏国的军事制度说，魏之武卒"中试则复其户，利其田宅"，具有封建骑士制度的特点，但结果是"地虽大，其税必寡"，这是"危国之兵"。只有暴秦的军队"其生民也陿陿，其使民也酷烈，劫之以势，隐之以陿，忸之以庆赏，鳆之以刑罚，使天下之民所以要利于上者，非斗无由也"。用赏罚分明的方法使得人民只能寄希望于在战场上改变命运，"非斗无由"，因此是当之无愧的当世最强军。当然，在信奉儒家思想的荀况看来，即使"齐之技击不可以遇魏氏之武卒，魏氏之武卒不可以遇秦之锐士"，也不妨碍"秦之锐士不可以当桓、文之节制，桓、文之节制不可以当汤、武之仁义，有遇之者，若以焦熬投石焉"。"焦熬"是硬而脆的意思，"焦熬投石"翻译过来就是以卵击石。山东六国之所以被虎狼之秦打得落花流水，那都是不听儒家之言害的。要是能像齐桓公、晋文公那样遵守礼制，像商汤、周武那样兴"仁义之兵"，收拾秦国就像砸个鸡蛋一样容易。这有点像马基雅维利推崇民兵制，从哲学上很有说服力，从政治上很有诱惑力，只是真实行起来大概不会太美妙。

普遍征兵制的直接结果就是极高的征兵率。一般古代征兵率只有百分之五甚至更低，王朝末年兵制败坏时常常低于百分之一。但是在战国至秦汉时代的普遍征兵制之下，征兵率常常高达百分之十以上，几乎与近现代国家在世界大战时期的征兵率相当。这种极高的征兵率为战国时期各国之间惊人的战争规模提供了兵力上的基础。比如长平之战秦赵双方分别投入了60万和45万军队。考古证据表明，汉东海郡武库储备了能够武装50万大军的武器装备。（尹湾汉墓简牍《武库永始四年兵车器集簿》）在其他任何军事制度下要动员和掌控如此规模

上图： 秦军步兵

的军队都是不可想象的。毫无疑问，如果进行全面战争，同时代没有任何对手有资格站在秦汉这样的军国怪兽的对面。

对比秦汉的普遍征兵制和罗马在马略改革后的募兵制是一个十分有趣的话题。这两种军事制度的相通之处比很多人所认为的要多。首先他们都确定了国家在军事活动中的主导地位。在之前的民兵制和公民兵制中，士兵们自行携带武器装备，自行准备军粮补给。但是在新军事制度下，武器装备、军粮补给均由国家提供。这样，军队就不再是民兵时期的人群集合体，而成了一种高度专业化的杀戮组织。军事民主的传统被"军人的天职在于服从"所替代，而有别于文官的职业军官也登上了历史舞台。其次，两者的核心都是通过对土地的分配来促使人民参军服役。在秦汉的普遍征兵制下，人民可以通过荣立军功获得爵位，进而成为军功地主，改变命运。而在罗马，军团士兵在完成自己的服役后，将得到一块土地作为服役的报偿，这对那些流浪在罗马街头的无业者无疑有着巨大的诱惑力。

上图: 蛮族首领奥多亚塞于 476 年灭亡西罗马帝国

所以，无论是秦汉的普遍征兵制还是罗马的募兵制，最终落脚点始终是土地的所有权。《飘》中郝思嘉的父亲说："土地是唯一值得为之战斗的东西。"这也印证了马克思主义的观点：生产资料的所有权决定社会生产的组织形式。正是对土地的分配为秦汉与罗马的古典军国主义注入了强大的活力，但土地最终也成为古典军国主义的诅咒，在东西方为两大强国同时敲响了丧钟。

西汉中后期，随着大土地兼并的出现，国家所能分配给人民的土地田宅越来越少，服役逐渐从一种有利可图的事业变成一种沉重的负担，人民服役的意愿不断下降。从汉武帝时期开始，招募雇佣兵就成了正规军事力量的重要补充。而到东汉建立，汉光武帝罢郡国兵之后，

雇佣兵已经成为东汉军事力量的主力，原先的普遍征兵制逐渐废弛。这导致东汉的武功相对西汉大大缩水。到东汉末年，部曲制和世兵制逐渐占据了军事制度的主导地位，只有诸葛亮治理下的蜀汉仍然坚持以普遍征兵制为主。这也是蜀汉以不足百万的总人口，仍然能够多次发动十万军队进行北伐的重要原因。

罗马帝国中期，罗马军团中的蛮族比例越来越大。造成这种结果的因素有很多，但最为明显的原因仍然是参军的罗马人越来越少。尽管罗马城里从来不缺穷困潦倒的亡命之徒，但是显然，即使是对于他们，参军的吸引力也是十分有限的。尽管参军退役后能够得到土地，但是意大利、高卢、希腊等文明地区的土地早就被大地产主瓜分得一干二净，军团所分配的

土地大多是日耳曼、匈牙利、不列颠这样的蛮荒之地。不要说罗马人本身就不愿意移民去这些地方，即使是去了这些地方的罗马人，由于自然条件和生活环境的改变，最终也会成为蛮族。正所谓"汉儿尽作胡儿语，却向城头骂汉人"。这样一来，愿意在军团服役的，自然就只剩下蛮族了。最终，蛮族化的罗马军团反而变成了罗马帝国的掘墓人。

盛行中世纪的封建骑士制

进入封建社会以后，无论是民兵制、公民兵制还是普遍征兵制和罗马式募兵制，都走向了末路。面对封建社会私有制生产关系和私营经济的蓬勃发展，基于私有制的新型军事制度应运而生，这就是封建骑士制度、世兵制和雇佣兵制。这三种兵制有一个共同点，他们都是在新时代社会自我组织中逐渐形成的军事制度，具有自下而上、自我形成、自我进化的特点。

人类历史的发展滚滚向前，军事征服却永不过时。部落公社末期到奴隶制早期的军事征服史为东西方带来了公民兵制，而奴隶制后期到封建时代的军事征服史则为人类带来了封建骑士这一全新的军事制度。

和公民兵制不同，封建制从一开始就是基于阶级社会和土地私有制的发展而出现的。在西周、斯巴达乃至罗马，被征服的土地都是公有的（或者属于国王、天子），将士们需要通过服役获取土地的耕种权或土地收益，抑或在退役后从国家手里分得土地。但是在封建制度下，被征服土地的所有权将在战后由国王直接分配给贵族，贵族再将土地分配给手下的封臣，封臣们则控制着手下具有人身依附关系的佃农耕种土地。作战时，国王召集诸侯作战，诸侯召集封臣作战，封臣则召集佃农作战。封地提供了军事专门化的三重关系，分别是土地所有权、个人义务及专业的战士。以英国历史为例，原本住在英国的主要是凯尔特人，大约在公元7至8世纪盎格鲁撒克逊人带来了第一次征服，建立了封建王国，后来10世纪诺曼人又入侵了一次，再一次建立封建王国。一直到今天，英国贵族仍然都是诺曼人后裔。

封建制度最早出现在古埃及，后来逐渐盛行于欧亚大陆的大部分地区。公元7—8世纪，封建制在欧洲发展到顶峰。欧洲封建制度有很多来源，有罗马帝国后期失地农民依附于大地产所有者产生的租佃关系，也有日耳曼蛮族从欧亚大陆腹地带来的军事贵族传统，还有黑暗时代早期法兰克王朝建立的一系列制度的影响。所有这些都指出封建制是一种因应客观条件而逐步发展起来的军事制度。

封建制度建立的军事技术背景是骑兵的崛起。公元前2世纪左右，浑身铁甲，使用长矛进行集群冲锋的重骑兵开始在西亚地区出现。经过反复激战，他们打败了亚历山大留下的继业者国家，建立起安息、萨珊波斯、贵霜、亚美尼亚等一系列封建军事贵族统治的国家。即使没有马镫，即使仅拥有脆弱不堪的步兵部队，但在开阔荒芜的西亚地区，这些国家单纯依靠强大的骑兵部队，就足以摧毁任何敢于来犯的步兵集团。即使强如罗马军团，在多次尝试失败后也只能放弃征服两河流域、打通香料之路的勃勃野心，退回到地中海东岸依托海岸附近的山脉组织防御。随着中国人发明的马镫传遍世界，步兵更加难以抵挡重骑兵凶猛的冲击，封建制度也随着日耳曼人对欧洲的征服而扩散到整个欧亚大陆西部。

重骑兵的出现改变了战场格局。以往，

上图：西亚重骑兵。安息、贵霜、萨珊波斯等国的重骑兵是骑士时代的先导

战争的胜败是依靠步兵之间的决死较量来决定的。步兵是一种大规模集团作战的兵种，拥有更多兵力和更好纪律性的一方通常能够赢得战斗的胜利。小规模的精锐步兵虽然可以用自己的奋战来激励友军作战，但是并不能对战局起到决定性作用。但是重骑兵不一样。一支几百人的精锐重骑兵发动的冲击，常常可以决定一场万人大战的胜负。这将大大改变人类在阶级斗争中的力量对比。

如果说步兵是一种人力密集型兵种，那么重骑兵就是一种资本密集型兵种。战马和盔甲都是花费不菲的奢侈品，而要有效驾驭马匹作则需要从小开始的长期训练。但如果几十个重骑兵就能轻松驱散数以百计的造反农奴，那这一切代价都是值得的。

因此，适应重骑兵这种全新的兵种之后，军事征服呈现出了全新的组织形态。步兵时代的征服者核心是庞大的步兵集群，他们兵力充沛，纪律严明，令行禁止。但是在骑兵时代，小群精锐重骑兵成为军队的组织核心，步兵地位降低，很大程度上不过是骑兵作战的补充和消耗品。那些有财力为自己购置战马盔甲的人，自然和泥地里打滚的普通步兵产生了阶级分隔。前者成为军事贵族集团，而普通步兵则成为依附于他们存在的农奴。

既然在阶级上取得了优势，那么军事贵族集团自然可以明目张胆地瓜分征服所获得的土地，并利用这些土地的产出来巩固自己的优势。这就是封建骑士制度的核心所在。以英国历史上著名的"诺曼征服"为例，征服者威廉在黑斯廷斯战役中打败哈罗德之后，将英国本土的四千贵族几乎全部屠杀，将土地分封给跟随自己打进英国的 1400 名诺曼贵族和功勋卓著的士卒。从那以后，古法语成为英国上层用语长达 300 年之久。一

直到今天，英国还有三分之二的土地属于这 1400 名诺曼人的后裔。

在封建制度下，军事贵族集团是国家真正的统治者，国王很大程度上不过是军事贵族集团推选出的盟主。国王的权力相对于罗马时代的官僚们是非常可怜的，国家收入有时还比不上某些贵族的收入。封建制度的稳固性来源于军事贵族集团的稳固性，而军事贵族集团的稳固性又来源于重骑兵在战场上的巨大优势。这种优势使得封建制度在欧亚大陆传承千年之久，成为中世纪全世界最有代表性的军事制度。

但从横向与纵向的对比来看，很难说封建骑士制度是一种优秀的军事制度。它的缺陷也是非常明显的。

首先是相当糟糕的组织纪律性。封建骑士的个人勇武毋庸置疑，他们从小就接受完整的武术训练，刀枪剑戟无一不精。他们也很擅长小群体作战，因为这是他们镇压农奴暴动的日常活动。1429 年 5 月的帕提战役中，在圣女贞德的鼓舞下，100 名法国骑士 1 个小时之内竟然把 5000 名久经战阵的英国长弓兵杀掉了一半多，而自己仅有 5 人阵亡。但如果战斗规模继续放大，封建骑士组织纪律性差的弱点就要暴露出来了。由于封建国家通常没有常备军或只有很小规模的国王卫队，骑士老爷们接触大规模战斗的机会比较少，这使他们并不熟悉在上千人的战斗中应该如何配合作战。而更糟糕的是军事贵族们缺乏令行禁止的指挥系统和服从军事纪律的习惯。

1415 年 10 月英法百年战争中的阿金库尔战役将这一问题暴露得尤其突出。在这次战役之前，约 3~4 万法军已经把 6000 人英军逼到绝境。英军既无法逃跑，也没有粮草，全军疲惫不堪，更没有坚固阵地，看上去已

经只剩下被法军屠戮的命了。绝望中，英王亨利五世把他小小的部队布置在森林之间的一片狭窄麦田之中，邀战法军，决心以死相搏。

尽管有一百种办法可以把亨利五世置于死地，但是在一群法国贵族争权夺利的吵吵嚷嚷中（法国贵族此时分为勃艮第派和阿玛尼亚克派，几乎在任何事情上都要吵得你死我活），法国人最终选择的却是最笨的办法。他们让15000人法国骑士下马，分列成两个长横队，正面向英军阵地压过去。同时2400名骑兵从两翼夹击英军。实际上英国人的两翼都有树林，夹击是无法实现的。那么骑兵应该绕过整个战场，从后方突击英军，或者干脆打击他们的营地？但是这些骑士没有，从一开始他们就把这个虽然很愚笨的作战计划抛到了脑后，两翼的骑兵争先恐后向正面的敌人杀去，在刚犁过的坑坑洼洼的麦地上冲锋，跑到对方阵地前才发现有排木桩挡住去路。实际上，由于地表太松软，有些木桩已经沉了下去。右翼副指挥官威

廉爵士下令跳过这道篱笆，很不幸地，他自己的坐骑刚好撞上一根没下沉的木桩，于是他从马鞍上直直地飞出去，一头扎了泥地里，在恢复知觉前就被英国人干掉了。剩下的骑士看到指挥官战死，一窝蜂掉头就跑，反把自己的步兵冲得七零八落。

法国步行骑士的表现完全没有让马背上的同伴们专美的意思。尽管法军的作战计划要求他们分成两个长横队依次前进，避免因为过度拥挤而堵塞道路。实际上，以当地的地形，即使是如此排兵布阵也太拥挤了。而步行骑士们为了争功，完全不管军令。第二横队的骑士大量涌进第一横队，把第一横队变得更加拥挤。大横队先是被自己败退的骑兵冲了个晕头转向，然后又被英国长弓兵的箭雨浇了个透心凉——好在他们都重甲在身，损失不大。随着横队越来越接近英军阵地，地形也变得越来越狭窄，横队终于彻底挤成了一团，人人挤在一起，有人稀里糊涂地绊了一跤，立刻连累一大

下图: *1066 年诺曼骑士打赢了黑斯廷斯战役，从此统治了英国*

片人摔了一地。最后，当英王亨利五世带着他的九百步行骑士冲上去拼命的时候，法国人发现自己过于拥挤的队伍甚至连挥动武器的空间都没有，只能拼命往前挤，像打橄榄球一样把对方推倒。不过法国人依靠人数仍然给英国贵族带来了不小的损失，据说亨利五世的18个侍卫全部阵亡，亨利五世本人也挨了一钉头锤。但是紧接着，英国长弓兵扔下手中的弓，挥舞着板斧与砍刀也加入了战斗。此时法国人已经彻底累趴下了，大部分人重重叠叠地摔倒在泥地里动弹不得，剩下的人昏头昏脑地往回跑。法军就这样稀里糊涂地溃不成军。

最终，这场法军无论怎么看都不可能输的战役竟然要了包括3个公爵、3个伯爵在内的5000位法国贵族的性命，加上普通士兵的损失，总损失超过10000人，而英军自称仅阵亡了100多人。这场匪夷所思的战役就这样落下了帷幕，让人啼笑皆非。

那么有没有组织良好的封建骑士武装呢？答案是肯定的，比如历史上的三大骑士团——圣殿骑士团、医院骑士团和条顿骑士团都拥有良好的军事组织。他们是和宗教结合的军事修会集团，在那个年代号称欧洲最强骑士。

以圣殿骑士团为例，圣殿骑士团建立的背景是十字军东征。1099年，十字军攻陷耶路撒冷，消息传出，全欧欢庆。之后百年，欧洲各地的基督徒纷纷踏上前往耶路撒冷朝圣的道路。但是，尽管十字军建立的耶路撒冷王国控制了耶路撒冷周边地区，前往圣地的道路仍然不安全，到处都是对基督徒虎视眈眈的穆斯林强盗。为了保护朝圣者，一批在耶路撒冷圣墓教堂出家的前十字军成员便组织了一个军事修会，以武力保护基督徒。1129年，他们正式被公教教会承认为"基督和所罗门圣殿

的贫苦骑士团"，简称"圣殿骑士团"。

和世俗骑士老爷们剥削阶级的奢华生活不同，圣殿骑士过着清修的集体生活，每天除了祷告就是没完没了的军事训练和集体演习。他们严格遵守团规与纪律，因此没有世俗骑士放荡和不遵纪律的行为。骑士团很快在中东地区表现出惊人的战斗力。1177年的蒙吉萨战役中，圣殿骑士团宗师圣阿芒率领84名修会骑士直透萨拉丁中军，一路上如同《三国志》中关羽刺颜良一般把穆斯林军队杀得四散奔逃。萨拉丁赶紧骑上一匹赛跑用的骆驼逃离了战场，总算是没有重蹈颜良的覆辙。此战后，基督教世界传言圣殿骑士团80人骑士阵斩2万异教徒，圣殿骑士团的威名也达到了顶峰。

圣殿骑士团很快以强悍的战斗力和高尚的德操在整个基督教世界中声名远播。作为耶路撒冷最可靠的保卫者，全欧洲都掀起了向圣殿骑士团捐赠的时尚。有人捐出金钱，有人捐武器装备，有人捐自己的产业，甚至有人捐出整片的领地。一些巨额捐赠简直令人叹为观止。比如英国国王把自己的皇家园林都整体捐了出来，法国国王则直接捐了一座城，最疯狂的是葡萄牙国王阿方索一世，竟然在遗嘱中把自己的整个王国都捐了！

13世纪中期的英国历史学家马修·帕里斯记载，圣殿骑士团在整个基督教世界拥有9000座庄园和领地。19世纪时，有史学家粗略估算，圣殿骑士团的年收入高达600万英镑。以1英镑等于1磅白银计算，圣殿骑士团一年收入的白银多达272吨！这是一个极其惊人的数字，要知道，同时期英国王室的年收入不过3万英镑，以富有多金闻名的法国王室也不过8万英镑，圣殿骑士团的收入之巨，同时代除了中国的宋王朝之外没有

上图：圣殿骑士

任何国家或政治实体可以匹敌①。

但是，如此庞大的资金却未能保护耶路撒冷。1187 年，萨拉丁在哈丁一战全歼耶路撒冷王国 22000 人军队，其中包括圣殿骑士团在耶路撒冷的武装力量，同年占领耶路撒冷。基督教世界在 1191 年至 1244 年之间组织了 5 次十字军东征，但最终没有守住耶路撒冷。1291 年，穆斯林拔除了耶路撒冷王国最后一个据点，耶路撒冷王国灭亡。持续两百年的十字军东征失败了。

为了保卫耶路撒冷，全欧洲在圣殿骑士团这个怪物身上投入了巨大的资源，但为何最终却落得一个惨淡收场的结果？根据宋人笔记，和圣殿骑士团同时代的南宋岳家军一年的军费也不过 1000 多万贯，远远少于圣殿骑士团的年收入。如果岳家军 10 万大军开到耶路撒冷，不要说保卫圣城，统一埃及和两河流域都不在话下。

实际上，圣殿骑士团的总人数最多时也不过 2 万多，其中圣殿骑士的人数不超过 2000，每次参战的骑士不超过 300 人。就算圣殿骑士个个武艺高强，以养活岳家军 10 万大军都绰绰有余的费用，竟然只能组织这么点力量去保卫耶路撒冷，确实也太说不过去了。

1307 年 10 月 13 日星期五，法国国王腓力四世突然下令逮捕全法国的圣殿骑士，其中大部分人被以异端罪名烧死。1312 年，圣殿骑士团被迫解散。传统观点认为是圣殿骑士团的巨额财富惹了祸，而现在一些历史研究却表明，腓力四世本人就是个疯狂信徒，其毁灭圣殿骑士团的初衷很可能是因为耶路撒冷王国的覆灭而怀疑圣殿骑士团的信仰。

低效一直困扰着封建骑士制度。和其他军事制度相比，封建骑士制度的动员率相当低。以英法百年战争为例，当时英国已经是一个拥有 400 万人口的大国，但是跟随英王爱德华三世踏上克雷西战场的英军却只有 1.2 万人，动员率竟然不到千分之三，而当时拥有 2200 万人口的法国，也不过动员了 3.5 千人参战。相比起罗马时代，尽管中世纪欧洲人口要多得多，但是军队规模却显著缩小。大部分交战兵力都在 2 万甚至 1 万人以下。

将军事权交给特权阶级，就必然不会有太高的效率，因为特权阶级的天性就是抗拒为国出力。偷税漏税，拖欠借款，垄断经营还有侵吞国有资产，自古以来就是特权阶级发家致富的不二法门。正如荀况在《议兵》中所批判的，军事特权阶级壮大以后，必然抢占国家的资源，造成私人富有而国家衰弱的结果，是为"危国之兵"。13 世纪以后，经过了蒙古旋风的洗礼，欧洲国家普遍开始加强王权，尝试建立国家军队，封建骑士的时代逐渐走向终结。

乱世催生的世兵制与雇佣军制

东汉末年，黄巾大起义的浪潮席卷全国，数量不足的中央军四处灭火，左支右绌。面对危局，朝廷张榜下令民间自行募兵，组织义勇军。家住河北涿县的刘备、关羽、张飞三人散尽家财，组织义军，誓言匡扶汉室。

这是三国时代的黎明。以今天的眼光考量，刘备等人组织的义军和文艺复兴时代欧洲雇佣兵的产生环境和组织结构有着异曲同工之妙。如果把刘、关、张放到 16 世纪的

---

① 根据《栾城后集》的记载，北宋朝廷在元祐元年（1086—1087 年）收入钱 4848 万贯、谷 2445 万石、绢 151 万匹、金 4300 两、银 57000 两、草 800 万束。

意大利，那么他们就是典型的雇佣兵队长，接受了城邦领主或者议会（太守刘焉）发布的雇佣兵合同（榜文），组织雇佣兵为城邦（朝廷）打仗。只不过，因为不同的社会经济环境，三国时期的刘、关、张，走向了另一条名为部曲制的道路。

"部曲"原意是指秦汉时期的军队编制方式。将军手下有若干个"部"，每部设一名校尉管理。每个部下面又有若干个"曲"，每曲设一名军侯管理。东汉末年，"部曲"成为私兵的代称。随着东汉时期大地产的集中化，豪强地主掠夺了大量的土地，建立了一个个大田庄。比如鲁肃和张飞就都是大田庄主。而破产农民则成为依附于他们的"徒附"、"宾客"，相当于佃农或农奴。在黄巾起义的大背景下，一部分田庄主响应朝廷的号召，在庄园内修建起坞堡，将宗族和宾客武装起来，组织起名为"部曲"的私人军队，这就是东汉末年部曲制的由来。私人部曲和军事官僚集团之间几经结合，最后形成了群雄割据的三国时代。像曹操手下的于禁、许褚等猛将，都是投奔曹操的部曲军。

在相似的军事需求下，三国时期的中国出现的是部曲制，文艺复兴时期的意大利出现的是雇佣兵制，政治经济条件又一次显示出其决定性作用。三国时期的中国，农业占据绝对主导地位，商业尽管有所发展，但仅仅是农业的一种补充。参加部曲为军的主力是庄园内具有人身依附关系的农奴。能够吸引部曲兵投奔自己，为自己打仗的，只有军事官僚集团，他们的出价则是官位或者土地。而在文艺复兴时代的意大利，虽然农业资源仍然掌握在传统军事贵族手中，但商业城邦高度发达，工商业已经可以和农业分庭抗礼，货币经济高度发达，商业城邦虽然不能提供土地，但是可以提供大量货币，而随着资本主义生产关系的发展，只要有货币就

能有生产资料。因此，对货币的追求代替了对土地的追求，这就为雇佣兵制的发展铺平了道路。

在三国时期的军事制度发展中，部曲制逐渐演化为世兵制。世兵制的形成过程与质任制有很大关系。三国时代，如吕布这般带着一帮强悍部曲四处流浪、叛服无常的势力很多。曹操说："当今天下土崩瓦解，雄豪并起，人怀怏怏，各有自将之心，此上下相疑之秋也。"（《三国志·魏书·武帝纪》）因而，军阀们就要求投靠他们的部曲以家属作人质。以家人为质，在世界各地都很常见，但是三国质任制的特点是全家为质。比如曹魏就规定"诸将征戍及长吏任州郡者"都要把家属统统留在首都。这就形成了质任制的惯例。所以《三国演义》中写蔡氏兄弟找周瑜诈降，周瑜一见二人都不带家小，就立刻判断他们是诈降。

将质任制扩展到士兵时，就形成了世兵制。曹魏、孙吴和蜀汉三国都采用这种方式防止士兵逃亡和叛变。例如蜀汉的一支精锐部队"无当飞军"，就是在诸葛亮征伐南中时，招募当地悍勇无畏的少数民族战士，赐予汉姓，全家移居到江州（今重庆）附近居住，变成专为蜀汉打仗的军户。《华阳国志》记载："亮以夷多刚狠，不宾大姓豪强，乃勒令出金帛，聘策恶夷为家部曲，得多者奕世袭官。"当需要转移战略方向时，统治者常常将大量军户一起迁徙到战区附近。比如曹丕定都洛阳，"徙冀州士家十万户实河南"。这样，军户就成为一个特殊的社会阶层，和民户有了区别。

这种人为地划出一个社会阶层专门服兵役的制度，在全世界的封建社会都十分普遍。典型的比如中国古代的世兵制、府兵制、卫所制、旗兵制，拜占庭帝国的军区制，埃及的马木留克制，土耳其的西帕希制，俄国的哥萨克制等都可以归入世兵制的范畴，或者至少可以说有

世兵制的成分。对于古代中央集权王朝来说，世兵制相对于普遍征兵制，行政成本要低得多，易于组织和控制。尤其是军户家属集中居住，相当于掌握在统治阶级手里的人质，大大降低了士兵反叛、逃跑的可能性。但是，世兵制的主要缺点是它会随着社会与政治的腐朽而逐渐腐朽，并反过来加速社会与政治的腐朽。世兵制的腐朽有两个截然相反的方向，一个是如同中国南北朝时期的世兵、明朝的卫所，因为特权阶级不断侵占军户土地，军户沦为贱户，并最终丧失作用；另一个如清朝的八旗和土耳其的新军，自身演变为特权阶级，最后成为社会的毒瘤、国家的负担。

从历史角度说，相似军事需求发展出来的雇佣兵制是最为长寿的军事制度。雇佣兵制产生的历史背景是高度发达的货币经济。生产关系的根本在于谁掌握生产资料。在货币经济不发达的时期，土地是唯一可以吸引人类为之战斗的东西。但是在货币经济高度发达之后，用货币就可以换取生产资料，那么为了货币而出卖兵役的条件自然就成熟了。

因此，成熟的雇佣兵制度首先出现在商业发达的地中海沿岸，也就不足为怪了。一般认为，雇佣兵制的出现最早是在雅典，而原因则是雅典附近发现了银矿，这使得雅典拥有了庞大的货币资源。早期雅典军中的雇佣兵主要有三种：来自克里特岛的弓箭手，来自罗德岛的投石手以及海军大量雇佣的桨手。弓箭手和投石手算是技术兵种，雅典公民并不擅长，而桨手的工作环境又苦又累，雅典公民不愿从事。但是雅典海军对桨手的需求量又并不比士兵少。于是，雅典人只好高价雇佣桨手为自己作战。这使得雅典桨手成为最早最庞大的雇佣兵群体。不过，在雅典人的对手看来，雅典海军之所以强大，重要原因正是雇佣桨手。在其他货币并不充裕的城邦，桨手通常由瘦骨嶙峋的奴隶担任，激励桨手作战的唯一方式是皮鞭。而雅典人的桨手是拿钱的雇佣兵，因此营养更好，士气也更加高昂。这使得雅典海军的战舰总是拥有更加强大的机动性和冲击力。

伯罗奔尼撒战争在雇佣兵的发展史上具有分水岭的作用。在伯罗奔尼撒战争期间，公民兵日益职业化。这一点在雅典表现得尤为突出。一般认为，雅典公民兵的职业化与雇佣兵化的发端来源于伯里克利对雅典公民兵的改革。在伯里克利之前，雅典公民兵参军打仗是完完全全的义务。市民按照财产被划分为不同的阶级，再按各阶级计算出兵数。公民参军打仗，武器口粮全部自备，国家并不负担。虽然也有少数给士兵发钱的行为（如萨拉米斯海战中，为了说服希腊人下海作战，海军主帅地米斯托克利就答应发给每个士兵8德拉克马[1]，让陆军士兵去当桨手），但这终究只是一种临时措施。在伯罗奔尼撒战争中，在斯巴达强大陆军的压力下，伯里克利深感兵力不足，于是给所有从军的士兵每日发1德拉克马作为固定的薪水，以刺激雅典人踊跃从军。1德拉克马对富裕公民来说不算什么，但是对于穷困者来说却是一笔很有诱惑力的收入[2]。于是雅典城中的穷人们对于参军打仗就立刻热衷起来，雅典人也由此

---

① 德拉克马是希腊货币单位，大约等于4.37克银。雅典通常使用4德拉克马银币和8德拉克马金币。其他城邦还发行过2德拉克马、10德拉克马等面值的银币。
② 1德拉克马相当于一个手工业者一天的收入。

上图: 三层桨战舰

变得前所未有地尚武好斗。

伯里克利未能料到的是, 这种尚武精神和雅典的民主制度结合, 并未给雅典带来福音。为了参军拿钱, 雅典人对于战争变得极为轻率, 动辄发动风险极大或者毫无意义的远征。在漫长的伯罗奔尼撒战争期间, 斯巴达多次向雅典发出和平倡议, 却全部被狂热的公民所拒绝。而在野心家亚西比德的鼓动之下, 数万雅典人投入对西西里岛的远征, 结果全军覆没。最终, 雅典在伯罗奔尼撒战争中完全失败, 被迫向斯巴达投降。某种意义上说, 这也算是印证了荀况关于雇佣兵是"亡国之兵"的警告, 虽然荀况本人还要一百年后才出生。

至于伯里克利, 他并没有看到这一切。公元前429年, 这位雅典最伟大的政治家在瘟疫中去世, 没有看到自己所深爱的祖国与深深信仰的民主制度踏上衰亡之路。

伯罗奔尼撒战争结束后, 雅典在旷日持久的战争摧残下, 中小有产者大量破产, 社会两极分化加剧, 公民重装步兵的兵源面临枯竭。面对严峻的形势, 雅典军事家伊菲克拉特斯决定改革雅典军队。他建立了一种被称为"培尔塔斯特"(Peltastae) 的轻步兵。他们是从最为贫穷的市民中征募来的, 接受重装步兵的训练, 既可以承担轻步兵的任务, 也可以像重装步兵一样列阵作战。培尔塔斯特按月领军饷, 因此可以脱产生活, 成为职业战士。培尔塔斯特很快在科林斯战争[①]中证明了自己的价值, 一度击

---

① 科林斯战争(公元前395年—前387年)是伯罗奔尼撒战争结束后, 伯罗奔尼撒联盟与四国联盟(底比斯、雅典、科林斯和阿尔戈斯)之间的战争。波斯在战争中先支持四国同盟, 后又转而支持斯巴达, 最终成为真正的胜利者。战争在公元前387年结束, 签订了《安塔西达斯和约》。这次战争加强了斯巴达在希腊政治体系中的统治地位, 并且同时也扩大了波斯帝国在希腊事务中的影响力。

败过斯巴达军队。在战斗中，培尔塔斯特轻捷迅猛，又和重步兵一样能够维持严谨的队列，适应能力也非常强，在一系列作战行动中表现出旺盛的生命力。培尔塔斯特最早完全由雅典贫民组成，但后来农牧民、异邦人、野蛮人，只要愿意为猫头鹰（雅典娜的象征）与雅典娜效力的，来者不拒。最终，随着希腊各城邦公民兵制的崩溃，他们演变成了希腊雇佣军，成为希腊军事体系的主角，而公民兵则退居次要地位。

希腊人很快成为环地中海地区最好的雇佣兵。讽刺的是，希腊雇佣兵最大的雇主，正是希腊人多年的死敌——波斯。在公元前4世纪，波斯常年雇佣数以万计的希腊雇佣兵为自己作战。古希腊史学家色诺芬的《远征记》，就是描述一支一万余人的希腊雇佣军在波斯帝国挣扎求生的故事。公元前405年，波斯小亚细亚总督、王子居鲁士雇佣来自30个城邦的一万多希腊雇佣兵帮助自己反对自己的哥哥——新任波斯国王阿尔塔泽西斯，意图谋朝篡位。但是，居鲁士在库那克萨村会战中不幸战死，尽管雇佣军赢得了这场会战。在失去领导与目标的情况下，雇佣军推举色诺芬为首，开始了返回希腊的漫长远征。在这场历时半年的艰难远征中，希腊人突破了波斯人的重重包围，创造了无数以少胜多的奇迹，克服了难以想象的困难，终于返回故土。虽然这次远征并未给希腊人带回多少金钱，但却成了希腊雇佣军最好的广告。从此以后，波斯、埃及无不大量使用希腊雇佣军。一直到亚历山大东征时，波斯国王大流士手下最能征善战的军队，仍然是他的4万希腊雇佣军。

历代哲学家很少有喜欢雇佣兵的。很多历史学家将古希腊的衰落归因于雇佣兵泛滥。这显然并非最根本的答案。因为雇佣兵泛滥本身是希腊土地的集中化和中小有产者的大量破产导致的。当然，雇佣兵对希腊的衰落肯定起到了推波助澜的作用。雇佣兵以抢劫杀人为业，所过之处犹如蝗虫过境，造成了巨大的战争破坏，从而进一步加剧了中小有产者的破产。雇佣兵在各城邦形成强大的利益集团，甚至可以左右城邦政治，常为私利驱使城邦开战，使得希腊全境战乱频发，动荡不安。因此，史学界一般认为，希腊雇佣兵在公元前4世纪的极大繁盛，反过来反映的是希腊城邦面临死亡的征兆。无论在东方还是在西方，"亡国之兵"的诅咒始终盘旋在雇佣兵们的头顶。

但令哲学家们尴尬的是，在人类漫长的历史实践中，背负了无数骂名的雇佣兵制不仅从来没有退出过历史舞台，反而随着商品经济的发展而成了最具有生命力的军事制度。在中国，汉武帝时期就开始组建具有雇佣兵色彩的北军八校尉，是为中国雇佣兵的发端。到东汉，雇佣兵成为中央军的主要组成部分。唐代虽然理论上是府兵制，但府兵员额仅60万，每轮番上在营者仅十余万，根本不能满足使用，因此从初唐开始，上阵打仗的主力就是雇佣兵。由唐至宋，雇佣兵在中国迎来了漫长的全盛时代。元代至明代前期，世兵制复活，但是到明朝中期，雇佣兵制又一次占据了主流。无论在日本、印度、中东还是欧洲，在整个中世纪，雇佣兵虽然不一定占据军事制度的主流，却一定是军队的重要组成部分。

商业贸易大发展后的雇佣军制

13世纪，随着商业城邦在文艺复兴时代苏醒，地中海地区繁荣的商品经济将雇佣兵

上图: 伯里克利的演说

推向了前所未见的高峰。在文艺复兴时期,梵蒂冈教廷与神圣罗马帝国之间的激烈对抗持续了两百多年,而对抗的主战场就在意大利北部地区。在宗教、世俗、派系与贸易的复杂斗争中,意大利被分割为皇帝党与教皇党两大阵营,形成了佛罗伦萨、威尼斯、米兰等数十个割据政权。频繁的战事令封建骑士和城邦民兵越来越感到力不从心,而商业贸易带来的巨额利润则为雇佣兵登上历史舞台提供了物质上的基础。

在 1260 年的蒙塔佩尔蒂之战中,皇帝党的锡耶纳首开大规模使用雇佣兵的先河。他们利用和神圣罗马帝国的关系,从德意志地区雇用了数百名装备精良、武艺高强的骑士。尽管

他们的敌人,属于教皇党的佛罗伦萨拥有更多的兵力,但是却在雇佣重骑兵的冲击下被打得一败涂地。蒙塔佩尔蒂之战改变了意大利战争的面貌。从此战开始,意大利各城邦尤其是中北部面临战争威胁的城邦纷纷组建雇佣军,增强战争实力。意大利自此掀开了雇佣兵时代的大幕。

14 世纪初,意大利第一批雇佣兵团建立。雇佣兵团的英文是"Free Company",直译过来就是"自由公司"。这充分说明雇佣兵团就是以杀戮为主营业务的私营企业。实际上,雇佣兵团是彻彻底底进行公司化运作的。军团中有专门的财务人员、法律顾问、人力资源部门

以及专业的决策机构，其运作效率之高远远超过同时代的封建骑士武装。雇佣兵团的领导者被称为"Condottiere"，即"雇佣兵队长"，其词源意为"承包人"或者"签约人"。用浅显易懂的话说，他们就像是现代建筑工地上的包工头。城邦与这些雇佣兵队长签订承包合同，向雇佣兵队长提供资金，而雇佣兵队长们则用这笔资金雇佣没有封地的骑士、破产农民、城市贫民等愿意为货币走上战场的人，在雇佣兵队长的指挥下，为城邦投入战斗。

意大利雇佣兵最为显著的特点就是他们事无巨细的合同。这些合同由雇主与雇佣兵团共同拟定，受法律保护。合同内容包括军事行动的内容（进攻、防御、劫掠）、军事行动的时间限制、参战士兵总数、兵种配置、武器装备、供给保障的方式、士兵死亡或伤残的保险条例，甚至还包含佣兵将领的家人作为人质的期限、谁拥有法定的指挥权、如何分配战利品等，事无巨细。早期最常见的

合同期限多是 3 个月（有时加上 3 个月的延期），这是一个意大利传统军事行动所需的时间。

在这一时期，雇佣重骑兵是最受重视的兵种。以有名的伟大兵团（Great Company）为例，该佣兵团是沃纳·冯·乌斯林根于 1342 年组建的，盛期拥有一万战斗员。该团几乎完全由骑兵组成，以重装骑士为核心，机动性极强且以凶恶残暴著称。乌斯林根本人在意大利恶名昭彰，敲诈、抢劫、勒索乃至屠城是他最为显著的标签。据说他的盔甲上刻着一排大字"上帝的敌人"，完全一副天王老子浑不憷的泼皮冒险家模样。

既然重骑兵是核心兵种，雇佣兵团的编制也就以重骑兵为基础。最基本的单位是"枪"，每"枪"包含一名重骑兵、一名军士和一名侍从，有时还包括一些弓箭手和十字弓手。每 5 枪组成 1 个"桩"，意思是把马拴在一起的马桩。每 5 个"桩"构成 1 个中队，这就是雇佣兵团的基本作战单位。通

上图：蒙塔佩尔蒂之战

常一个雇佣兵团会拥有多个作战中队。大部分雇佣兵团的总兵力在1000人以下，但一些大型雇佣兵团可能拥有数千甚至上万的强大兵力。

相对于同时期其他国家的封建骑士和民兵武装，这些专业雇佣军的战术灵巧而专业。例如1387年的卡斯塔尼亚罗之战中，8600帕多瓦军队在面对11600维罗纳军队时，采用了步兵和弓箭手正面组织防御，重骑兵、骑马长弓手以及十字弩手通过预先勘察好的道路，从貌似不可能通过的侧面沼泽地绕到敌军背后，再发动突袭的战术，一举击垮了维罗纳军队。这种富有高度组织技巧和战术水平的作战方式与百年战争期间的法国封建骑士武装形成了鲜明对比。和总是莽撞胡来的封建骑士武装不同，雇佣兵作战前总是会细致地组织侦查活动，拟定详细的作战计划，并且精确地执行。雇佣兵指挥官们从来没有公平决战之类幼稚的想法，他们鄙视正面攻击，崇尚以迂回包抄、击敌弱点等方式，以最小代价获取会战胜利。如果有机会施展诈术与计谋，指挥官们绝不会有丝毫犹豫。

在14世纪，意大利雇佣兵主要由外国人组成，尤其是1360年英法百年战争第一阶段结束后，大量无事可做的散兵游勇成了意大利雇

意大利重骑兵

佣兵的主力。在他们当中，最有代表性的是来自英国的雇佣兵队长约翰·霍克伍德爵士。霍克伍德是一个英国平民，在百年战争期间参军，随英王爱德华三世作战，传言曾在克雷西战役中立下战功。1360年，百年战争第一阶段结束，时年40岁的霍克伍德化名乔瓦尼·阿库托，带着一支小部队来到意大利。在意大利，霍克伍德统领了一支名为白色兵团（White Company）的雇佣兵团，该团很快成为意大利最声名显赫的雇佣兵团之一。

在霍克伍德的指挥下，白色兵团吸收了百年战争中英国军队的特点，采用严谨的步骑协同战术对抗其他佣兵团的骑兵部队，取得了很好的效果。不过，真正让白色兵团名垂青史（或者说臭名昭著）的是霍克伍德的行事方式。在战前，霍克伍德会与多个城邦同时进行谈判，选择与出价最高或者最可能获胜的一方签合同。但千万别以为合同签下来就万事大吉，白色兵团临阵倒戈简直是家常便饭，后来甚至发展到动辄以倒戈叛乱为威胁要求雇主临时加钱的地步。即使上了战场，白色兵团也常常出工不出力，因为他们常常接受敌人的贿赂，有时也会拿雇主的钱去贿赂敌人。如果霍克伍德生在中国，大概在历史上会和"三姓家奴"吕布并列，但是考虑到欧洲军事贵族们的节操可能还不如霍克伍德，实际上白色兵团的"商誉"据说还不错。霍克伍德虽然在商战中阴险狠辣，无所不用其极，但对待士兵却慷慨公正，从不克扣士兵薪水，所以白色兵团素以纪律严明、士气高昂著称。

霍克伍德和白色兵团的行事方式代表的

是当时外国雇佣兵普遍的行事方式。无论是教皇与皇帝旷日持久的战争，还是诸城邦为了商业利益的钩心斗角，雇佣兵们都没有丝毫兴趣。他们唯一的兴趣就是发财致富。在这样的利益驱动下，雇佣兵们最为上心的自然是如何从城邦手里尽可能地榨取银币。尽管意大利城邦对于雇佣兵的工资从不吝啬也不敢吝啬[①]，但是银币这种东西向来多多益善，若能巧取豪夺，何不尽其所能？除了以种种手段对城邦进行敲诈勒索，雇佣兵们还经常洗劫街道和市镇，烧杀掳掠。单在1377年的切塞纳大屠杀中，就有超过5000位居民被杀，数以百计的年轻妇女被抢走、侵害。面对雇佣军的暴行，受害城邦避之不及，通常只能拱手交上金银以求破财免灾。正因为这些事例，百年之后的马基雅维利才会对雇佣军如此深恶痛绝。

讽刺的是，被霍克伍德及其手下祸害得最惨的城邦，正是当初将外国雇佣兵引进意大利的锡耶纳。1342年至1399年间，锡耶纳被迫37次贿赂雇佣军，花费超过30万弗罗林。在黑死病、饥荒和敲诈劫掠的连续打击下，锡耶纳这座文艺复兴时期的名城从辉煌走向了衰落。

至于霍克伍德本人，他在亚平宁半岛纵横34年之久，得到了一个外国人能够在意大利得到的全部地位和财富。他的城堡、土地分布于罗马涅、博洛尼亚、那不勒斯、卡普亚、克雷莫纳、佛罗伦萨、佩鲁甲等地。身为一个制革工人的儿子，他被教皇正式授予领主权，还与维斯康蒂家族的一个私生女结了婚。在生命的最后几年，霍克伍德移居佛罗伦萨，

① 14世纪中期佛罗伦萨为一名德国雇佣兵骑兵队长开价月薪30佛洛林，普通骑兵开价8弗罗林，步兵也有2弗罗林。而佛罗伦萨一个医生的月收入也才3弗罗林而已。

霍克伍德壁画

成为佛罗伦萨最高军事指挥官，并击败了米兰军队。1394年，74岁的霍克伍德在佛罗伦萨善终。佛罗伦萨人将霍克伍德视为救世主，以"无比骁勇的战士、无比杰出的领袖乔凡尼·阿库托爵士"的荣誉称号为他在佛罗伦萨大教堂举行了国葬。1436年，保罗·乌希洛在佛罗伦萨大教堂竖立起为他定制的壁画，成就了霍克伍德无上的荣耀。

到15世纪，经过百年风雨，雇佣兵制在意大利已经相当成熟。尽管毁誉参半，但是雇佣兵制在这个资本主义萌芽的时代所表现出的生命力与战斗力却促使其在整个欧洲扩散开来。针对雇佣兵制所暴露出的问题，罗马涅雇佣兵队长阿尔贝里戈·达·巴比亚诺创建了一支叫作圣乔治军团的新型雇佣兵团，成员全部是意大利人，并且进行正规化的长期训练。而在意大利之外，一群朴实坚毅的瑞士山民正扛起他们长达5米的长矛和造型怪异的长戟，踏进山下的花花世界。雇佣兵制全新的一页即将翻开。

哲学家们对雇佣兵制的口诛笔伐并没有抵挡住国王与将军对雇佣兵制的喜爱。究其原因，雇佣兵制是最适合私有制的军事制度。无论公民兵制、世兵制还是秦汉的普遍征兵制和罗马的募兵制，核心都在于对土地的分配。土地是一种不可再生的稀缺资源，对土地的分配必然要与大私有地产主发生矛盾。问题是，大私有地产主同时也是国家的统治阶级。当国家利益与统治阶级利益发生矛盾时，通常退让的是国家利益。雇佣兵制只需要货币就可以维持，而货币来源于税收，是源源不断的。即使国家货币不足，也还有金融手段可以采用。包括铸造不足值币、拆借、拖欠，甚至干脆像宋王朝那样发行纸币。更何况雇佣兵的组织尤其简单，既不需要检地，

也不需要登记户口，只要在街边摆个摊就可以开始征兵了。

因此，在中国历史上，经过雇佣兵制与世兵制的反复辩论，最终取胜的仍然是雇佣兵制。包括清朝的八旗制，也用军饷代替了土地分配，使得八旗制和土耳其新军制一样，成为介于世兵制和雇佣兵制之间的制度。而在欧洲，经过意大利雇佣兵的实践，到15世纪末，雇佣兵、火器、筑垒与王权的结合，完全改变了欧洲军事史的面貌。

14世纪晚期，意大利雇佣兵的发展出现了新的局面。一方面，英法百年战争重开，相当一部分雇佣兵回国参战。另一方面，基于外国雇佣兵对意大利社会生产造成的巨大破坏，阿尔贝里戈·达·巴比亚诺等意大利的有识之士意识到不能把国防寄托于临时应征而来的外国人身上。以巴比亚诺组建的圣乔治兵团为样本，大量完全雇佣意大利人的雇佣兵团建立起来。到15世纪，参军入伍成为意大利年轻人一项重要的职业选择。

在米兰、威尼斯等资金充裕的大型城邦，雇佣兵合同的期限开始延长。先是从3个月延长到1年，随即又延长到2至3年甚至长期。合同中开始有大量详尽的军纪规定和奖惩条例，文官政府派出的监军开始在兵团内维持纪律与忠诚心。这样，雇佣兵团越来越像国家常备正规军，连雇佣兵队长的称呼也从"Condottiere"（承包人）变成了"Captain"（队长）。

在意大利人尝试建立常备军的同时，法国正在百年战争的炼狱中煎熬。他们曾引以为傲的封建骑士武装在百年战争中一再遭到耻辱性的失败，几乎已经让法国男人丧失了继续作战的勇气。而让他们重燃自信的有两件东西，一个是圣女贞德，一个是大炮。

美国历史学家凯利·德弗里斯提出，贞德将大炮用作攻击的做法深深影响了法国人。在贞德到达奥尔良前，尽管法国人已经装备了可以发射巨大石弹的射石炮，但是在使用上非常保守。在贞德到达前线前的鲱鱼之战[①]中，射石炮本来能够为法军带来一场轻松的胜利，但却被完全忽视了。兵力处于劣势的英国人在奥尔良周围修筑了大量木制壁垒，每个壁垒以数百人防守，而法军根本不敢攻击。因为从理论上来说，攻打这些壁垒风险很大，很可能损失惨重但是徒劳无功。

贞德嘲讽法国贵族们的懦弱，她狂热地号召士兵们在射石炮的支援下从正面攻打壁垒。法军士兵目瞪口呆地看着那些木制工事在射石炮的火力下被炸得东倒西歪。他们跟随着自己的女神，攻下了一个又一个壁垒，英军的围城防线在 6 天内就彻底崩溃了。自此以后，法国成为欧洲最重视炮兵力量建设的国家。

1436 年，法王查理七世进入巴黎。这是他出卖贞德的报偿。他立即着手改组军队，仿效意大利人的做法，建立基于雇佣兵制度的国家常备军。这支武装力量最为显眼的部分是一支独立炮兵。炮兵天然是大国的雇佣兵。和火门枪、火绳枪之类的小型火器不同，大炮是战

左图: 15 世纪意大利雇佣兵

① 鲱鱼之战是 1429 年 2 月 12 日发生在法国奥尔良北部的军事行动，三千至四千名法军袭击了英军仅一千人左右的补给车队。英军列车阵防守。法军虽然携带了射石炮，但因协同不周，未能发挥作用，盲目进攻的步骑兵在损失约四百人后被迫撤退。贞德因为准确预测了这次战斗的失利，获得了沃库勒尔驻防部队队长官博垂科特的信任，得以面见王储也就是后来的法王查理七世。

上图： 被出卖的贞德。1430 年 5 月 23 日，在一场小规模战斗中，贞德因她所保卫的贡比涅城的懦弱而被勃艮第贵族俘虏。查理七世没有营救贞德，而是默认勃艮第贵族把她出卖给英国人。1435 年，查理七世与勃艮第公爵实现和解

场上的奢侈品，尤其是用于轰击城墙的巨型火炮，不要说军事贵族，连一般小国都无法负担。在封建骑士制度下，国家税收微薄，根本无法负担一支强大的常备炮兵。因此，在 14 世纪，铸炮技师和炮手只能作为雇佣兵周游列国，寻找为军事强权服务的机会。他们中最为有名的就是匈牙利铸炮技师乌尔班。尽管他是一名基督徒，但是显然，他对火器和金币的热爱远远超过了对宗教的信仰。乌尔班为奥斯曼苏丹铸造的巨炮，口径达到 889 毫米，炮弹重达 270 公斤。1453 年，700 年难攻不落的君士坦丁堡在乌尔班的巨炮的轰鸣声中粉身碎骨，宣告了拜占庭帝国的灭亡，也宣告了战争之神的驾临。

在传奇商人雅克·科尔的帮助下，查理七世与资产阶级结盟，改革税制，征收人头税等一大批新税种，使得瓦卢瓦王朝拥有了前所未有的财政实力。而雅克·科尔庞大的财力，更成了查理七世的坚强后盾。这使得法国终于具备了建立一支包含强大炮兵在内的国家常备军的能力。1450 年，欧洲第一支攻城炮兵由法国毕罗兄弟创建。恩格斯说："法国国王查理七世依靠这些炮队在一年内就把英国人以前夺去的全部要塞夺了回来。"1453 年，百年战争终于在隆隆炮声中结束。

1461 年，58 岁的查理七世去世。作为一个国王，世人普遍认为他愚蠢、懦弱、无耻。他出卖了贞德，那个为他拿到王冠的奥尔良姑娘，这使他得以和勃艮第派贵族和解；他出卖了雅克·科尔，那个为他建立帝国的资

本家，这使他重新得到了大贵族的支持[1]。但是他打赢了百年战争，改革了法国税制，建立了国家常备军，大大加强了法兰西王国的中央集权，维护了国家的统一。法国历史学家说，查理七世是一个忠于职守的国王，做了一个国王该做的事情。

继位的路易十一和父亲完全不同，他精明诡诈，手腕圆滑，被世人称为"万能的蜘蛛"。在与勃艮第公爵"鲁莽"查理的斗争中，路易十一依靠发展资本主义工商业带来的货币收入，大笔资助瑞士雇佣军与勃艮第公爵作战。最终，瑞士人以他们强悍的战斗力证明了路易十一的投资是值得的。鲁莽查理的脑袋被瑞士长戟砸了个窟窿。国王的军队趁机杀入勃艮第，

和哈布斯堡王朝、瑞士邦联一起将勃艮第公爵的地盘彻底瓜分，终于彻底统一了法国——如果不算卖给哈布斯堡的佛兰德斯和卖给瑞士的日内瓦湖的话。

老奸巨猾的路易十一的结局令人唏嘘。他晚年患上了严重的多疑症，害怕大贵族叛乱，害怕被人毒死。尽管国王的理性让他知道自己的多疑是病态的，但无论医生还是教士对此都无能为力。生命的最后两年，路易十一搬出王宫，隐居在严密设防的普列西·列·土尔城堡。他身边驻扎着国王唯一信任的军队——瑞士雇佣禁卫军。1479年，路易十一以54弗罗林的年薪高价雇用了6000瑞士雇佣兵，其中相当一部分成了宿卫国王宫廷的禁卫军。这一传统

上图: 瑞士步兵

---

[1] 1450年，查理七世诬告雅克·科尔毒死了自己的情妇，法国史上最美的女人阿涅丝·素雷尔。雅克·科尔的财产被剥夺，其本人也遭到囚禁和流放，最终客死他乡。

一直延续到波旁王朝在大革命中集体登上断头台为止。而在梵蒂冈，教皇的人身安全至今仍然由瑞士雇佣兵保卫。多疑国王唯一能够信任的禁卫军竟然是外国雇佣兵，这对叫喊了千年"忠诚"、"荣誉"的封建骑士而言，简直是绝妙的讽刺。

到1494年，当路易十一年仅24岁的儿子查理八世率37000法军越过阿尔卑斯山脉，挺进意大利时，他麾下的法兰西军队已经和以往任何一支法国军队都截然不同。这支大军由平时那支规模较小的常备军扩展而来，由来自不同国家的雇佣兵组成。步兵部队的核心是瑞士雇佣军，其中很多人已经在法军中服役多年。此外法国步兵还包括来自其他国家的火枪手和十字弓手。骑兵部队以宪骑兵为核心。这支部队虽然仍然主要由法国骑士组成，但是却并非因为封建义务服役，而和其他雇佣兵一样拿钱干活，编制成纪律严明、进退有法的敕令骑士连投入战斗。他们在今后百年将证明自己是欧洲最优秀的骑兵部队。从东欧雇佣而来的轻骑兵部队负责执行侦查、追击、骚扰等任务。行军时走在队列最中间的是由令人生畏的130多门大炮组成的炮兵部队。轻便机动的第戎蛇炮（dijon culverin）①取代了笨重的射石炮，使得法国炮兵的机动性大为提高，除了可以轰击对方城墙和野战工事以外，对方阵步兵也有巨大的杀伤力。

而站在路易十一对面的意大利雇佣兵，此时正处在被历史学家称为"不流血战争"的阶段。经过近两百年的实践，意大利雇佣兵狡诈与精于算计的风格已经发展到极致——他们只愿意在局势极为有利时投入会战，否则宁愿继续掘壕对峙——反正对峙也有薪水拿。而会战则更让人哭笑不得。处于劣势的一方常常稍作抵抗就弃械投降。反正胜利者一般剥掉他们的盔甲武器后就把他们打发回家。那些身外之物只要再找雇主讨要就好了。时人讽刺他们说："一场会战，俘虏一万，一人死亡，失足落水。"

出现这种局面的原因不难理解。对雇佣兵团而言，实力就是根本，就是向雇主讨要薪水的本钱。因此，从雇佣队长的角度来说，放自己的佣兵去战场上拼命是下下之策，最大限度地保存实力才能确保公司的利益。同样的情况也发生在中国的北洋军阀时期。那些装备精良的军队在会战时只是朝天开枪，一仗打下来战场上一地狼藉，就是没几个死者。

因此，意大利雇佣军在福尔诺沃战役被瑞士雇佣兵打得一败涂地，也就不足为奇了。此战前，由于查理八世令人叹为观止的组织能力，他的大军已经在饥馑、梅毒与财宝的打击下分崩离析（查理八世显然不知道怎么组织大军作战，他的军队在意大利乡间烧杀掳掠，搞得十室九空，最后连粮食都征集不到，而手下士兵因为纵欲成风导致军营里梅毒流行。最后，大量士兵带着抢掠得来的财宝当了逃兵。国王的大军就这样自然而然地崩溃了），3.7万大军只剩下1.2万人。一百多门大炮早已被丢弃，而炮车上却满满装载着金银财宝。由威尼斯为盟主组织的反法同盟纠集了两万多军队，于1496年7月6日在帕尔马附近的福尔诺沃小镇包围了查理八

---

① 第戎蛇炮是法国第戎兵工厂制造的新型火炮。蛇炮口径在100毫米以上，身管长达3~4米，重达1~2吨，因身管颀长又称为长管炮。第戎蛇炮可以使用马拉的四轮炮车机动，炮架仰角可调，具有优良的机动性和射击精度。

世的军队并发动进攻。一万威尼斯大军呐喊着向法军冲锋，结果被 4000 名瑞士雇佣兵打得丢盔弃甲，一败涂地。他们有 2000 人被杀，5000 人溃散。好在查理八世早已无心恋战，迅速抛弃辎重逃离了战场，这让意大利人的面子不至于过分难看。

和意大利人相比，瑞士人是极其独具一格的。和其他私营雇佣兵团不同，瑞士雇佣兵团更近似于国有企业。出面组织雇佣兵团的是瑞士各邦的议会或议会里某个权倾朝野的政治人物。意大利雇佣兵队长们十分珍惜自己手下的性命，因为那关系到自己的切身利益。而瑞士政客才不在乎多死几个贫农的次子，反正他们只值一张征兵告示的钱，何况地狭多山的瑞士本来也养不起这么多人。打仗的时候，雇佣军内实行的是类似行业公会里的那种吵吵闹闹的民主。事实证明，这种民主通常比专制独裁更加轻率好战，让瑞士人经常对敌人的预设阵地发动与轻率无谋仅仅一纸之隔的悍勇冲锋。

由此，政治力量开始渗入雇佣兵的组织体系。在人类野蛮残暴的历史上，政治与资本同样地贪婪凶恶，饥不择食。但政治有着资本望尘莫及的组织能力与催眠能力。在虚无缥缈的政治理想与意识形态的驱使下，人类会重新回到野蛮而浪漫的部落公社，让各个阶层的年轻人在同一战壕下轻易地抛洒热血与生命。战争也将由此走上野蛮与残暴的巅峰。

在本文开头所述的帕维亚战役之后，瑞士雇佣兵逐渐被较能适应战争条件变化的德意志雇佣兵所取代。德意志雇佣兵的组织方式和瑞士雇佣兵类似，但德意志雇佣兵的领导人认为，战争及其所需的技术，是纯粹的生意经，而不应当是某种僵硬的定例；而瑞士人恰恰具有相反的倾向。在 16 世纪早期，德意志雇佣兵模仿瑞士军团，以惯使长枪出名。但当火器

在战场上占据统治地位之时，他们便雇佣火枪手，雇人的范围不管从社会阶层还是地缘角度来说，都比瑞士更广。在瑞士枪阵的王冠被西班牙火枪手的子弹扫落之后，德意志雇佣兵因能提供从重骑兵到火枪手的一切兵种而成了欧洲大陆的佣兵之王。直到美国独立战争时期，英军仍然大量雇佣来自德意志黑森地区的雇佣兵镇压殖民地人民的反抗。尤其对不擅射术的英格兰士兵而言，使用线膛枪、擅长远射的德意志猎兵对于对抗强悍的肯塔基射手具有不可替代的作用。

但面对西班牙军队的崛起，德意志雇佣兵在 16 世纪终究只能身处其侧。法国国王查理八世虽然并非一个合格的军事家与指挥官，但他在父亲和爷爷的庇佑下建立起来的这支合成军队，却为后世指明了道路。在法军的启示下，神圣罗马帝国（此时包含西班牙在内）也建立起基于常备军和雇佣军的军事体系。在漫长的意大利战争中，法国国王弗朗索瓦一世与神圣罗马帝国皇帝查理五世长期争霸，而欧洲雇佣兵也终于在血与火之中羽化成蝶，迈向西班牙大方阵的时代。

在帕维亚会战中，查理五世观察到机动灵活的火绳枪兵完全不需要重步兵的掩护，除非遭遇对方高机动的骑兵冲击。因此，重步兵中除了对抗骑兵和列阵防御最为强劲的长枪手以外，不需要剑盾手和戟兵。西班牙骑兵打不过法国骑兵，但机动性更好，用作多用途中型骑兵战术收效更大。于是，查理五世简化了自己的兵种，先以长枪手列成方阵，作为阵地的基础，然后让火绳枪兵环绕在方阵周围，与长枪方阵共同组成一个基本战术单位。火炮和骑兵则视情况进行部署。查理五世的改革大大地简化了西班牙大方阵的指挥，提高了方阵的纪律性和机动性。和瑞士方阵不同，西班牙战术体

上图: 西班牙火绳枪兵

系下，主要歼敌任务由火绳枪兵完成，长枪手的主要任务是死守阵地以及防御敌骑兵冲击，而骑兵则作为中型骑兵发挥多种多样的作用。至此，欧洲黑火药时代的军事体系已经勾勒出一个大致的轮廓。

1555 年，一代雄主查理五世宣布退位。他漫长的统治生涯几乎完全是在战争中度过的。他的帝国拥有四分之一个欧洲，人口超过2500 万，他本人则是全欧洲的霸主与警察，对任何一个角落都要插上一脚。而他反对宗教改革的态度则让他在整个德意志收获了巨大的敌视。在退位仪式上，查理五世将德意志交给弟弟斐迪南一世，西班牙和尼德兰交给儿子腓力二世，独自回到尤斯特修道院履行与亡妻多年前的约定，安度生命最后的日子。

"我这辈子曾经犯了许多严重错误，或许由于我年轻无知，或许由于我的缺点。但是，有一点我可以向大家保证：我从未有意伤害过我的任何一位臣民，对他们施以暴力或不公。如果真有这种情况，我感到很遗憾，并请求原谅。"这是查理五世作为一个皇帝最后的发言。

大航海时代的雇佣军制

随着大航海时代的到来，欧洲军队在 16 世纪开始走出欧洲，在世界范围内争夺殖民地与贸易权。1498 年，葡萄牙航海家达·伽马在欧洲人中第一个绕过好望角，到达印度洋海域。在印度洋，达·伽马一路上为非作歹，四处抢劫。在他到达印度时，当地统治者立刻驱逐了这帮海盗。在印度洋混不下去的达·伽马只好逆着季风踏上回国之路。反季节航行给船队带来了巨大的损失，一半水手在归国途中死去。1502 年，达·伽马率领拥有 20 艘战舰的葡萄牙舰队再一次来到印度洋。这一次，拥有了庞大武力的野心家不再满足于当海盗。葡萄

牙海军在印度与阿拉伯半岛烧杀抢掠，通过掳获阿拉伯人的船只，将舰队增加到 29 艘船，旋即攻打印度最富裕的港口科泽科德——这里曾经是郑和下西洋的重要中转站。但不同的是，郑和为这里带来的是贸易与繁荣，而达·伽马带来的则是赤裸裸的抢掠。在经受整整两天的野蛮炮击后，科泽科德屈服了。欧洲人得到了他们在远东地区的第一块殖民地。

1503 年，达·伽马带着 13 艘满载香料与金银珠宝的船回到欧洲，为葡萄牙王室带回高达 60 倍的投资收益。消息传出，全欧震惊。遥远东方竟然有如此肥美的土地，而当地民族的军事力量竟然如此不堪。大喜过望的欧洲国家纷纷开始筹划在全世界范围内开拓殖民地，一艘艘卡瑞克帆船与盖伦帆船满载着大口径火炮与穷凶极恶的雇佣兵扬帆远洋，把死亡与征服扩散到世界的每一个角落。

尽管历史学家普遍将欧洲人殖民征服的成功归因于大西洋型帆船与火药武器的使用，但欧洲人自己却不那么认为。欧洲军人作为一个独立社会群体，轻视技术是一种由来已久的传统。无论是国家常备陆军、海军还是雇佣兵，贵族与乡绅，或者说地主阶级，始终在军官团中占据主导地位。这导致欧洲军官团总是极端排外，有意无意地反对一切有害于地主阶级地位的思想，比如说先进武器会胜过"精神原子弹"，这当然会导致代表先进生产力的工业资产阶级取代地主阶级的统治地位。在火器时代前期，军官们曾经激烈反对过装备火器。而在火绳枪与大炮最终碾过重装骑士的尸骸之后，一种新的理论被提出来，即欧洲军队之所以相对于各被殖民国家更加优越，并非由于他们拥有先进的火器，而是由于他们拥有比这些国家更先进的军事体制、更好的军事组织与纪律、更高昂的士气乃至于更加文明、勇敢和强壮的

达·伽马的正面是伟大的航海家, 背面则是臭名昭著的殖民者

军人，这些论点常常和种族主义联系在一起。他们认为，是精神方面的优势，而非武器装备的先进，使得他们在排枪对射、刺刀冲锋和马刀决斗中占得优势。

这种思路由来已久，影响深远，比如说罗马人就相信他们比蛮族更加优越的原因在于他们的文明、勇敢与纪律性，虽然在希腊人眼里亚得里亚海对岸的邻居在粗鲁野蛮方面不比北方的日耳曼人好到哪里去。而在黑火药时代的殖民者眼中，"相对于白人的发展而言，黑人和黄种人必须永远待在劣等行列，因为前者不断提升自我，而后者越来越低下、越来越接近畜生……劣等种族和我们自己相比一无是处，从而将他们排除在人类及其兄弟圈之外"（《此后三百年》），"你们英国人……天生具有务实的自律精神……完美的竞赛理念仍然是这些最好的教导：'站好你的位'，'不是为你自己而战，而是为你的整个队伍而战'"（《荣誉与帝国》）。这种根深蒂固的白人优越论一方面使殖民者可以心安理得地肆意屠杀被殖民国家而不会受到惩罚，另一方面也使欧洲人，尤其是殖民地之外的欧洲人容易产生一种错觉——即使交换武器装备，白人也能赢得胜利，即使置于相同的火力威胁下，白人也会做得更好。讽刺的是，这种错觉在马克沁机枪刚刚发明的那段时间表现得最为突出。尽管在19世纪末，加特林机枪和马克沁机枪被大量应用于镇压非洲、亚洲各殖民地人民的反抗，制造了无数惨案，但是欧洲人似乎从来没有想过这种武器即将把火力倾泻到自己头上的恐怖前景。时人记录说："三个维多利亚时期英雄的争论，罗伯兹、沃尔斯利和基奇纳，基本上代表了英国人对现代战争的理解……强调人而不是武器系统……在短时间内伤亡和轻松的胜利……对野蛮人的战争不能检验任何军队。"（《不列

颠和她的军队》）在欧洲人看来，机枪在殖民战争中的胜利不算什么，那是因为野蛮人愚蠢无能，只会仗着血气之勇盲目冲锋，机枪几个扇面打过去就崩溃了，未来的世界大战中我们的小伙子才不会这么无能，机枪不能决定任何事情。一直到一战中数以万计的欧洲青年倒在机枪阵地面前，欧洲人才意识到机枪早已主宰战场。

当然，在有些时候，欧洲人的这种论调也能够得到一些实例的支持。比如说在第一、第二次鸦片战争期间，英军多次用白刃冲锋打垮清军的抵抗。但问题是当时清军已经极度腐朽，面对农民军都经常是"贼来五步则走"。如果我们把时间回溯到16—17世纪，那些在东亚东南亚地区打拼的欧洲殖民者就远没有那么气焰嚣张了。

1661年4月30日，一支庞大的舰队突然出现在已经被荷兰据30多年的台湾大员地区沿海。在当地中国人的指引下，郑家舰队趁着大潮冲进狭窄的鹿门耳水道，进入台江内海。荷兰东印度公司的雇佣军措手不及，只能眼睁睁看着郑家大军在数千百姓的帮助下分别在北线尾岛、禾寮港两处登陆。中国历史上最后的海上远征——郑成功收复台湾就此拉开序幕。

郑成功的舰队拥有11000千人，相比只有1500人的荷兰东印度公司雇佣军，在兵力上占据绝对优势。但是，郑成功的远征组织十分仓促。由于与清军作战失利，郑成功已经丧失了在大陆上的多个重要据点，军队军粮匮乏，已近绝境。攻打台湾，很大程度上是因为台湾汉人士绅何廷斌进言台湾粮食充足，可以为郑家军提供补给。远征军到达澎湖时，又因为天气恶劣而不得不停留了一周时间，各舰存粮已不足一餐之用。因此，到达大员海域的郑家军虽然兵强马壮，士气高昂，但却是一支饿着肚

子的军队。

5月1日，不打算坐以待毙的荷兰雇佣军决定奋力一搏，反击目标瞄准北线尾岛。北线尾岛是扼守台江内海水道的一处狭长沙洲，沙洲中间有一小型堡垒，与荷军主要驻屯地热兰遮城堡遥遥相望。30日，郑家军分出一支小部队抢占了北线尾岛，保证己方后路不被切断。雇佣军中最具有军事经验的军官托马斯·贝德尔（Thomas Pedel，中国人称之为"拔鬼仔"）主动请缨，愿率领250名士兵，乘坐一条舢板登陆，反击北线尾岛。根据荷兰方面的记载，贝德尔是一名参加过三十年战争的老兵，资历很深且悍勇无畏。三十年战争结束后，他又在东亚与东南亚地区服役多年，和各地土著都曾交过手。更重要的是，他曾经参加过镇压郭怀一起义的战斗。郭怀一起义是1652年台湾爆发的汉族农民起义，赤嵌城当地的汉族群众不堪荷兰人欺凌，在农民领袖郭怀一的率领下发动起义，占领了赤嵌城，杀死了很多荷兰人。当时，贝德尔率领120名雇佣兵驰援赤嵌城，会合赤嵌城败军发动反攻。缺乏武器的起义军遭到失败。荷兰殖民者又雇佣台湾"土番"2000人参与对起义军的镇压。郭怀一与1800多起义军一同阵亡，另有超过4000名平民被屠杀，5000名妇孺被劫走。

这一段经历让贝德尔认为中国人与其他东南亚土著没什么区别，在训练有素、纪律严明的雇佣军面前不堪一击。但东印度公司台湾最高长官揆一对此却充满忧虑。他很清楚荷兰人是为什么来到台湾的。这片既不出产丝绸也不出产瓷器的蛮荒之地从来就没入过东印度公司的法眼，当初东印度公司的目标是占领厦门，最次也要占领澎湖作为与中国通商的中转站。谁知1633年的料罗湾一

战，东印度公司被明军以火船战术杀得大败，这才被迫与郑成功的父亲郑芝龙签下城下之盟，专心躲在台湾跟郑芝龙做转口贸易，讨点残羹剩饭。揆一深深明白，中国人的正规军和赤嵌城的农民完全不是一回事。但对于郑成功的进攻他也没什么办法可想，只好命令海军派出3艘战舰赫克托号、斯·格拉佛兰号与马利亚号支援贝德尔的进攻。

郑成功很快就发现了荷军的动向。他立即下令部将陈泽、陈广率领舰队拦截荷兰三舰，同时令黄昭、杨洋二将各带500人马，登陆与贝德尔交战。海战仅仅45分钟就结束了。赫克托号遭到围攻，在绝望中点燃火药库自爆（一说在接舷战中有水手操作失误导致自爆），斯·格拉佛兰号重伤丧失战斗力，只好同马利亚号一起逃回热兰遮城堡的岸炮保护范围。

看见海军败退，揆一急令贝德尔撤退。但贝德尔不为所动。他的250名火绳枪手在4门小鹰炮的支援下，在沙滩上排成两队12列10行纵深的方阵，昂首向黄昭率领的500名士兵接近。这个时代的荷兰雇佣军正处在古斯塔夫方阵向线列步兵过渡的阶段。火绳枪手自带刀剑用于肉搏，如无骑兵威胁已不再编制长枪手。但在射击技术方面，因为仍然使用装填技巧复杂的火绳枪，他们仍然倾向于传统的连环射击法，而非已经采用纸弹壳装填的燧发枪常用的线列排枪射击。他们对面的500名郑家步兵，主要使用弓箭和虎蹲炮作为远程武器。这是因为郑成功不喜欢鸟铳，认为"鸟铳力弱，难御大众"，因此在其他明军和清军都大量使用鸟铳的情况下，郑家军反而十分复古地使用虎蹲炮和弓箭手混编的方式与敌方对射。

双方整齐的队列接近到百步之内，火绳

枪、小鹰炮、虎蹲炮和弓箭相继开始射击，双方都有不少人被击中倒地。在热兰遮城堡塔楼里紧张观战的揆一惊恐地看到，遭受火力打击的郑军并没有如贝德尔所言那般迅速溃散，他们沉着应战，继续装填火炮，发射弓箭。当荷兰人打出第三排子弹之后，他们身后突然传来海啸般的喊杀声。原来，杨洋率领的500名刀牌手已经趁机秘密绕到雇佣兵的背后，发动了凶猛的冲锋。贝德尔急令后排士兵转身开火，但是刀牌手们不为所动，"好像在家里有另一副躯体可供更换"。至此，雇佣兵们终于彻底领悟到他们轻视了郑家军。这支军队不止兵力强大、悍不畏死，而且纪律严明、指挥巧妙，完全不逊于欧洲军队。没人再愿意听从贝德尔的命令。雇佣兵们扔下武器，争先恐后地跳进大海，希望那条载他们登陆的舢板能够救他们一命。"我们被迫跳入水中，逃上船去。许多人跳进一只船里，把船踩翻了，大部分人淹死水中。其他人只好泅水逃生，有些人在水中和队长一起挣扎了很久，直到他死去为止。"（《爪哇、福摩萨、前印度及锡兰旅行记》）后来，翻船的小船终于又翻了过来，一些士兵终于可以爬上船逃生。贝德尔和他的180名手下为他们的傲慢付出了生命的代价。

贝德尔并不知道，他对面的郑家军与东印度公司的相似之处比他想象的要多得多。郑家军最初并非明王朝的正规武装力量，他们是一支被明王朝招安的海商、海盗集团，其组织方式和欧洲的雇佣兵团十分相似。他们甚至同样拥有大量外国雇佣兵，日本人、朝鲜人、东南亚人都曾为郑芝龙征战四方。郑芝龙与东印度公司纠葛很深，既有对抗的一面，也有合作的一面。郑芝龙被清廷杀害后，郑成功对他的军队进行了正规化整编，成了南明王朝的军事支柱，一度拥兵20万，与清军对抗十余年，互有胜负。

因此，尽管贝德尔这样的基层军官狂妄自大，但是熟知远东殖民历史的揆一完全知道郑家军的分量。中国的军队并不是好惹的。1523年，葡萄牙人麦罗·哥丁霍（Mello Coutinho）率领葡萄牙驻印度舰队的5艘战舰和1000多士兵入侵广东，在西草湾被明军击败，后来不得不靠贿赂与上贡才得以在澳门建立贸易据点。之后百年，西班牙、荷兰、英国的雇佣军都曾经对中国发起过试探性进攻，无不惨遭失败，不得不以大量金银向中国寻求和平贸易。流入中国的金银之多，竟然让几千年都因为缺乏贵金属而不得不使用铜币的中国在明清之交完成了贵金属货币的转换。17世纪初，万历皇帝误以为吕宋有银矿，一度有入侵吕宋的想法，让西班牙殖民政府极其紧张。1630年代，日本德川幕府筹划进攻吕宋，又一次搞得吕宋风声鹤唳。虽然这两次入侵都因为种种原因而未实施，但很明显，殖民者在东亚并不像在非洲和印度那样可以横行无忌。

有鉴于此，揆一再也没有和郑军进行过陆上会战。哪怕郑军后来因为军粮问题大部开赴内陆屯田，只有几百人监视热兰遮城，荷兰殖民者也不敢踏出城堡一部。揆一很清楚自己的真正优势就只有这座领先亚洲百年以上的新型城堡——热兰遮棱堡。这座棱堡将让郑家军付出沉重的代价。

棱堡是16世纪在意大利首先出现的，早期又被称为"意大利式防御"。马基雅维利曾经对棱堡进行了详细的描述。长达百年的火炮与城墙竞相发展的历史，最终催生了这种改变了黑火药时代战争面貌的防御工事。世界其他地区都没有欧洲这样火炮与城墙长期竞逐的条件，因此对棱堡的领悟要慢得多，自然也不会对棱堡有什么办法。实际上，即使是棱堡的发

上图：棱堡

明者，面对棱堡也束手无策。棱堡低矮的外形让它几乎完全不怕大炮，而犬牙交错的火线又使爬墙者根本无法近身。攻克棱堡唯一的手段就是长时间的土工作业，通常会长达几个月甚至一两年之久。

正是棱堡让郑成功收复台湾的战斗一直拖到当年12月才获得胜利。这还是因为一个德意志雇佣兵从热兰遮城中叛逃，向郑成功供述了热兰遮城堡的弱点。棱堡和舰队——而非所谓的军事制度的优越性——是殖民地的守护神。前者可以在海岸上建造出一个当地人无法攻下的据点，而后者可以为据点提供补给，使棱堡能够承受长期围攻。殖民主义者通常不愿意承认这一点，毕竟如果军事优势来源于土工与城墙，那"优等民族"的优越性又在哪里呢？

三十年战争的雇佣军制

当16世纪走向尾声时，雇佣兵制已经确立了其在欧洲的主导地位。封建骑士制度走向消亡，虽然贵族和乡绅仍然通过在国家常备军和雇佣兵团中担任军官来延续他们对军队的影响和控制，但军队体制已经截然不同。在1600年到来之时，大多数西欧国家军队采用由法兰西人和意大利人发展起来的军事体制，平时保持一支数量较少的常备正规军，战时则利用雇佣兵扩大军队规模。这样，只需很少的成本就能够在短时间内召集一支专业能力强，组织完善的庞大军队。例如在1572年，为了在尼德兰作战，西班牙在4个月内就召集了一支6.7万人的大军。这在中世纪是难以办到的。相比起上一个百年，欧洲战争的规模、烈度、技术和战术水平都已经有了天壤之别。历史学家将16世纪称为"欧洲军事革命"。

如果无视身边那名为奥斯曼帝国的怪兽，欧洲人是可以为自己的成就沾沾自喜的。奥斯曼帝国继承了蒙古人从中国带出来的世兵制，

下图: *荷兰投降*

通过与土耳其传统封建制度结合，形成了独特的西帕希制度，一度建立起强大的军队，灭亡了拜占庭帝国，一路杀进巴尔干半岛，灭国堕城。1526年的莫哈赤一战，基督教联军全军覆没，匈牙利亡国，苏丹的兵锋直指维也纳。之后百年，西班牙、哈布斯堡以及意大利各城邦屡次败在苏丹手下。1538年，全欧联合舰队在普雷韦扎海战中被奥斯曼打得大败亏输。1541年，查理五世与斐迪南一世对奥斯曼屈辱求和，割地赔款。1542年，奥斯曼海军洗劫意大利。1560年，西班牙进攻的黎波里的远征军被奥斯曼全歼……整个16世纪，欧洲人从未在野战中击败过奥斯曼军队，反而留下了一笔笔惨遭失败的屈辱记录。一直到16世纪后期，由于奥斯曼苏莱曼大帝死后连续几个苏丹都是无能之辈，加上欧洲棱堡的兴起，才使得奥斯曼在西方的扩张步伐缓慢下来。

造成这种情况的根本原因是欧洲国家本身仍在向近代国家进步的过程之中。一方面，国家中央集权虽然已经初步建立，但却仍然稚嫩弱小，军队规模受限于国家力量的薄弱，尚无法与兵力强大的奥斯曼军队匹敌。另一方面，民族意识与公民意识的培育尚需时日，爱国主义还远远没有成为社会共识，这无疑提高了军队建设的成本。

雇用超出支付能力的雇佣兵部队是极为常见的。一方面，政府担心敌人会有更多的部队，另一方面，当时人们相信，只要作战胜利了，怎么也能支付雇佣兵的工资，而一旦失败了，就会有许多士兵不来领取自己的工资，因而政府往往雇用非常多的士兵。但是一旦战事拖长，政府就会无力支付士兵薪金。于是，拖欠士兵工资就成了一种习惯。后来政府甚至发现这一做法还具有防止士兵

开小差的功效。一位西班牙指挥官评论说："要想让士兵们不会散开，最好的办法就是拖欠他们一些东西。"同期的一位人士也赞同说："不时地让士兵们缺钱花是件好事，这样可以让他们更听话，使他们总有盼头。"这样，钱就成了唯一的战争支柱，它决定着其他一切东西。当时的一位人士说得好："谁有钱，谁就是胜利者。"那个时候不止一位指挥官认同这么一个观点：*战争需要三样东西，那就是——钱，钱，还是钱。*（《弗兰德军队和西班牙道路：低地国家战争中西班牙的战争后勤》）

由于政府经常不能支付给士兵用来换取食物的薪金，兵变、暴动都是毫不鲜见的。在1576年，曾出现过几次士兵们以武力强行要回自己报酬的事件。那一年，未领到酬金的西班牙士兵洗劫了繁荣的商业城市安特卫普，杀死了6000名平民，史称"西班牙人暴动"。在这次暴行中，士兵们摧毁的东西的价值远大于他们应得的薪金。

经过百年演变，17世纪初的雇佣兵制同样正在走向腐朽。随着雇佣兵逐渐作为一个特殊的社会阶层稳定下来，围绕着这个阶层产生了新的社会群体。士兵们会结婚成家，军官们会雇佣佣人，小贩围绕着军队兜售物品，娼妓在军营中勾搭血气方刚的未婚男性……年复一年保留下来的团队，使军队变得越来越臃肿。一支一万人左右的军队，通常后面还跟着同样数量甚至更加庞大的非战斗人员。时人评价雇佣兵团说："你从没见过一个小小的身体，会有一根如此长尾巴的东西。"它是"一支相当小规模的队伍，却有如此众多的运货车、驮行李的马、小马驹、随军小贩、男仆人、女人、小孩，还有一群总数远超过军队自身数量的乱民"。他

们已经不复 15 世纪意大利雇佣兵团的轻捷迅猛，每天行军距离缩短到 20 公里以下，这和中世纪军队没有多少不同。

雇佣兵的训练和士气也是每况愈下。由于拖欠工资已经变成一种常例，士兵们很快就感觉到自己正在被欺骗，挨饿受冻的军营生活使他们怨气冲天。雇佣兵队长们设置各种骗局，诱骗人们参军。方法包括先用劣质酒精把对方灌醉然后强行按手印，用美人计诱拐，或者干脆把流浪汉们关起来饿肚子直到他们答应签下参军合同为止。军队强调部队要远离士兵的家乡，一个地方招募的部队一定要开到另一个地方去打仗，否则士兵难免因思乡心切而开小差。西班牙人认为："由来自作战地区本地士兵组成的部队很快就会解散，只有外国士兵组成的部队更为稳定。"而

法国人更进一步："一个德意志人到我们军队参军，相当于三个士兵的作用，首先他省去了我们一个法兰西人的名额，同时他还相当于从敌人部队争取了一个人，最后他还是我们实实在在的一名士兵。"这样的部队，怎么可能有高昂的士气呢？出于成本的考虑，雇佣兵们通常也没多少时间用于训练。训练需要军饷，死亡不需要。有了国家政治机器做后盾，雇佣兵队长们的行事原则已经和两百年前有了天壤之别。现在他们更接近瑞士政客，反正死人再多也不会有街头的流浪汉多。西班牙军队尼德兰地区总指挥官阿尔巴认为，他根本没有闲工夫为士兵们组织操练，在战争中学习战争几乎是唯一的训练方法。一名士兵需要有一至两年的军队服役经历，才能学会如何作战。

下图: 三十年战争中的雇佣兵正在接受城市的投降

在 1618 年到 1648 年的德意志三十年战争中，雇佣兵制度达到了最为辉煌的巅峰。交战各方动辄招募数以十万计的雇佣兵投入战斗。问题是当时神圣罗马帝国皇帝，哈布斯堡的斐迪南二世几乎连自己的卫队都要养不起了。历史上最后也是最伟大的雇佣兵之王——阿尔伯莱希特·冯·华伦斯坦作为神圣罗马帝国的军事统帅，指挥着手下 15 万雇佣兵。这支庞大的军队只有军官才能按周领到军饷，士兵们唯一的报酬就只有每周的两块面包和一磅半肉。当然新教联盟方面也相差无几。在这种情况下，士兵们唯一的出路自然就只剩下抢劫。杀进敌人的领地，蹂躏敌人的领土，劫掠敌人的粮食、财产，把"因粮于敌"发挥到极致成了三十年战争双方后勤组织的基本原则。通过劫掠迫使敌人请和则成了战略计划的基本原则。雇佣大军一路杀进城镇，烧杀抢掠之余，还要征收高额的战争特别税。那些害怕遭到劫掠的城镇，则被迫缴纳大量保证金。有时城镇一时拿不出那么多钱，雇佣兵团甚至还会借出高利贷——当然是以更加苛刻的条件为抵押。

一位在三十年战争中服役的苏格兰军官曾清楚地记载了士兵对一个新到地方的抢掠行动。他写道，所有士兵"都没有空手而归的"。军队的掠夺行为富了部队官兵，却毁了军队的纪律。"一阵疯狂的抢掠过后，街上就会挤满装着各种财物的马车和运货车。这些财物包括：金银餐具、珠宝、金子、钱、衣物，骡子和马则用来拉马车和运货车。所有的士兵现在根本不去考虑自己的职责，而一心扑在抢掠财物上了。我从来没见过士兵还有比这个时候更不听指挥、不尊重自己军官的我很清楚，在抢掠风暴结束之前，有些团已经没有士兵再佩戴着他们的徽章了。有些人则干脆整个晚上扔掉徽章，直到第二天才

又捡回来戴上。在我们部队中出现如此混乱的局面，是由于贪婪的缘故。"（《掠夺与抢劫：德普雷达的军事史（1500—1815 年）》）

到 1648 年战争结束时，整个德意志地区至少有一半的人口永远地消失了。有些被严重破坏的地区，比如波西米亚，人口已经减少到战争开始时的三分之一。严重的破坏最终导致即使是残酷的劫掠也无法养活军队。"每天早上，当我拿到我那份口粮时，我就开始担心。因为我知道，我得用这份一餐都不够吃的口粮来维持一天肚子。一些'精明善赌的士兵'则以赌博来弥补自己收入的不足，他们通过掷骰子从自己战友那骗取钱财。"（《德国军事经纪人及其劳动力：对欧洲经济和社会历史研究》）1635 年，神圣罗马帝国军队在嘉拉斯伯爵的率领下在一片资源枯竭的地区过冬。尽管他们拼命抢劫，但这里实在没有什么可劫掠的了。士兵很快就不断地死去。部队每天焚烧士兵的尸体，以免发臭。只有几匹奄奄一息的马和几头牛拉着部队在向前挪动。最终，随着冬季的到来，嘉拉斯伯爵只得带着他的部队到另一块还能为部队提供给养的地方过冬。在这次雪天行军中，有一万到一万两千人死去，随军妇女们干脆将婴儿扔了，因为不想看见自己的孩子被活活饿死。再一次，荀况"亡国之兵"的警告，如同诅咒一般地应验了。

残酷的结局引起了人们的反思。华伦斯坦最早意识到这种模式是不可持续的。华伦斯坦认为，三十年战争的悲剧在于国家中央集权衰弱，国内各种矛盾在外国势力的推波助澜下尖锐斗争，最终只能诉诸雇佣兵之间的战争来解决问题。华伦斯坦主张宗教自由，主张缓和国内矛盾，集中力量一致对外，加强中央集权，建立统一的君主制德意志民族

■上图: 法国国王弗朗索瓦一世与奥斯曼苏丹苏莱曼大帝

国家。对德意志而言，这是一个超越时代两百年的伟大构想。在帝国政府早已丧失作用的情况下，华伦斯坦决定以一己之力重建统治秩序。在成为一名雇佣兵队长之前，华伦斯坦是一名出色的商人，拥有波西米亚最富有的庄园。在被华伦斯坦征服的区域，他制止士兵抢劫，委派文官，建立国家统治，以税收和商业养活自己的庞大军队。事实证明，相对于纵兵抢劫，征税降低了一半以上的破坏，通过繁荣商业活动则能把破坏进一步降低。不事抢劫的军队通常能保持高昂的士气和凝聚力，他们和民众的关系也较为融洽，逐步形成了一种保卫者和子弟兵的关系，这就形成了爱国主义的思想基础。爱国主义的思想武装与中央集权的物质基础相结合，将带来全新的国家军队，终结三十年战

争的乱世。

但是，华伦斯坦超越时代的理想注定将受到特权阶级的反攻倒算。1630 年，就在华伦斯坦连战连捷，驱逐外国军队，即将结束战争之际，为了换取贵族的支持，斐迪南二世出卖了华伦斯坦，将他解职。1631 年，瑞典国王古斯塔夫二世带着他革命性的古斯塔夫方阵杀入德意志，大破帝国军队。华伦斯坦临危复出，挽狂澜于既倒，终将瑞典军队逐出德意志。对皇帝感到失望的华伦斯坦决定以个人努力结束战争，实现和平。但是他奔走各方斡旋的行为却引起了斐迪南二世的猜忌。最终，1634 年 2 月 18 日，皇帝宣布"公开的人权剥夺令"，通缉华伦斯坦。2 月 25 日，华伦斯坦在卧室被几个外国雇佣兵刺杀。华伦斯坦没有躲避，没有自卫，任凭一柄长剑刺入心

脏，将自己升华为德意志民族的传说。1799年，弗里德里希·席勒创作的剧作《华伦斯坦》三部曲发表，将德意志启蒙思想运动"狂飙突进运动"推向高潮，也将华伦斯坦的理想融入德意志民族的血脉。

站在华伦斯坦对面的瑞典国王古斯塔夫二世被称为近代军队的始祖。瑞典军队是基于马基雅维利对雇佣兵制的批判所建立起来的，是欧洲近代史上第一支具有公民兵特点的军队。马基雅维利本人批判雇佣兵，试图复活罗马民兵制，最终以失败收场。但马基雅维利的一个学生，荷兰的莫里斯亲王，却吸收了马基雅维利对雇佣兵的批判，对荷兰军事体制进行改革，打开了另一个突破口。荷兰独立战争中，面对兵力强大、恍若无敌的西班牙大军，地狭人少的荷兰唯一的优势就是财政。大航海带来的充裕资金，金融业的开拓创新，荷兰是世界上第一个完全掌握了几乎无限期维持庞大军队的战争财政技术的国家。利用这一点，莫里斯亲王建立了一支长期服役的精干军队。军官和士兵基本都是荷兰人，领固定的薪水，进行严格的长期操练。充裕的资金和长期训练使得莫里斯亲王有时间去打磨一套适应自己的战术体系，尽管在此期间荷兰人磕磕绊绊地没有少交学费。最终，焦头烂额的西班牙在1609年承认了荷兰共和国的独立，1648年彻底退出尼德兰。

而莫里斯亲王的学生就是古斯塔夫二世。瑞典本是一个北欧穷国，但是在17世纪初，在国有矿藏巨大收益的支持下，瑞典建立了强有力的中央集权，并在此基础上建

左图：古斯塔夫二世

立了国家军队。和其他国家不同，瑞典的常备军是基于普遍征兵制的，当然他们也使用雇佣兵来增强战争时期的兵力。通过普遍征兵制，仅有100万人口的瑞典每年征兵1万余人，与拥有1600万人口的法国的常备军总兵力相当。古斯塔夫于1617年规定，瑞典全国男子都要从15岁开始从军，进入各军区的田地军团服役。全国被划分为8个军区，每个军区有一个固定编制的3600人田地军团。1625年，古斯塔夫组建了3个中央直属的野战团。每个野战团大约有1500人，人员由各田地军团精选。野战团在实践中取得了成功，古斯塔夫于是拆散各田地军团，按照野战团的编制改编其为省级团。炮兵、骑兵与步兵团结合，构成了合成兵种的旅，成为瑞典军队的基本战术单位。这样，瑞典军队也就具备了近代国家军队的基本要素：由强大的中央集权政府出面组织，由本国公民按照义务或者招募的方法组成，基于爱国主义和民族主义的政治驱动，以及常备化与正规化的军队编制。

下图: 古斯塔夫的陨落

1631 年，当古斯塔夫二世率领 13000 人瑞典常备军登陆德意志时，全欧洲都为之震撼了。和三十年战争时期腐朽堕落的雇佣军不同，瑞典军队纪律严明、训练有素、配合精妙，而让他们区别于其他任何雇佣军的就是他们高度的爱国主义热忱和主观能动性。自罗马军团之后欧洲不曾再有过这样的军队。马基雅维利的梦想在百年以后终于成为现实。在瑞典军队面前，即使是百战不败的佣兵之王华伦斯坦，也感受到了前所未有的压力。1632 年 11 月 6 日，17 世纪最伟大的两位军事家在吕岑展开命中注定的对决。这次对决充满了戏剧性。在瑞典军队状态占优的情况下，古斯塔夫因为过于自信而意外陷入德意志骑兵的重围，被一名雇佣兵杀死。但是在他身后，瑞典军队如同千年以前的罗马军团一样，不依赖指挥官，仍然奋勇作战，送给了华伦斯坦一生中唯一的一次失败。

三十年战争惨烈的破坏使雇佣兵在欧洲成为人人喊打的过街老鼠，而华伦斯坦与古斯塔夫的建军思想也逐渐为人们所接受。在 17 世纪，欧洲国家的中央集权明显加强，军队日益职业化与常备化。他们不再是临时纠集的悍勇之徒，而是从小参军入伍，接受严格操练和军人荣誉教育的国家军人。

17 世纪末 18 世纪初，基本的轮廓已经出现：国家机器有责任、有能力维持一支全日制的军队，无论战时或平时，都发给工资，管吃管住，配备武器，发给制服。军队成为互抱成团、高人一等的阶层，自成一种明显的亚文化，与社会上的其他人迥然不同，不仅职能不同，而且在生活习惯、衣着打扮、人际交往、享受特权以及履行职务所要求他们承担的责任方面，都不相同。

单单法国就拥有三十多万这样的军人。欧洲国家的军事力量，无论从数量上还是从质量上，都已经超过奥斯曼帝国。1683 年，基督教联军在维也纳之战中击败奥斯曼帝国。这是两百多年以来欧洲人第一次在陆地上击败这个怪兽。这也标志着欧洲军事力量开始领先于世界其他地区。

随着军队的国家化与公民化，雇佣兵逐渐"退居二线"，但并没有退出历史舞台。这支因种种战争暴行而恶名昭彰的武装力量，仍然因其对资本主义社会的适应性而长期存在着。哪怕 1989 年联合国通过了《反对招募、使用、资助和训练雇佣军国际公约》，也不能阻止雇佣兵在后冷战时代各热点地区蔓延。或许，雇佣兵仍将伴随着私有制而长期存在于人类社会，在未来继续亮出染血的獠牙。

参考书目

尤利乌斯·恺撒. 任炳湘译. 1979. 高卢战记. 北京: 商务印书馆

厦门大学郑成功历史调查研究组. 1982. 郑成功收复台湾史料选编. 福州: 福建人民出版社

王敦书. 1983. 斯巴达早期土地制度考. 历史研究, （6）

赵秀昆等. 1987. 中国军事史·第三卷·兵制. 北京: 解放军出版社

刘家和. 1995. 论黑劳士制度. 古代中国与世界———一个古史研究者的思考. 武汉: 武汉出版社

迈克尔·霍华德. 褚律元译. 1998. 欧洲历史上的战争. 沈阳: 辽宁教育出版社

阿彻·琼斯. 刘克俭, 刘卫国译. 2001. 西方战争艺术. 中国青年出版社

钮先钟. 2003. 西方战略思想史. 桂林: 广西师范大学出版社

约翰·埃利斯. 刘艳琼译. 2013. 机关枪的社会史. 上海: 上海交通大学出版社

欧阳泰. 陈信宏译. 2014. 1661, 决战热兰遮. 北京: 九州出版社

Geoffrey Parker. 1972. The Army of Flanders and the Spanish Road, 1567-1659: The Logistics of Spanish Victory and Defeat in the Low Countries' Wars. Cambridge: Cambridge University Press

Kelly De Vries. 1999. Joan of Arc: A Military Leader. Stroud: The History Press Ltd

Kelly De Vries, et al. 2006. Battles of the Medieval World 1000-1500. New York: Barnes & Noble

第二篇

致命的技艺

当火药武器被用于战争时，骑士的武艺、体力、坚毅和荣誉渴望还有什么用？

——路易·德·拉·特雷穆伊勒（16 世纪法国骑士）

从 15 世纪中叶到 17 世纪末的两个半世纪中，依赖火药兵器的正规军最终取代了单纯依靠人力与畜力的封建军队。然而，这一革命进程是复杂而渐进的，存在着无数试验、虚假起点和走不通的路径。而所有的这一切，则是日后欧洲人登上全球军事优势地位，建立"全球帝国"的开始与基础。

作者 /
暗夜惠玉

佣兵的利刃

14—17 世纪欧洲冷兵器发展简史

这是一个变化的时代，不仅由于技巧方面的因素，更重要的是由于社会、经济、政治的现实。

——杰弗里·帕克 《剑桥插图战争史》

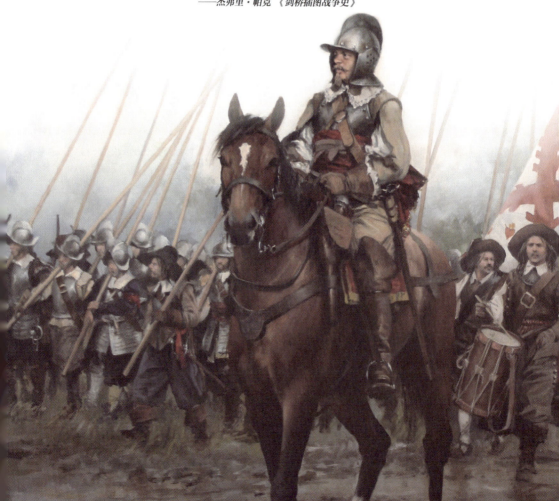

武器发展可谓一直伴随着人类历史的进程。从 250 万年前起，武器就被人类用于杀戮动物或者同类相残。随着文明的进步，武器杀戮的效率越来越高，人类使用武器的技巧也越来越好。而在 15 世纪到 17 世纪的欧洲，随着火药武器的登场，传统的刀枪剑戟等冷兵器面临着严峻的挑战。

这是一个最好的时代，新的武器开始登上历史舞台，成就无数的传说；这是一个最坏的时代，旧的武器逐渐退出历史舞台，让位给更年轻更适应时代的"后生"。这一切的一切皆起因于欧洲大陆走进了这个风起云涌的佣兵时代。

中世纪的遗产——手半剑

单手和双手都可使用，持盾牌的时候单手使用，不持盾牌的时候双手使用，可以一击致命。能单手使用是因为剑墩配重平衡了剑身的重量，使剑保持了良好的平衡。尽管如此，想要把剑运用娴熟，还是需要相当的体力和战斗技巧。全长 110 到 140 厘米，约重 2.5 至 3 千克。

——《武器屋：中古世界武器知识入门宝典》

手半剑（Hand and A Half Sword）得名于它的剑柄可供单手或者双手挥舞。这种武器主要流行于 13—17 世纪，虽然在佣兵时代被刺剑（Rapier）这个更

年轻的后辈抢走了风头，但是它在战斗中依旧是一把可怕的武器。

在 13 世纪之前，骑士剑是指一把又直又宽的两侧开刃武器，长约 39 英寸（99.06 厘米），单手挥舞。这种单手剑在步战中使用时一般搭配一面盾，在马背上则多作为备用武器用于骑枪报废的情况下。

然而从 1200 年开始，欧洲军队的武备出现了一些重要变化。重型弩和长弓的应用，以及受训良好、使用斧枪一类长杆兵器的重型步兵的出现，使得身穿锁子甲的骑士越来越力不从心。而冶铁和精炼技术迅速进步，更坚固、更便宜的钢被大量生产。最终的结果是，锁子甲越来越坚固，并开始出现有甲片加强防护的锁子甲。

就像所有的武器进步一样，随着作为"盾"的铠甲的发展，作为"矛"的长剑也从中世纪的单手长剑变成了更长更凶狠的手半剑，以对付强化过的锁子甲。这是一个逐渐发展的过程。

最早的手半剑出现在 13 世纪。它仍是把主斩的武器，血槽让其更轻更坚固，其尖部不像未来的剑条那么明显，但是依旧致命。应该注意到那时的剑针对的盔甲是铆接锁子甲。到了 13 世纪末期，手半剑的剑头部变得更尖，剑的重心更靠近握手处，剑尖已经很明显。1350 年左右手半剑的变化更明显。从护手到剑尖急剧变尖，几乎呈三角形。在板甲出现并急速发展的 14 世纪，这类剑特别适合刺入盔甲的缝隙和关节处。到

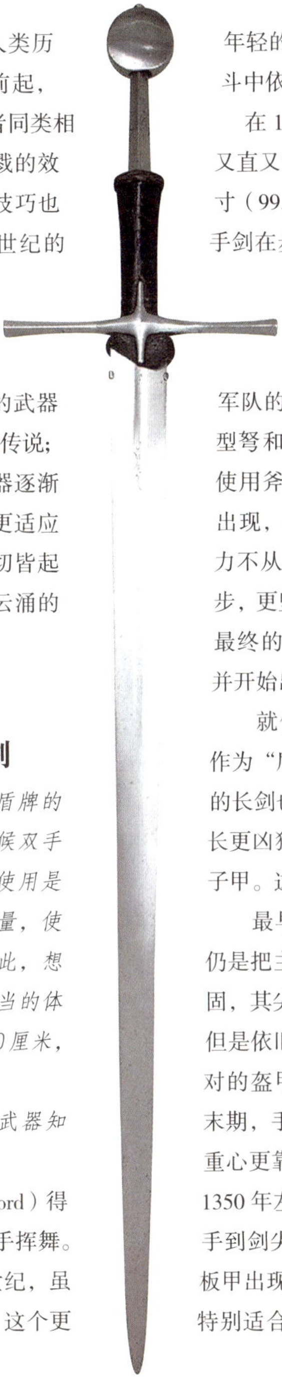

上图： *15 世纪的手半剑，现藏于大都会博物馆*

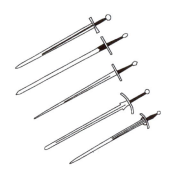

上图: 剑的演变。最上方一把为最早版本的手半剑,出现于 13 世纪;上二为改良版,出现于 13 世纪末;中间的出现于 1350 年;下二为练习用剑,出现不早于 14 世纪;最下面的出现于 14 世纪晚期

了 14 世纪晚期,手半剑的突起剑脊代替了血槽,剑更加坚固也更适合刺击,这种形制在接下来的一个世纪里成为主导的形制之一。15 世纪出现的形制是手半剑最后发展的形制之一。在十字护手附近设计了一个凹陷(或者凸起),等同于传统的强剑剑身后 30 厘米不开刃之处,手指可以绕过十字护手紧握住凹陷处。这就能使持剑者获得更好的点控制,让推刺成为武器的主要功用。到 15 世纪末 16 世纪初,刀剑商在护手边增加了各种各样的指环以便保护手部,并且手半剑变得更加轻便,成为人们喜爱佩带的流行武器,并且经常被用来决斗。到 16 世纪,锥形和宽刃手半剑同时流行,但是手半剑在战场上的实用性已经被弱化了,而且在民众中的受欢迎程度也被刺剑所超越。不过,两百年后的 18 世纪中期,手半剑虽然早已退出战场,但有记录显示仍有手半剑的剑术比赛。

因为使用环境、使用者等因素的显著区别,手半剑也分为军用和民用(防身决斗)两种。

军用手半剑约 54 英寸(1.37 米)长,重 3~5 磅(1.36~2.27 千克)。这是战场专用的武器,行军时悬挂在马鞍上,而不是佩带在身上。当时测量一把手半剑的长度是否趁手,一般是将其直立在地上,看柄头是否正好在使用者的腋窝处。

民用手半剑则大约 46~50 英寸(1.17~1.27 米)长,重 2.5~4 磅(1.13~1.81 千克),相对其军用版本更便于携带,主要存在于中世纪晚期。

手半剑各个部分的形状、结构及作用如下:

剑尖(锋)(Point),或者说长剑的顶端,既能刺也能切割。

剑面(剑腊)(Flat),即剑的宽大面,也用来挡格。

刃(Edge),即两个剑面的接合处,用来斩击。剑的刃口都如同斧子的刃口,而不是小刀。刃有两种,真刃和假刃。握剑时,面对敌人的是真刃,面对自己的则是假刃。

血槽和脊(Fuller/Riser)——剑的剑脊。

▌上图：手半剑

剑槽是在两侧平面沿着剑脊一直到护手的凹槽。血槽加强剑刃并使剑变轻，适合斩击。那些特别设计来加强刺击的剑，没有血槽，相反更宽而且剑体为菱形，脊更厚，因而剑体更硬。

十字护手（格）（Crossguard），即保护手部远离敌人剑刃的钢条，并且在进攻时能用于钩住和约束敌人的武器。

握柄（茎）（Grip），把手处通常为木质，上面可能会包裹上皮革或者缠上布条，防止脱手的情况出现。

柄头（首）（Pommel），用螺丝连接或者铆接到剑体，固定所有物件。

弱刃（身）区（Foible），剑的前半段，刃口较薄，比较锋利，更适合用来斩击。

强刃（身）区（Forte），剑的后半段，因为刃口更厚些，相对较钝，更适合用来防御斩击。

全柄（Hilt），由十字形的护手、柄头（配重球）和握柄组成。配重球如其名字，主要用来平衡剑身的重量，这样可以在保持手半剑平衡的同时让剑身更长。

每个手半剑剑术大师都有一套相似但又不同的防御姿态。不过这些姿态不是主要用来防御的，相反，它是手半剑在 8 个方向上斩击和 4 个方向上刺击的自然起始与结束点。用中国的武术术语来形容，更接近"套路"。因此，这些姿势是互相关联的。

在剑斗过程中，剑士从一个姿态到另一姿态的动作，往往如行云流水一般。每一个防御姿态都能保护一处免受攻击，但同时也会留下别的易受攻击的空档。一个优秀的剑士明白这些姿态的关联，并且会利用它巧妙避开对手的攻击。例如，半铁门式保护腿部，却使头部看来易受攻击。了解了这点，优秀的剑士可以预判到头部可能受到的攻击，并且抬起剑格挡斩击，避免受到攻击。

相对于后来的刺剑，手半剑因为更具杀伤力而更得到军人们的喜爱。而作为一件武器，战场也是检验其威力的试金石。

类别	姿态	说明
稳定姿态 剑士安全并稳定地站立时的防御姿态	半铁门式 Half Iron Door Guard	以铁门式开始。把剑放在身体的中位。这个姿态看上去会暴露上半身，使其易遭攻击，但其实很容易转变为其他的姿势。这是第一个引诱姿态
	长拖尾式 Tail Guard	左脚在前，剑尖拖在后腿之后。这个姿势会让对方看不清剑，使其无法判断出剑士的有效攻击距离。这是第二个引诱姿势
	短臂式 Short Guard	挥剑向前并且交替步法，就能摆出短臂式。这个姿势能保护大部分身体，而且还可以转到其他姿态
	野猪牙式 Boar's Tooth Guard	交替步向前，然后斩击，剑需停留在这个位置。这样野猪牙式便可以用来从下侧刺击目标。届时靠手腕强有力的快速改变，从一个无害姿态迅速刺击
中间（过渡）姿态 剑士移动时使用，但是不建议保持的防御姿态	窗口式 Window Guard	左脚在前，手腕十字交叉完成窗口式（要剑指对手脸部并举剑齐眉）。这个姿态既能防御也能进攻。可以挡格斩击，同时也能以刺击威胁对手。右脚交替步向前，刺击，然后转入右窗口式。双手在左侧，手腕交叉
	皇冠式 Crown Guard	交替步向前并格挡刺击，进入皇冠式。这个姿态用来防御刺击并且保持在身体前方。在这个姿态中将强剑区及护手运用来挡格斩击
	长臂式 Long Guard	交替步向前，双臂推出。主要用来与对手保持距离。此姿态以刺击结束。变化来自剑刃。要么剑刃对地，要么剑面平行于地面
	双角式 Two Horned Guard	交替步向前并拉回手臂，这样肘部几乎碰到髋骨。这就是双角式。猛一看会觉得这是一个很尴尬的姿势，但是从这个姿势可以很容易地转入快速刺击或者斩击

长拖尾式

鹰击式

窗口式

短臂式

皇冠式

淑女式

重击姿态	全铁门式 Full Iron Door Guard	交替步向前，剑下垂成铁门式。对应从上部来的攻击的最佳防御姿势。同时，全铁门式很容易就能转变为淑女式，对于下劈是最坚实的防御姿势
"重击"由古拉丁语"pulsatina"推断而来，特指大力斩击、打击	淑女式 Woman's Guard	向前一步，并且剑扛过右肩。最强劈斩来自此姿势，也是最强防御。迈步向前，用力挥击，可以打断整个右侧所受到的攻击
	鹰击式 Falcon Guard （鹰击式有着类似淑女式的效果，所以归类于重击类）	属于高段位斩击，尽量确保剑不过于 45°，否则将会消耗更多的力量和攻击时间

16 世纪的西班牙战士贝尔纳尔·迪亚斯·德尔·卡斯蒂略（Bernal Díaz del Castillo）是第一批墨西哥征服者。他后来写下的《征服新西班牙信史》中，记载了手半剑在面对土著印第安人时的犀利以及剑士们高超的技艺。

"两西班牙里见方的田野上铺满青草般密集的武士，而我们才四百人，并且许多是伤病员。"当时，参战的印第安人（特拉斯卡拉）足足有 5 万人，是西班牙人的一百多倍。战前，手持手半剑的西班牙战士表示要"直戳敌人的心脏，不让他们像上次那样靠近"。战斗中，印第安人的箭矢犹如冰雹，而西班牙剑士们也兑现了"凡是用刀剑靠近

▌上图：击剑书中的半剑打法

▌上图：击剑书中的配重球打法

野猪牙式

长臂式

双角式

全铁门式

半铁门式

我们的我们就用剑把他们击退，使他们无法像上次那样近前"的承诺。不过，印第安人毕竟人多势众，随着时间的推移，西班牙人开始支撑不住了，最后也是手半剑剑士力挽狂澜："只见我们的方阵马上要被冲散，无论是科尔斯克还是其他指挥官的呼喊都不起作用，一大群印第安人向我们扑了过来，而我们只用手中的剑就把他们击退，总算恢复了原先的队形。"最后，由于三个统领被俘虏，一个重要头领被打死，特拉斯卡拉人撤退了。而在这场战斗中，西班牙人只战死了一位士兵。毫无疑问，这场战斗中手半剑大放异彩。在与披甲率低下，也没有严整战斗队形的印第安人对战时，手半剑可谓所向披靡，那么与有着同等文明，装备良好的欧洲对手对战的时候，手半剑表现如何呢？

文艺复兴武器艺术协会的主席约翰·克莱门茨（John Clements）博士是研究中世纪和文艺复兴时代武术的权威。他曾经根据文艺复兴时代武术大师塔尔哈弗尔（Talhoffer）的战斗手稿（原件藏于哥本哈根皇家图书馆）复原演练过不着甲和着全身板甲状态下手持手半剑的格斗。在对付着甲对手时，当时的人普遍采用一种"半剑打法"（当时手半剑剑刃的后 30 厘米，也就是强刃部分，往往不开刃，所以能手握半剑刺击板甲的缝隙，比如下阴、膝盖下方或者锁甲部分，因此被称为"半剑打法"）；或者使用配重球砸击，从而打出钝器效果。

在演练中，博士的对手头部被砸中，感到"冲击力贯穿盔甲，穿透全身"，感到"反胃想吐"。

不过在实战中，战士们往往要排成紧密队形，用戚继光的说法就是"转手皆难，岂容左右跳动"。毫无疑问，在这种情况下，再高超的剑术也无法发挥出来，因此在战场上，剑

士们通常有两个选择，或像德意志双手剑士那样双手持剑，着全身板甲；或由于性价比的关系，像西班牙兰多武士（Rodeleros）那样携带盾牌。在 15 世纪的战场上，西班牙兰多武士手中的手半剑一直有着不俗的表现。而当时间接近 16 世纪的时候，他们手中的手半剑却迎来了新的挑战。

1494 年，法王查理八世借口对那不勒斯王位拥有继承权，悍然入侵意大利，"平静"已久的亚平宁狼烟四起。战争的实际起因是当时的米兰公爵乔万·斯福扎对长期摄政专权的叔父卢多维科感到不满，遂向其岳父——那不勒斯的阿方索二世求助。卢多维科·斯福扎请求法国出兵压制那不勒斯及其后盾西班牙阿拉贡王室。

1494 年 8 月，查理八世率领包括精锐的八千瑞士雇佣军在内的 2.5 万大军（数据来自《16 世纪的战争》），浩浩荡荡进入意大利。

意大利诸侯向来有借助国外势力干预内部冲突的传统，但卢多维科引狼入室引发了灾难性的后果：法国占领佛罗伦萨、米兰和那不勒斯，打破了欧洲强国在意大利的势力均衡。西班牙、神圣罗马帝国、英国、奥斯曼帝国、瑞士等国先后卷入，威尼斯、米兰、佛罗伦萨、教皇国、费拉拉诸邦分别反复与不同的强国结盟。战争持续了 60 多年（1494—1559 年），文艺复兴带来的文明气息荡然无存，徒留下让人唏嘘的残垣断壁。

也正是在这场战争中，曾经在战场上表现不俗的西班牙剑盾手们遭到了瑞士步兵和法国敕令骑士连的强力挑战。

根据牛津大学乔治教授的说法，瑞士人是公元 1522 年以前公认的欧洲最好的步兵。瑞士人本身拥有不同寻常的实力，可以威慑敌人。更重要的是，瑞士人拥有无可争辩的

西班牙兰多剑盾手（左）

上图：法兰西敕令骑士

士气。他们喜欢当众吊死第一个逃兵，并将其作为自己的嘲笑对象。因此，瑞士人能承受相当高的伤亡率，比如后来1515年的马里尼亚诺战役，瑞士人在损失达到50%以上的情况下，依然苦战不休，在一些场合甚至战斗到了最后一个人。

敕令骑士（或称之为宪兵骑士）是法国在百年战争后期建立的国家常备军，不仅用全身板甲装备到牙齿，而且比传统封建骑士纪律更严明，作战残忍而高效。他们是真正意义上的常备正规军，相比中世纪前辈要更加接近近代组织，尤其擅长整齐划一、极为恐怖的密集阵形冲锋。

由此可知，这场战争中，剑盾手面对的是接近近代军队组织和纪律水准的可怕对手。

双方的第一次对决，发生于1495年6月28日的第一次塞米纳拉之战。

当时，西班牙名将贡萨洛·德·科尔多瓦（Gonzalve de Cordoue，1453—1515年）与那不勒斯国王斐迪南二世（Fernando Ⅱ，阿方索之子）率领的西班牙—巴萨罗那联军与法军在卡拉布里亚半岛南端塞米纳拉（Seminara）海岸附近相遇。法军的指挥官是法王任命的那不勒斯总管，来自斯图尔特家族的伯纳德·德·奥比尼（Bernard d'Aubigny）。奥比尼亲自率领包括三四百名敕令骑士在内的1200名骑兵部署于战场左翼，作为主要突击力量，而将大多数法国步兵和全部10门大炮部署在战场右翼，牵制住西班牙军队。

此战中，以手半剑和圆盾为主要武器的西班牙剑盾兵虽然表现勇敢，但是也暴露出了只适合散兵格斗、面对骑兵集团冲锋脆弱无力的缺点。几乎同时代的苏格兰高地剑盾手也有类似问题，乔治教授评价他们"高地人凶猛好斗，不过难以依靠，只能用于散兵战"。

在1503年的切里尼奥拉之战中，贡萨洛·德·科尔多瓦指挥西班牙剑盾兵依托工事和火枪手的掩护，痛击了法军的敕令骑士和瑞士步兵。据称，战场上留下了四千具法国和瑞士士兵的尸体，而西班牙人的伤亡只有一百人。然而贡萨洛依然认识到，西班牙剑盾兵已经落后于时代，必须改革。于是，回国之后，他就向国王递交了改革方案。因此剑盾兵逐渐被淘汰，贡萨洛也多了个响亮的名号——"大方阵之父"。

随着剑盾兵退出主流战场，手半剑在民间也逐渐被更年轻、大众更加喜爱的刺剑所取代，最终于18世纪中叶彻底消失。

后来居上者——刺剑

刺剑外形优雅，非常引人注目，经常将它

和佣兵时代的绅士联系起来。这种高效的兵器不仅是战斗的首选，而且还是佩带者社会地位和财富的象征。它起源于15世纪初的西班牙，名词来源自西班牙语"Espada Ropera"（礼服之剑），意为可穿便衣佩带此剑。

——《短兵器（人文珍藏图鉴）》

刺剑（又叫细剑）刚刚出现的时候，发展还不完善，剑身上仍有明显的血槽，而且依然很宽，但是其特有的护手已经将它和其他剑类区分开来。之后出现的意大利式刺剑和格斗匕首一起风靡了大半个佣兵时代。超过1米的剑身，以及符合拉丁系民族奢华风格的镂空雕饰十字护手是其显著特点。英国式刺剑出现得最晚，剑身相比意大利式较短，因此又被叫作小剑（Small Sword）。英国式刺剑剑身较短，更方便使用者控剑，并且也不再和匕首搭配使用，护手也倾向于喜爱简朴的盎格鲁撒克逊人风格。

刺剑最早应用于下层社会，成为街头以及室内的主要战斗用剑；后期发展成贵族上流社会使用的剑，主要用于决斗场上，迅速取代了手半剑的地位。刺剑的技术

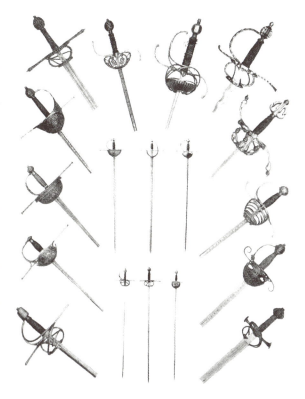

▌上图： 不同种类的刺剑

▌上图： 雅克·卡洛的手册插图

体系特点是细致、精确。刺剑常和其他武器配合使用，最典型的是配备一把能格挡的匕首，也可以和能够绞缠敌人的披风、抓刺剑的链甲手套、格偏的剑鞘等等搭配使用。

《西方决斗史》一书中记录了这样一个故事。一个叫查特纽夫的年轻人和他的监护人——一个80岁的老人之间爆发了一场决斗。起因是财产诉讼中查特纽夫质问老者有无对自己不敬的言论，在得到坚定否决后他心满意足，不过老者却很愤怒："也许你满意了，但我可没有。既然你麻烦我到这里来，我们必须较量！"双方随后就用匕首和剑开始了决斗。战斗中，老者惊叫起来："你这个可耻的人！你居然穿了胸甲！"老者立刻向年轻人的脸和咽喉刺去，但最后还是被年轻人刺穿了身体。这个故事证明，刺剑相对于有着配重球和半剑打法的手半剑，在面对有甲对手时是很无力的。

当时，教授刺剑技巧的格斗书也表达过这种观点——刺剑仅仅是自卫武器。从某种意义上来说，刺剑是第一种真正的个人自卫武器。它被看作"街头剑"，来对应"战场剑"。由于有限的劈砍能力和细长的剑身设计，刺剑不适合战场，但是却适合决斗和小规模冲突。刺剑靠决斗出名，主要依靠剑尖刺，不能做多个

上图：左手匕首

上图: *历史画家切萨雷·奥古斯特·德提依据想象复原的决斗场景*

上图: *左手的披风*

方向的劈砍，因此不易在战场上做出致命攻击。在战场上乱战时，刺剑由于需要伸长手臂去刺，攻击线路容易被阻隔。总之，刺剑有它自己的优势，但是也有明显的劣势。

早期的刺剑其实很笨重。根据人文珍藏图鉴《短兵器（人文珍藏图鉴）》的记载，刺剑的剑身很长，往往长达 1 米甚至更长，剑脊也很厚，握在手中略显笨重，人们很难在格斗中将刺剑刺出后再快速地抽回。因此，当时人们需要一个与刺剑配套的姐妹装备，在抵挡对手进攻的时候保护自己。按理说，这个武器应该是盾牌，不过人们尤其是平民很难在生活中带着一面盾牌，而且带了盾牌也就等于失去了刺剑便携易带的优点。最终，人们找到了盾牌的替代品——匕首，作为副武器，以达到在进攻的同时防御的目的。

到 16 世纪中叶，匕首已经成为刺剑的一个不可或缺的自卫和防御装备。使用刺剑和匕首的技艺由此而生。使用者左手持匕首进行格挡，右手持剑进行攻击。娴熟的剑客可以在用匕首防御的同时用刺剑进攻，在贴身格斗时还可以用匕首戳刺。

为了配合刺剑的攻击，匕首外围出现了

金属环以保护使用者的手。匕首护手两侧的横杆也被加长，而且大多数向刀身歪曲，以帮助使用者在格挡的时候钳制对方的剑身。由于通常被握在左手，这种匕首被称为"左手匕首"。如果使用者在格斗的时候用匕首抵御住了对手的攻击，同时快速扭动自己的手腕，对方的剑就很可能被卡在护手长柄和刃之间。尽管时间不会很长，但对己方手中又称为"迅捷剑"的刺剑来说，已经足够发出致命一击了。

匕首的重要性从这样一个故事可以看出。1578 年，法王亨利三世统治期间，巴黎上演了一场非常著名的贵族宠臣之间的决斗。决斗一方雅克·德·盖路思支持法兰西国王，另一方昂特哈格斯男爵查尔斯·德·巴尔扎克则支持吉斯公爵。决斗的原因据传与一些贵族小姐有关。

决斗的双方各携带两名同伴或者侍从，因此形成了三对三的血腥厮杀局面。一开始双方便各有一名战友倒下，第二天昂特哈格斯男爵又有一名同伴伤重不治而死。不过他也许算是胜利者，因为他活了下来，而他的对手——国王的宠臣雅克·德·盖路思全身受到 19 处伤害，在极度痛苦中煎熬了 33 天，终于死去。在死之前，雅克·德·盖路思曾经抱怨过这场决斗不公正，因为他没有带匕首，只有一把刺剑，而昂特哈格斯男爵则直接反驳："活该！他简直就是个大笨蛋，居然连匕首都不带！"

当然，如我们前面所说，如果没有匕首，还可以使用锁甲手套抓握或用披风缠住对手刺剑并拖走。

总之，在技法上，刺剑带来了一个新的领域——大量的突刺和偏刺，优越的速度，准确的反刺，以及诡异的刺击角度。此外，刺剑因为环境影响，并不太受到来自战术革新、武器进步等因素的影响，却更多地受到时尚和规则变更的影响。

到 17 世纪，除了西班牙和意大利，其他欧洲地区的刺剑变得更轻、更小也更加敏捷，很接近我们今天的击剑运动中的重剑。同时，除了西班牙和意大利外，左手匕首也逐渐被淘汰，人们开始更多地使用单手刺剑。

上图： 收藏于大都会艺术博物馆的小剑

单手刺剑即前文所说的小剑。由于其剑身短，轻便且容易操控，出现不久便取代了之前的款式，流行起来成了社会地位和身份的象征饰物。

切勃利男爵爱德华·赫伯特曾说过："不会有哪个法国人认为一个从未在决斗中杀死过别人的人值得关注。"他还讲述了这样一个故事：

"舞会的所有人都准备好了，每个人都在合适的地方。我站在王后的身边，期待着舞蹈者的到来。有一个人来敲门，对一个非常文雅的人来说，这种敲门声似乎太响了一点。当他进来时，我记得夫人们中间顿时一阵窃窃私语，都在说'是巴拉盖先生'。我还看见先生们和女士们一个接一个地邀请他坐到自己身边。甚至当他陪伴一个女士片刻后，另一个人会说：'您已经有这位先生足够的陪伴时间了，现在应该让我分享这份荣幸了。'这种显得粗鲁的礼数让我吃惊，也让我更加惶惑，这位先生最多也只能被认为是稍显英俊而已。他的头发修剪得很短，已经灰了一半。他的紧身上衣简直就是麻袋

上图： 刺剑姿势一

上图： 刺剑姿势二

上图： 刺剑姿势三

片，近乎切割着他的皮肤。他的马裤就是普普通通的灰色布料。从旁边站着的人那里我得知，他是这个世界上最豪侠的人之一，在决斗中杀死过 8 个或者 9 个人。所以女士们如此看重他。"

这种风尚，使得刺剑技术在那个时代空前繁荣。

实战的时候，最方便的姿势就是将拿剑的手臂向前抬起，右脚向前迈出两脚掌的长度。身体重心平均落在两脚上，右脚脚尖指向前方，左脚脚尖指向左方。拿剑的手臂半屈，肘关节对着身体的右边，剑尖和右眼在一条水平线上。

比手半剑更轻的刺剑更容易做出冲刺攻击，其动作和蹲式起跑动作相似。开始向前做动作的时候，两脚连续向后蹬地，左脚离开地面向前提起，右脚同时蹬直，促使身体向前，在左脚落地以前做出刺击。

还有种技巧，在对手刺过来时，抓准时机用副手挡开对方的刺击，同时利用对方中段开放的机会发动致命攻击。

有意思的是，这股风气也让女性成了决斗的爱好者。《西方决斗史》中记载了这样一个故事：朱丽叶·德奥比尼小姐是著名击剑高手赛兰的情人，赛兰教了她很多高超的击剑技艺。有一天，她受到一名叫作杜蒙的男演员的侮辱，于是便向他挑战。杜蒙拒绝

了，于是她便把对方的表、鼻烟壶以及一些竞赛纪念品都拿走了。另一位演员也侮辱了她，因为不愿意与她决斗而跪在她面前请求原谅。一天晚上的一个舞会上，她对一个女士非常粗鲁，被大家要求离开房间。她照做了。不过作为条件，她提出，那些殷勤呵护受伤女士的男人应接受她的挑战与她决斗。男人们同意了，结果在一场艰难的决斗后，朱丽叶·德奥比尼小姐杀死了所有的男人。从这个故事我们能看出，刺剑在决斗中

是一种能用技巧弥补身体素质差距的武器。

虽然总体上刺剑更加适合自卫，但是，如同其他很多武器家族一样，刺剑的家族也有自己的另类版本——阔剑（Broad Sword）。

阔剑出现的原因，一是佣兵时代骑士枪逐渐遭到了淘汰，骑兵普遍装备起了手枪和骑兵阔剑；二是在越来越强大的火力面前，同时代刺剑的克星——板甲也逐渐遭到了淘汰。而阔剑剑身明显要阔得多，也更便于挥砍。17世纪的欧洲三十年战争成了阔剑展现威力的舞台。

1631年9月17日的布莱登菲尔德会战被誉为"改变世界之战"。神圣罗马帝国的约翰·蒂利伯爵在帝国皇帝斐迪南二世的支持下，与瑞典国王古斯塔夫二世的瑞典—萨克森联军主力正面相撞。

期间，帝国军队的骑兵骁将帕彭海姆率领自己的重甲骑兵向

▌上图: 帝国猛将帕彭海姆

▌下图: 吕岑会战

上图：皮科洛米尼

瑞典人一连发动了七次冲锋。其勇猛的表现令瑞典侧的官兵感到不寒而栗，根据当时瑞典军中一位叫门罗的军官的说法，"敌军的冲锋攻势非常之凶猛"。

如果说布莱登菲尔德会战只是让瑞典人见识到了手持阔剑的骑兵的凶猛，那么1632年的吕岑会战就是实实在在地展现了手持阔剑的骑兵的可怕。

1632年11月16日，古斯塔夫统率的瑞典军队和阿尔伯莱希特·冯·华伦斯坦指挥的神圣罗马帝国军队在莱比锡附近一个叫吕岑的地方摆开战场。

古斯塔夫本人在与帝国军奥克塔维奥·皮科洛米尼-皮里亲王（Prince Octavio Piccolomini-Pieri）麾下的骑兵团的混战中因坐骑中弹，只带三名随从误闯入一大群在战线中央游荡的帝国骑兵之中。在短兵格斗中，古斯塔夫的两个随从被砍死，另一个随从受伤逃走，古斯塔夫本人头部、颈部、背部接连中了几处致命伤，几乎立刻坠马而死。只有他的战马带着浑身的血迹，自己跑回到了瑞典军的阵线。

后来瑞典官兵重新找到自己的国王之时，看到的只是一具被帝国军剥去外套与首

上图: 古斯塔夫的骑兵相

上图: 第一类马刀的三种形制。A 型马刀前半段的三分之一加宽,采用半双刃的刀锋,刀身弯曲度非常大。一般认为这是由奥斯曼土耳其的吉利弯刀演变过来的。其刀柄较宽,有数个铆钉贯穿刀柄将刀茎固定,刀柄的材料通常为木质或者骨质。有时候也为了让手更加有力地紧握住刀柄,而把刀柄整个用金属打造。B 型马刀前三分之一并不加宽,刀柄也较 A 型更窄,更加容易持握。C 型马刀较前两者要短阔,刀柄通常呈弧形。前两者在马上和地面上皆可作战,后者由于刀身较短且粗大,通常只在地面使用

饰等值钱物品的遗体。名震一时的"北欧雄狮"就这样在阔剑的打击下,给自己的辉煌生涯画上了休止符。

时至今日,刺剑在体育运动中依旧占有一席之地。

来自东方的武器——马刀

总体上,东欧由于经常面对来自东方的威胁,因此马刀较为常见。

马刀的形制按西方学者的分类可以划为四类。

第一类起源较早,采用十字或者叉子式的护手。刀柄从侧面看像是鹰的头部,鹰的嘴部形成一个回钩,便于握持,叫作战斗握柄(Combat Karabela)。制作这种握柄通常先使用金属制作出框架,再用铆钉从两侧把木质、骨质或者象牙质的柄材连接起来。这一类马刀有三种形制。

第二类被称为蒙古鞑靼剑。这类马刀来自 13 世纪横扫世界的蒙古骑兵。这款对东欧武

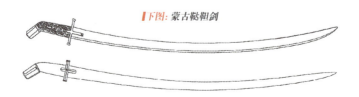

下图: 蒙古鞑靼剑

器产生了巨大影响的蒙古马刀也曾深受阿拉伯风格的影响。我国古代记载蒙古民族的一手资料《黑鞑事略》中描述其"有环刀，效回回样，轻便而犀利"。

第三类马刀也叫轻骑兵马刀。这种武器是当时使用数量最多和使用周期最长的武器，多为等宽圆弧形，带有一个封闭或者半封闭的刀柄，有五种形制。

第四类马刀通常带有十字形护手，末端带有杏仁形铁片或者铜片。

一般来说，大多数马刀的刀鞘由木质局部包上铜皮或者铁皮，配上前后两根皮带挂

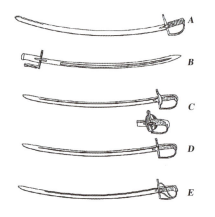

上图：轻骑兵马刀的五种形制。A 型马刀十字护手下端弯曲，以 100° 向刀柄末端延伸，并与其连接在一起形成封闭护手。这类马刀在 16 世纪到 18 世纪早期普遍使用。B 型马刀的护手以 90° 的弯曲角度延伸到刀柄末端，但是并不与刀柄末端接触，故刀柄并不是完全封闭。此类马刀在 17 世纪至 18 世纪上半叶普遍使用。C 型马刀的护手是全封闭型的，护手为浑厚的圆盘形。这类马刀取代 A、B 型于 18 世纪下半叶开始使用。E 型马刀于 D 型基础上在护手两侧增设护圈，可以更好地保护手指

上图：四类马刀的两种形制。A 型刀身弧度颇为完美，弧度最低点靠近刀身二分之一处。刀柄的前方带有两翼延伸的十字形护手。有些刀会在护指的左侧连上一个叫作"拇指环"的圆环。握刀时把大拇指伸进这个环中，会加强使用者控刀的能力。此类马刀更适合马上格斗。B 型马刀刀柄后端向下弯曲，设有铁链连接护手和刀柄后端。马刀刀柄通常使用木质或者骨质材料制作，然后在上面蒙上皮革。此类马刀更适合步战

上图：马刀拇指环

前皮带　后皮带

上图：系刀的皮带

倾斜 90°～100°

上图：佩刀的角度

在腰上，下垂在大腿一侧。前后皮带长度应调整合适，让马刀佩挂好后，刀柄尾端和身体垂线夹角呈 90°～100°，方便快速拔刀。

马刀在面对不同对手的时候也有不同的使用方法。按照巴顿的《马刀训练手册》，在攻击一个枪骑兵时快速接近对手比对付剑手时还要重要。唯一危险的时候就是长矛尖刚进入马

刀范围的时候。如果骑兵此时出刀，同时把长矛封在外侧，让马刀沿矛杆滑动，直指枪骑兵的身体，那枪骑兵就任他宰割了。

马刀冲锋也是同样的道理，因为它就是一种突刺。骑兵在左前方对他的武器拥有更强的控制力，因此不管什么时候，马刀骑兵应尽可能朝枪骑兵右前方袭击。

马刀骑兵在攻击步兵的时候则要把身体倾斜，将马刀平举，借助马力来收割步兵们的生命。

攻击同样手持马刀或者刺剑（阔剑）的骑兵时，马刀骑兵要将马刀高举过头，刀刃向下，冲一侧画圈——高举——劈下——手臂后伸——再高举，如此反复。

马刀的弱点也和其他刀剑类武器一样，那就是面对良好的防护时非常无力。按照《苏丹穆拉德的圣战》的记载，奥斯曼帝国在面对瓦尔纳十字军的时候，"是盔甲保护了匈牙利人的生命"。

有意思的是，17世纪的三十年战争后期，欧洲骑兵已经普遍放弃了覆盖大半身的四分之三板甲，并且使用两行横队队形作战。但奥地利名将雷蒙多·蒙泰库科利在与土耳其人作战时，发现土耳其弯刀对无防护目标拥有可怕的杀伤力。因此，他不得不让自己的骑兵在东线战斗时重新穿上了四分之三甲，并且以三行队形作战。铠甲可以避免弯刀与弓箭的伤害，而三行的队列能更好地保持队形，避免队伍因散开而陷入与土耳其骑手一对一的混战。

现代学者安德鲁·惠特克罗夫特（Andrew Wheatcroft）就在其著作《在大门前的敌人》（*The Enemy at the Gate*）中评价，装备着手枪、卡宾枪的奥地利骑兵面对土耳其人的快马弯刀，在小规模战斗中还是处于下风。虽然马刀无法伤害被四分之三甲保护的重骑兵，但是却可以伤害奥地利骑兵的马匹。

再后来，欧洲主流国家的骑兵也纷纷开始装备上马刀，演变成我们熟知的近代骑兵。直到今天，他们还担负着仪仗队或者巡逻的任务。

骑士的精华——骑枪

骑着高大的战马，手里平端着一根骑枪，身着厚厚板甲，面对千万敌人毫不畏惧，在一声可怕的战吼中，犹如雷霆的马蹄轰鸣声响起，热刀切黄油般把敌人的阵形一劈为二，这就是人们对骑士的传统印象。

从公元前开始，主流重骑兵的主要武器

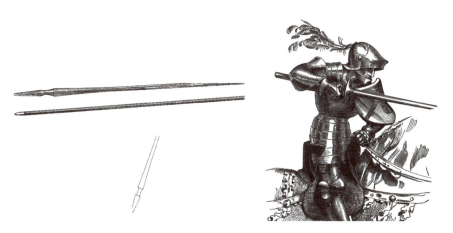

上图：骑枪握柄演变图（左上为 13 世纪之前的骑枪握柄处，左下为 13 世纪的骑枪握柄处，右边为 14 世纪之后的骑枪）

就是骑枪了。在 12 世纪之前，骑枪枪杆主要是硬木枪杆，长度相对后世骑枪来说较短，大约在 2~3.5 米。到了 13 世纪，出现了前细后粗的矛杆，手握处刻有手握槽柄。这种长矛由于矛杆前端比后面细许多，使长矛大部分重量移至手柄处，易于骑士控制和掌握平衡。槽柄使骑士在冲刺时长矛不易脱手。到佣兵时代，为了对付逐渐兴起的步兵方阵，骑枪进一步加长，往往可达 5~6 米。但是骑枪过长却会使重心过于靠前，从而导致难以拿稳，极大地影响了冲锋。解决办法也很简单，将骑枪的杆加工成一个锥形，在省力的同时平衡了重量。下马作战时，还可以截去一段使之成为短矛。

骑枪的枪头往往带有插槽，再用钉子固定住。为了防止刺进人体后无法拔出，枪头后面加上了枪翼。

佣兵时代，一杆骑枪的结构通常分为枪头（Head）、枪翼（Lugs）、铁口（Socket）、枪柄（Shaft）、枪墩（Buff）。

被骑枪刺中的步兵，会像巨大的抛射体一样被抛进空中，撞倒他的数名伙伴并在阵形中制造缺口（而被子弹打中的人只会瘫倒或踉跄一下）。要达成这种效果，骑兵并不需要处于慢跑的状态；他只需要从静止状态开始前冲两三米就能办到。

和手半剑一样，随着佣兵时代的来临，骑兵的骑枪也因同时代铠甲的发展而受到了挑战。当时，即便是端正长骑枪也很难击穿做工合格的板甲，多半只是从板甲光滑的表面滑过去，或者把自己的枪杆撞碎裂，却无法给对方造成什么致命伤害。于是，骑兵也衍生出了很多格斗技巧来应对板甲。

由于借助马力的关系，骑士不需要用其他手段加强穿刺力，只需要击中正确的位置。当时，一个技艺高超的骑士，可以在战马对冲的高速运动中刺中对手的咽喉部位。

当然，不是每个骑士都有这么高超的技艺。第二个技巧相对而言要简单得多，和手半剑的配重球砸击一样——倒过来用。上文介绍过，由于骑枪后半部比较大，重心就靠前，和真正

下图: 骑枪的技巧一

下图: 骑枪的技巧二

的战锤很相似，这一击无法杀死对手，但可以让其暂时失去作战能力。

还有一种技艺显然很违反骑士精神，做法就是攻击对方的战马。但是不可否认，它无论在东方还是西方都是相当实用的技巧。

总体上说，佣兵时代前期，重装骑兵的骑枪冲锋依然是雷霆万钧的。这种力量在1512年月11日的拉文纳之战中表现得淋漓尽致。

当时，意大利战争已经打到了第十四个年头。法王的侄子，内摩斯公爵加斯通·德·富瓦（Gaston de Foix）亲率23000人法军，与西班牙统帅雷蒙·德·卡多纳（Ramón de Cardona）率领的16000名教皇方神圣同盟联军展开了会战。

战斗开始后，双方首先展开炮战。联军炮兵轰击的目标是法军的步兵，而法军炮兵轰击的目标是联军的骑兵。据卡多纳回忆，炮火最猛烈的时候，一发炮弹就打翻了33名重装骑兵。这使卡多纳决定不惜一切代价，

自行取得突破。

于是双方开始了骑兵战。据说战斗中西班牙人高喊着"西班牙！圣地亚哥！照马来！"，使用着上文所说的攻击对方战马的战术。不过最终依旧是装备、素质、战术更占上风的法兰西敕令骑士获得了胜利。联军骑兵的损失非常骇人，28个骑兵队长中，11人阵亡，7人被俘，其余10人全部挂彩。而法军骑兵指挥官巴亚尔回忆，双方阵地之间至少有300名敌军重装骑士被杀。

受到骑兵胜利的鼓舞，富瓦又来到步兵阵，要求步兵也对西军阵地发起猛攻。他让加斯科尼弩手射击，掩护日耳曼和皮卡迪长枪兵进攻，但这回他失算了。在大炮和火绳枪的齐射下，加斯科尼人的阵形瞬间被打散，试图支援他们的皮卡迪枪兵也损失惨重。富瓦这时却仍然要求日耳曼步兵在没有掩护的情况下继续强攻，结果除了付出更加惨重的伤亡（1200多人）之外什么也没有得到。参与进攻的12名日耳曼雇佣兵队长中也有9

▌下图: 骑枪的技巧三

▌下图: 手持长矛的法兰西骑士

■上图：德意志黑衫骑士

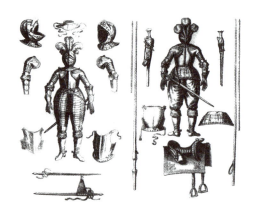

■上图：沃尔豪森理想中的装备

人阵亡或者负伤。看着敌人败退，西班牙步兵发出了一阵震天的欢呼声。

可是法兰西的敕令骑士在追击溃逃的联军骑兵后，从联军骑兵原来所在的阵地左翼（现在由于联军骑兵的覆灭形成了很大的空隙）杀进了联军主阵，并猛击其侧后方。富瓦见状立刻重新组织步兵正面总攻。多面受敌的联军没能抵挡住这次攻势，全军崩溃。除了卡尔多纳率领少量部队突出重围外，剩下的人大多被俘虏。

拉文纳战役中，联军仅阵亡就达到了9000人，被俘者不计其数。法军也付出了极大的代价，阵亡4000多人，受伤4500多人。而且他们还颇具戏剧性地失去了主将富瓦。原来，在战况激烈的时候，西班牙人的两个连发动决死突围，发疯一般朝着法军主阵地杀去。已经受到重大损失的加斯科尼步兵未能阻挡住他们，阵地出现了一个缺口，被他们杀了出去。这个时候富瓦正好在步兵的乱军之中，只听到几个法军向他报告："西班牙人突围出去了！"

情急之下，富瓦在身边召集了若干骑士，朝这些西班牙人杀过去。不料这两个连的西班牙人虽然是逃跑，但阵形却丝毫不乱。在火枪齐射和长枪阵的打击下，富瓦这个骑兵队几乎无人生还，富瓦的战马被火枪打死，本人的头部挨了长矛的致命一击。

随后，这两个连又被巴亚尔率部截住。他们见这回断无生还希望，干脆上去求饶，说：大人您已经将我军主力屠戮殆尽了，何苦对我们这些残兵败将斩尽杀绝呢？巴亚尔是极具骑士精神的人，心一软，居然放出一条道让这支西班牙军队走了。当然巴亚尔并不知道这些人已经杀掉了他的好友富瓦，否则就不会放这帮西班牙人一条生路了。

拉文纳之战中法军的胜利说明了骑枪冲锋的可怕威力，而富瓦的战死，说明骑枪冲锋在新的时代已经不太合时宜了。随着16世纪40年代德意志黑衫骑士（Reiter）的崛起，骑枪与手枪之争贯穿整个16世纪下半叶。

16世纪末期最优秀的西班牙军事理

论家当属博纳迪诺·门多萨（Bernardino Mendoza），他的主要著作包括写于1592年的《1567—1577年间尼德兰战争史》（Comentario de lo sucedido en los Países Bajos desde el año 1567 hasta el de 1577）和写于1595年的《战争理论及实践》（Theórica y práctica de la guerra）。同时，门多萨也是久经沙场的将军，圣地亚哥骑士团的骑士。他曾在阿尔瓦公爵麾下与尼德兰人作战。他坚持认为骑枪是比火枪更有用的骑兵武器。他说，一个100~120人的枪骑兵连，如果能够分成数个小队从多方向同时向敌人发动冲锋，那么他们可以击败一支为数400~500人的装备火枪的骑兵，当然如果有一定数量使用火枪的骑兵在侧翼支援枪骑兵的话就更好了。门多萨还指出，之所以当时有这么多人青睐火枪，是因为火枪骑兵对人员和马匹的素质要求较低，因此更便宜，更容易组建。至于骑兵应采用的队形，他认为指挥官应该根据具体情况决定队形的深浅宽窄，但纵深与正面之比不宜大于1：3。

还有一位出名的骑兵将军是出生于1550年的乔治·巴斯塔（Georg Basta）。他很年轻的时候就当上了骑兵团长，带了40多年的骑兵部队，后来做到驻巴尔干地区神圣罗马帝国军的统帅。巴斯塔晚年写了一本论骑兵的专著《轻骑兵作战法则》（Governo della Cavalleria Leggiera），于1612年在威尼斯出版。书中认为，火枪骑兵是优越于枪骑兵的兵种。可是，尽管巴斯塔作为一名将军的丰富经验无人可以质疑，但他是不是一名合格的学者和作家就很难说了。他的书中下断言太多，论证则过少，论证的章节中时常能找到互相冲突的论据，甚至连一些基本概念都模糊不清，如他经常将持骑枪的重甲骑兵和持短矛的轻骑兵混为一谈。

巴斯塔这本书遭到了钻研骑兵战术的军事理论家冯·沃尔豪森毫不客气的猛烈攻击。沃尔豪森早先是但泽城（即格尔丹斯克）的民兵统领，后来做过莫里斯亲王的顾问，与身经百战的将军不同，他没有带兵打过大仗，而是专注于军事理论研究和教育事业。但他是16世纪末17世纪初德意志地区乃至全欧洲最有名的军事理论家，欧洲最早的军校之一锡根（Siegen）军校的创办人。

沃尔豪森著作颇丰，其中影响比较大的就包括出版于1616年的《骑兵兵法》。这本百科全书式的著作巨细无遗地涵盖了一名骑兵指挥官从征募、训练到战术、战略等等方面所应了解的知识。由于沃尔豪森在军事教育界的影响力，围绕推崇他及其著作的人出现了一个学派。其中有英国人约翰·克鲁索，他于1632年在伦敦出版了《骑兵军事教程》一书，基本上是沃尔豪森《骑兵兵法》的英文复刻引介。

沃尔豪森是老式法国骑兵战术坚定不移的支持者，书中处处可见对巴斯塔及其理论的批判和嘲弄。在德拉诺和塔瓦纳等前一代法国统帅都更钟情于手枪骑兵，并且枪骑兵事实上在17世纪初已经被绝大多数国家淘汰之后，沃尔豪森却近乎狂热地提倡复兴法式战术。他认为，骑兵应该手执重骑枪，以小单位排成不超过两排的横队发起冲锋，并认为在队形之间应该留出20~30步（约30~50米）的间隙以防止前排倒下的骑兵阻绊后面的，也方便在第一阵冲锋不成功时前排人员向后撤离。这样就几乎完全推翻了密集纵队的原则，他认为，这种纵队"由于自相牵绊踩踏造成的伤亡甚至要比敌人造成的更大。"

但是，无论是战场上的表现也罢，理论上的争执也罢，都不是最终的决定性因素。就如开篇所说，社会和经济的剧变才是决定战争胜负和武器发展的关键因素。重装枪骑兵的主要来源是骑士阶层，当然不是说所有的枪骑兵都是骑士，但是"穷文富武"的道理古今中外皆宜。骑士主要为贵族子弟，又自侍从时代起便练武，并不缺乏练武的时间和金钱。到了中世纪晚期，侍从的装备甚至可以赶上真正的骑士，所缺的仅仅是个头衔而已。但是众所周知，中世纪的骑士阶层起

上图: *翼骑兵姿势图*

源自查理·马特的采邑体制，即王向贵族分封土地而贵族为王而战。随着文艺复兴的到来，传统的封建采邑经济受到了强烈的冲击，很多骑士为了生计甚至抛弃贵族的尊严，当起了强盗。而随着骑士阶层的瓦解，贵族子弟更多地转入中下层军官，手持骑枪的骑士也慢慢退出了西欧的历史舞台。就像《皇帝

下图: *翼骑兵冲击*

波兰翼骑兵

的刺刀》所述："骑兵自身也经历了一场转变，他们放弃了使用骑兵矛，或者说是冷兵器。重骑兵为手枪骑兵所取代，后者的主要武器是转燧或是火绳手枪。他们的战术是半旋转——一个骑兵团向预先选定的目标行进，每排骑兵冲上前去，击发手枪，射击步兵团或骑兵团，接着撤走，重新装填弹药，下一排骑兵冲上前去进行射击。"

相比当时西欧的同行，波兰依旧保持着枪骑兵的传统。因为东欧受到的文艺复兴大浪潮冲击较之西欧为少，所以采邑体制依旧稳固，依旧能够给国家提供优质出色的枪骑兵。他们中的佼佼者自然是有着"17世纪最强骑兵"美誉的翼骑兵。杰兹·迪奥多萨克（Jerzy Teodorczak）是这样描写翼骑兵的战术的：翼骑兵横排成两或三行，第一排是出身贵族的伙伴骑兵，他们手持骑枪，侍从骑兵则大部分带着火枪排在后面。

骑枪毫无疑问是翼骑兵的标志。翼骑兵的骑枪兼具东西方特色，有些骑枪柄部按照西欧风格加粗，有些则没有。

翼骑兵的骑枪一般为4.5千克左右，虽然很轻，但是携带在马上还是显得很不方便，所以翼骑兵的马鞍侧面（通常是右边）挂有一个带有长皮带的桶装套子。

在慢走的时候，骑枪往往竖着或者靠在骑兵肩上，骑枪柄部靠近马镫附近；在小跑步时，骑枪向前倾斜，骑枪柄部向后远离马

■下图：近代枪骑兵

镫的位置；在疾驰时，骑枪端平或者夹在腋下与身体呈水平线。

不过，不论是 1656 年华沙城下波兰翼骑兵对瑞典国王卡尔十世的决死突击，还是 1683 年维也纳城下波兰翼骑兵击败奥斯曼大军的伟大功绩，都只是翼骑兵或者说枪骑兵在欧洲最后的辉煌。

翼骑兵的一枝独秀无法改变波兰急剧直下的国力，也改变不了枪骑兵终究是过时兵种的现实。虽然拿破仑战争之后，欧洲近代骑兵的序列里重新出现了枪骑兵的身影，但他们已经和佣兵时代手持骑枪的骑士没有直接关系了。

步兵的核心——长矛

佣兵时代，除了各类火器外，最让人印象深刻的武器自然非步兵方阵的长矛莫属了。而首先打出长矛威名的，就是我们前面提到的瑞士步兵。

不过，瑞士人最初的基本装备是 8~10 英尺（2.43~3.05 米）的长戟（Halberd，也翻译成斧枪）。在离开山地之后，他们为了对抗"大胆"查理的骑兵冲锋而不得不将它替换成 12~15 英尺（3.65~4.57 米）的长矛（Pike），后期甚至将之延长到了 18~20 英尺（5.48~6.09 米）。在战斗中，士兵将这些长矛抬到对准人头的高度，保持倾斜并从底部发力向前推刺。枪头有 25 厘米左右，为树叶形或者蛙口形。有的和骑士枪一样插在枪杆插口里再用铆钉钉住，有的底部成六菱形和枪杆楔合。

■**右图：15 世纪的枪头**

■**上图：**围攻格拉松

瑞士步兵的威名正是通过与勃艮第公爵"大胆"查理的鏖战赢得的。

按照《剑桥插图战争史》的记载，"大胆"查理的军中，重装骑兵约占 15%，骑马弓箭手约占 50%，矛兵约占 15%，火枪部队和徒步弓箭手各占大约 10%。可就是这样一支带有近代合成意味的军队，却三次败于瑞士步兵之手。

1476 年 3 月 2 日的格拉松（Grandson）之战，勃艮第步兵被从树林中出现的大队瑞士人杀了一个措手不及；勃艮第炮兵也对快速移动的瑞士方阵缺乏威胁；连"大胆"查理倚重的重装骑兵也在迅速转入防御的瑞士方阵面前束手无策。所幸由于瑞士没有骑兵，无法开展追击，双方损失都很小，勃艮第阵亡 300 余人，大炮全部丢失；瑞士阵亡 200 人，其中长矛兵 10 人。

格拉松战役之后，"大胆"查理重组了他的军队，开始复仇。在 1476 年 6 月 22 日的穆尔滕（Murten）之战中，勃艮第的火炮和弩弓一开始让瑞士步兵损失惨重，光是 3000 人的伯尔尼军团就在第一时间内伤亡

上图: *穆尔滕战役后的惨状*

500 人。但是瑞士人士气不减，继续前进。随着瑞士军主力再次穿越树林，迂回到勃艮第军的侧后，勃艮第人再次惨败。因为瑞士人不留活口的作风，此战勃艮第被杀 12000 人，无一被俘。

在 1477 年 1 月 5 日的南锡之战中，瑞士步兵故技重施。他们穿过积雪覆盖的森林，迂回到勃艮第军左翼的峡谷上方，抵消了勃艮第军队远程火力的优势。随后，"大胆"查理的部队还来不及调动，就一个接一个地被击溃。三天后，人们在山谷中找到"大胆"查理的尸体，勃艮第和瑞士的战争就此画上

了句号。瑞士步兵和他们的长矛方阵就此震惊了整个欧洲大陆。瑞士步兵也被公认为当时最优秀的步兵。

意大利著名思想家马基雅维利甚至直接把瑞士方阵和两千年前横扫世界的亚历山大大帝的马其顿方阵联系起来。确实，佣兵时代的军事从很多角度来看都很像古典时期的军事，而且从"文艺复兴时期"这个名称便可看出这个时代对古典社会的迷恋，军事当然也不例外，"托古改制"相当盛行。但是，瑞士人把马其顿方阵的秘密保持千年之久是不可能的事情，而且马其顿方阵是配合骑兵

上图: 瑞士长矛方阵

的防御型方阵,队形更加紧密,而瑞士人的方阵基本都是冲锋队形。此外,马其顿方阵因无法适应复杂的地形,结果被罗马人的剑盾兵击败;瑞士人往往是在丘陵和森林地带取得辉煌的胜利。由此可见,马基雅维利的论述并不成立。

其实瑞士步兵取胜的法宝就是长矛方阵在各种地形上雷霆万钧的快速进攻。要让方阵快速前行且不产生混乱,方阵纵向的密度必然比横向的疏松许多,以便士兵迈步和缓冲。通常,方阵中一名士兵在横向仅占据一米的空间,而前后两排的间距可达到两米多。

但这样就有了一个致命的缺点。这种机动时用的队形无法带入战斗中。无论是与步兵碰撞还是对抗骑兵冲锋,方阵必须消除前后间隙

紧缩起来。这一方面是因为作战时后排士兵的挤压可以向前排提供物理上和心理上的支撑与推力;另一方面也是因为阵形侧翼排与排之间两米宽的空间有可能成为敌人杀进方阵内部的缺口。

瑞士步兵克服这个缺点的做法也很简单。在一支成建制的瑞士军队中,成员大多是同乡,连队里的士兵往往互相认识,一个方阵里的士兵则全都来自同一个州。同乡同村的深厚情谊和长期的共同操练,能使他们快速跟上前排的队列,抵挡住雷霆万钧的骑士冲锋,更能够使他们承受巨大的伤亡而不崩溃。凭借于此,瑞士步兵方阵就能在战场上以极大的决心和气势,像压路机一般冲向敌人。

随着名声的打响,瑞士步兵变得桀骜不驯

而且要价极高。"没有钱没有人"成为瑞士人的代名词。同村同乡的情谊在赋予瑞士人无与伦比的战斗力的同时，也让瑞士人无比团结。对于瑞士人来说这无疑是一件好事情，不过他们的雇主却喜忧参半。比如1500年法王路易十二率军攻打诺瓦拉时，城中的米兰公爵卢克维多·斯福扎手下的瑞士雇佣兵就因为不愿意和法军中的瑞士人作战而纷纷选择成为逃兵，直接导致米兰大公爵在监禁中度过余生。

此外，瑞士方阵的战术有着相当刚愎自用的成分，而且面对远程武器时容易遭到伤亡。1522年，彼科卡（Bicocca）战役中，法军统帅马雷夏尔·劳特雷克设想过像拉文纳战役中那样利用法兰西敕令骑士击溃对方骑兵后协同步兵进攻。结果瑞士人却不听命令擅自进攻，在对方胸墙和火绳枪手面前白白丢掉了3000条性命，其中包括几乎全部的指挥官和大量老兵。此举也直接导致没有主力步兵良好配合的法军敕令骑士在几次试探性进攻后放弃了努力。

瑞士步兵的这些问题，使得欧洲各国开始努力培育自己的长矛方阵。比如，瑞士人杀死"大胆"查理两年后的1479年，"大胆"查理的女婿、未来的神圣罗马帝国皇帝马克西米利安在盖特战役中，就将他手下的12000名福莱茅斯长矛兵排成两个大方阵。他甚至亲自手持长矛站在其中一个大方阵之中，击退了法国骑兵和射手的轮番进攻，

上图： *长矛方阵的对决*

从而证明了瑞士长矛阵的可复制性。

在接下来的几年中，马克西米利安征调了来自莱茵河和上德意志等地区的佣兵，并且雇用了类似马丁·舒瓦茨和卡特勒这样的瑞士佣兵队长对德意志人进行训练。

而上文所述的意大利战争中，贡萨洛决定改革西班牙军队之后，就从马克西米利安手中借来2000名德意志雇佣兵，并以此作为核心训练自己的军队。虽然一开始困难重重，军队中甚至有着绑架来的壮丁，但经过几年艰苦训练，西班牙长矛手渐渐赶上了两位老师。

西班牙人的创举之一便是将以前的大方阵拆分成数个相对较小的方阵。这样相对于瑞士人或者德意志人，西班牙方阵就更能应付复杂多变的战术。更重要的是，这么布局能更好地配合火绳枪手，而这也是西班牙人从教训中得到的经验。因为在尼德兰战争中就发生过由于周边挤满火绳枪手而导致长矛阵的长矛无法放平，从而被骑兵冲进的战例。

西班牙的种种改革，显得瑞士人的猪突型大方阵过时了。这在1525

右图： *"最后的骑士"* **马克西米利安**

年的帕维亚战役中得到了很好的体现。

帕维亚战役是决定意大利战争结局的一次决定性会战，爆发于法国国王弗朗索瓦一世和神圣罗马帝国皇帝查理五世之间。

战斗中，瑞士长矛兵曾想冲击帝国方两翼的西班牙火枪手，结果西班牙火枪手在少量长矛兵的协助下成功击败了瑞士长矛兵的攻击，并用一轮又一轮的齐射让瑞士人损失惨重。

也是在这场战斗中，德意志人和西班牙人成功终结了自己老师的神话，也让单一的长矛阵被战场淘汰。随之被淘汰的是瑞士人的长矛刺击方式。之前瑞士人喜欢把长矛高举过肩，这样更方便刺中对方没有防护的下半身，但是

相应的技艺要求也很高。而此后的长矛手一般更喜欢平举长矛于肩头，或者举到腰间以更自然的姿势刺击。

不过，西班牙人的胜利也是顺应了时代形势，那就是火枪越来越比长矛重要。按照《文艺复兴时期的欧洲军队》的记载，16世纪之前，欧洲各国火枪、弓弩等远程投射武器和近战武器的比例仅仅为 1∶10；1526 年，德意志雇佣兵之间，远近程武器的比例为 1∶8；16世纪中叶的施马卡登战争中，该比例又增加到 1∶3；1570 年，按照莫洛的记载，远近程武器的比例是 1∶2；1588 年，按照海军上将杜克的记载，该比例变为 3∶2。到这里，我们

也就不难理解为何后来西班牙人把保护火枪手的长矛方阵称为卫阵，并将长矛安排在次要位置了。

莫里斯亲王对长矛方阵进行了最后的改革，给了当时风头正劲的西班牙人当头一棒。

在莫里斯的时代，火枪手的数量已经达到长矛手的两倍，这意味着长矛手无法像过去那样保护自己的火绳枪手同伴了。因此，这时候改革势在必行。由于瑞士的冲锋方阵已经被证明是过时的东西，长矛方阵已经是防御型的方阵，这就意味着士兵们无须再拿着长矛去发动冲锋了，这样他们的队形就可以变得更加宽而浅，纵列从过去的几十列变成十列甚至最后变成了五六列。火绳枪手同

上图：典型的瑞士过肩刺

上图：长矛的使用姿势

样组成五到十列的队形，排在长矛手附近，不过不再需要像过去那样紧紧贴着长矛手，而是可以依据具体情况布置在需要的位置。比如当遭遇到敌人突击时，火枪手可以直接撤回长矛手后方而不是跑进他们中间。火枪手射击时也采用《莫里斯操典》上的反向运动战术，即前排射击完毕后转向最后一排装填弹药，后排向前射击，这也是后世线性战术的前身。

这套战术在发明之初，由于队形纵深太浅，要在己方骑兵或者地形的保护下才能发挥作用，因此莫里斯遭到了不少反对，其中包括莫里斯的启蒙人霍亨洛赫伯爵。不过，很快，纽波特之战就证明了莫里斯改革的正确性。

1600年，荷兰联省共和国让莫里斯征服法兰德斯的沿海地带，夺取纽波特和敦刻尔克两个港口。7月2日，在右翼骑兵将西班牙骑兵驱逐，左翼得到涨潮海水保护的情况下，莫里斯指挥自己的方阵全力攻击由西班牙老兵组成的西班牙方阵。最终，在新式方阵的旺盛火力下，西班牙方阵溃散了。

胜利证明了莫里斯改革的成功，更重要的是也让火枪兵线性战术登上了历史舞台。而长矛方阵随着阵列的进一步变宽，完全成了防御阵形，长矛手的任务基本就是防御对方的突击。因此，只要能让火枪手拥有长矛手的肉搏能力，步兵长矛的淘汰也就是时间问题了。

很快，一件新武器的诞生就让这个可能变成了现实，这件武器的名字叫作刺刀。

一般认为，世界上第一把刺刀的诞生地是法国小城巴荣纳（Bayonne），所以欧美把刺刀叫作"Bayonet"。最早的刺刀为双刃直刀，长约1英尺（30.48厘米），锥形木质刀柄也长约1英尺，可插入滑膛枪枪口。不

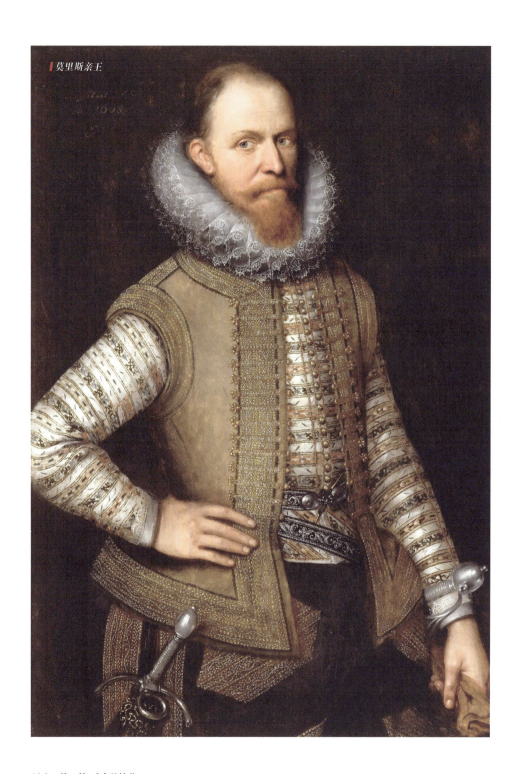

莫里斯亲王

上图: *插入式刺刀*

上图: *套筒式刺刀*

过这种早期的插入式刺刀（Plug Bayonet）在将滑膛枪转化为一杆短矛的同时也堵住了枪口，使其无法发射。

法国军事工程师、陆军元帅德·沃邦于1688年又发明了将刺刀固定在枪管外部，不影响射击的套筒式刺刀（Socket Bayonet）。

就此，刺刀终结了除骑兵刀剑外的所有冷兵器，与此同时，属于佣兵的时代也走到了尾声。

参考书目

彭大雅. 1903. 黑鞑事略. 翰墨林印书局
贝尔纳尔·迪亚斯·德尔·卡斯蒂略. 林光，江禾译. 1997. 征服新西班牙信史. 北京：商务印书馆
安托万·亨利·约米尼. 2003. 皇帝的刺刀. 广西师范大学出版社
TRUTH IN FANTASY 编辑部编. 赵佳译. 2005. 武器屋：中古世界武器知识入门宝典. 汕头：汕头大学出版社
托比亚斯·凯普威尔. 罗家如，马仲文，陈曦，杨静译. 2012. 短兵器（人文珍藏图鉴）. 广州：南方日报出版社
托比亚斯·凯普威尔. 罗家如，马仲文，陈曦，杨静译. 2012. 长兵器（人文珍藏图鉴）. 广州：南方日报出版社
约翰·基甸·米林根. 荀峥译. 2012. 西方决斗史. 北京：中央编译出版社
Charles Oman. 2010. A History of The Art of War in the Sixteenth Century. Whitefish: Kessinger Publishing
John Clements. 1998. Medieval Swordsmanship. United States: Paladin Press
Andrew Wheatcroft. 2010. The Enemy at the Gate: Habsburgs, Ottomans, and the Battle for Europe. New York: Basic Books

作者 /
俞思佳

雷霆的力量

14—17 世纪欧洲火药武器发展简史

火药让所有的人变得一样高。
——托马斯·卡莱尔

据传说，很多很多年以前，有一群十字军战士在战场上找到了一样东西。它装在一些尸体的随身容器里，是一种奇特的粉状物体，遇火会激烈而快速地燃烧，放在容器中被点燃则会产生巨响并爆发出意想不到的破坏力。这些粉末散发的刺鼻气味仿佛地狱中才有的臭味，让人不禁把它同教会宣传的黑魔术联系在一起——这就是火药。

早期的火药一般是指黑火药，其主要成分是硝、木炭、硫黄。硝是硝酸钾的俗称。天然硝是白色结晶，产自自然界中的硝石矿，也产自干涸的盐卤地或人畜排泄物的堆肥。

据考证，西方在 13 世纪前还找不到有关硝的记录，他们对硝的认识很可能是来自阿拉伯人。阿拉伯文献中第一次提到硝是在一本医术书中，称之为"中国雪"，而突厥人则将其称为"中国盐"。

中国对硝的认识与使用自公元前 2 世纪就开始了。不过，那时候硝被称作"消"或"芒硝"，主要是药用或炼丹使用。《史记》记载，扁鹊让病人"即饮以消石一齐"。《后汉书》中记载"消石冶皆绝止"。由此可见，药用和炼丹需求也催生了制硝工业。

一般认为，唐代名医孙思邈曾使用硫黄和硝石制成其可燃性的火药。1044 年出版的《武经总要》上已经列了三份火药的配方。其中"用硫黄一斤四两，焰硝二斤半，粗炭末五两"已与后世黑火药中硝占四分之三的配方相近。《金史》中对一种火药武器"震天雷"有着如下的描述："火药发作，声如雷震，热力达半亩之上，人与牛皮皆碎并无迹，甲铁皆透。"

西方对硝的认识既然要迟至 13 世纪，那么他们在此前就无法拥有火药。虽然有"火药是 9 世纪时一个日耳曼基督教修士发明的"

这一说法，但这个说法完全没有任何实物或文字上的证据，唯一可以引证的是 15 世纪左右的资料，因此已被归为传说。

虽然同期的西方没有火药，但是西方军人对于火器的追求却是一直存在的。大约于公元 7 世纪，东罗马帝国出现了一种纵火剂"希腊火"。这种燃烧物质呈液体或半液体状，通常以管子喷射，比水轻，在水上会快速扩散；它在引燃后会持续燃烧，很难扑灭。

曾有人认为希腊火是西方火药的鼻祖。但对其成分的研究表明，它主要是由石油馏出物、硫黄和松脂构成的。这显然和地理有关，因为东罗马帝国存有大量的露天石油场。由此看来，希腊火不可能衍生出传统意义上的火药，因为硝才是火药成分的重要特征。

总之，火药在西方属于舶来品，欧洲的历史学家也承认"这种技术不是来自拜占庭就是来自阿拉伯"。

不管怎样，欧洲人在 13 世纪已经见识到了东方来的火药。

1242 年左右英国修士罗杰·培根撰写的《论艺术和自然的奇伟力量》是西方最早关于火药的可确认记载。书中描绘了火药制作的配方："如果你知道其艺术的话，将 7 份硝石、5 份嫩榛树枝和五份硫黄放在一起，你将可以造出雷鸣与毁灭。"

此前的 1139 年，罗马教会曾宣布一个教令，禁止讨论或制造作为军事用途的纵火剂。因此，罗杰·培根的这个配方是以密语的方式记载的。不过到了 1266 年，培根在另一本呈给教皇克雷芒四世（Clement Ⅳ）的手卷中又再度谈到了火药："从熊熊燃烧的岩层混合物中闪烁出了火光，倏然发出恐怖的噪音，没有人可以抵抗这种声音带来的压力和不安。也许用一个简单的试验可以感受一下这种力量，这些粉末在不同的地方有着不同的称呼。用大约一个手指的量的硝石、木炭和硫黄混合的粉末放在羊皮纸上点燃，就会发生爆炸，还发出惊人的声响……"

从禁忌的记载到公开地谈论，可见火药在当时的欧洲已被普遍使用，或者至少被人普遍接受了。不过当时的人可能想象不到，这种奇异的黑色粉末，却成了中世纪的终结者。

14 世纪的火炮

"中世纪"一词是 15 世纪后期的意大利人文主义者比昂多提出的。这个时期的欧洲因为封建割据而饱受困扰。频繁的战争，严酷的宗教压迫，科技和生产力发展的迟缓，使得中世纪在欧美也普遍被称作"黑暗时代"。

不过，也有一个阶层因为中世纪的落后而受益。他们来源于更早的庄园时代，延续了一直以来的"封建"本质，占据着社会主导地位。他们就是贵族骑士。

贵族骑士除了身披战甲，骁勇善战外，还有一个共同的爱好，那就是但凡有点结余就喜欢造城堡。一个完备的城堡除了高耸的塔楼、厚实的城墙，还包含了教堂、马厩、地牢、储藏室等等其他建筑，俨然是一个小社会。贵族骑士凭借这用石头修筑起来的坚固建筑维持着统治。一个被围攻的贵族可以凭着城堡固守几个星期甚至更久，等待援军到来，或者敌人发生什么麻烦而退兵。

曾有人做过统计，在中世纪发生的大大小小的有记载的战斗中，有 80% 左右都是攻城战或守城战。由此可以知道，在中世纪的战争中，围攻战占据了相当重要的地位。也因此，当火药传入欧洲并用于战场之后，欧洲军人们的第一反应很可能就是：我该怎么拿它去攻城？也因此，加上一些来自东方的舶来品的启

上图： *1327 年出版的英国手抄本中花瓶外观的金属炮*

迪，火炮很快就在欧洲发展了起来。

据牛津大学出版的《技术史》一书的考证，14 世纪早期，火炮肯定已经在欧洲被使用了。在各类相关文献中，1324 年在意大利的梅斯，1326 年在意大利的佛罗伦萨，1327 年在英国，都有关于火器的记载。

美国陆军情报中心的著名军事历史学家、资深情报分析家罗伯特·L.奥康奈尔（Robert L. O'Connel）在其《兵器史：由兵器科技促成的西方历史》一书中作了如下描述："英国人沃尔特·德·米拉梅特（Walter de Milamete）于 1327 年出版的作品中，一种看似花瓶，可以射箭的金属炮横空出世。"

据称，日后英国国王爱德华三世率军于 1346 年压逼克雷西的时候，就携带了这样的火炮。

"人们认为这种炮是本土的产物。由于欧洲早期进行火药武器试验的证据已经流失了，所以大家公认中国人使用黑火药进行试验的时间要稍稍早一些，同时大家还认为火器在东方和西方实际出现的时间大致上相同，并且在制造工艺上也相对独立。然而他们错了……现在我们已经知道完全成形的火器是从外面带入欧洲的。"

牛津大学编写《技术史》的学者也持同样观点。因为他们见识到了一件属于 1128 年的中国古代陶瓷像。这件于 1985 年在中国出土的文物，主题就是一个花瓶形的物体射出一支

枪。沃尔特·德·米拉梅特 1327 年的画作仿佛就是照其描绘的。

这种火器到底是怎么传入欧洲的？最靠谱的回答可能是由佣兵带来的。英伦三岛很早就有使用维京和诺曼雇佣军的记录，后期则向国外输送威尔士长弓手和苏格兰步兵。雇佣军为英格兰的军事科技输入了不少新鲜血液，火炮可能也在其中。

不过，这类早期的欧洲火炮所要摧毁的目标可能并不是那些石头砌成的厚实城墙，而是相对好对付的城门。沃尔特·德·米拉梅特的插画中，火炮正对的目标也是一个城堡的大门，从该画的其他部分可以看出这个大门的材料是木头。当然，这种武器也可以对付密集阵形的步兵方阵，半人长的巨箭经由火药推射，在一定距离内足以洞穿好几个重甲步兵。

英国的历史文献中有一场不知名的战斗的记载，时间是 14 世纪早期，有人说就是 1320 年一场发生在英格兰和苏格兰之间的战争记录。

"他们用大炮和其他的攻城器对城镇发动了多次进攻，摧毁了很多民房，毫不留情地射出巨石，将教堂也夷为平地，虽然苏格兰人抵抗很英勇……（以至于英格兰人）可能无法攻入，（但是他们）围攻了这么久，直到城里人粮食耗尽，困乏得无法清醒行事。"

这一段话虽然不甚清晰，但

上图： *公元 1128 年的中国陶瓷雕塑*

是部分细节却叙述得很细致，并证实了之前的一些观点。首先，在那个时代的战斗中，老式的攻城器和新式的火器是同时投入使用的，火炮并未马上取代前者的位置。其次，在那次战斗中，仅仅只是城镇规模的城墙就已经足以防御当时的火炮和其他攻城武器的围攻，直到城镇里的教堂被流弹摧毁，这个城镇的城墙都没能被摧毁。初期火器的杀伤效果由此也能了解一二。不过最后还有一点，那就是即使火器无法立刻摧毁防御体系，但是它却足以影响防御者的状态，迫使其时刻保持警惕，无法好好休息，最终使得这个城镇因为饥饿和疲劳而陷落。

早期火炮的威力看来并不大，所以投石机、盾车等攻城器也一直在使用。到了 1350 年左右，火器依旧很小，大约在 20~40 磅（9.07~18.14 千克）。要知道在 14 世纪晚期，100 磅（45.35 千克）以上的火炮就属于重型火炮了。

早期火炮的材料也五花八门，青铜、黄铜、锻铁，人们很可能找到什么就用什么。这就是为什么后人一直很难确定当时火器的具体大小与重量的原因。不过比较容易确认的是，在火炮的结合部分，工艺无非是三种：铆接、铜焊或者锡焊。

这一时期欧洲的火炮主要集中于两个地区，一个是英法所在的西欧地区，一个是南欧的意大利城邦。这两地的火器也因为共同的因素而发展得特别迅猛，这一因素就是"十字军反潮"和"佣兵的兴盛"。

之前说到英格兰和苏格兰之间的战争，人们总会不经意回想起电影《勇敢的心》里的经典镜头：手持苏格兰斩剑的威廉·华莱士抹着一脸靛蓝色的涂料，而在他身后，同样把面孔涂成靛蓝和黑色的苏格兰部族战士嚎叫着冲入对面英国人整齐的军阵，毫不留情地将他们掀翻扯碎。其实，真实的历史中，大多数发生在英格兰和苏格兰之间的战争都和这一场景相反。英格兰军队经常能把数倍于己的苏格兰人击败。

英格兰人这种军事优势地位，得益于其更靠近欧洲大陆，能更好地吸收来自大陆的先进军事文化和技术。还有一点，如我们前面所说，英格兰拥有更多作战经验丰富、战斗力强悍的雇佣兵。

例如 1271 年，英格兰的爱德华王子（后来的爱德华一世）赶到北非救援法国国王路易九世的十字军，却发现自己已经无力回天。他在阿卡签订了停战协议，并于 1272 年返回英格兰继承王位。在返回英国前，为了确保王位不会被其他人所觊觎，爱德华一世干脆雇用了那些原属于路易九世、当时正茫然无助的十字军骑士。这笔买卖做得很划算，无依无靠的十字军骑士没有要价太高，感激涕零地跟随爱德华一世去了英格兰。其中大部分骑士从此在英国定居，让英国骑兵水准得到很大提高。

在那之后不到 20 年，叙利亚的欧洲十字军王国覆灭，十字军东征也宣告结束。正如《欧洲的诞生》所指出的，十字军东征"提供了一个无可抗拒的机会去赢取名声、搜集战利品、谋取新产业或统治整个国家——或者只是以光荣的冒险去逃避平凡的生活"。因此，当十字军东征结束后，那些因为战争和冒险而聚集起来的军人不得不开始返回故乡。绝大多数已经习惯了游手好闲和合法抢劫的人无法再次成为普通人，这些富有作战经验的人所剩的大部分财产就是他们的武器装备和作战技能。

于是他们成了佣兵，开始在整个大陆游荡，将自己学习

到的新技术和战术带到每一个走过的地方。甚至还有部分穆斯林佣兵在十字军战争结束后在东欧地区活动。之后漫长的岁月里，这些佣兵将一直默默履行这份职能。他们把自己的技术带到一个新的地方，然后又学习更新的、能让他们更强大的技术，再带到下一个地方。

这个时候佣兵所使用的火炮很难看，因为它们的长度与口径相比显得很短，虽然还比不上后期的臼炮，但也是一种粗短的家伙。火炮没有轮子，直接卡在木梁上，或者放在一个木头架子上，由士兵抬来抬去。这意味着这种火炮一经固定就无法轻易移动，而且机动起来也很不方便。由于被固定，它的两侧射角几乎为零。由此可以判断当时火炮的主要用途就是攻击或防御要塞和城堡。因为这种火炮移动不便，所以更需要构筑大量的防御工事，包括战壕和用来遮挡的屏障，以避免遭到敌人的破坏。当然，因为这一特性为敌我双方共有，所以攻击方可以先观察敌人火炮的攻击点，然后再选择自己火炮的位置。

最早的火药粗制滥造，很少有不会出事故的，因此那时候的人点炮都是把导火索牵到大约 15 米开外的壕沟里再点燃。这样的话大炮就算爆炸也不会伤人。后来的火药质量稍好一点，但火炮还是经常出事故，因为当时炮手的水准太差，他们中大部分出身农民，有人连左右脚都分不清。因此在那时的军队里，雇佣炮手是最常见的，免得笨手笨脚的农民不是搞错了装药量，就是同时放进去两个炮弹，或是干脆连捅棒都没拿出来，一起射了出去或者直接炸膛。

在这之后的 1350 年，德国出现了铜锡合金的火炮，射程可达数百米。据考证，欧洲第一场由火炮发挥关键

上图: 14 世纪的常见火炮式样。

作用的战斗爆发于1382年5月3日。当时佛兰德尔的手工业市民为了反抗佛兰德尔伯爵贝佛豪德威尔的围攻，聘用来自荷兰的佣兵使用火炮，并一度挡住了伯爵的猛攻。

这场战斗之后，欧洲开始普遍用火炮加强城市的防御。比如英国的伦敦塔，在1382年到1388年新设了87门火炮。不过这些火炮都不大，最大的也就在600磅（约272千克）左右，而且数量极少。欧洲其他地方的主要城市情况也相差不大，这一时期制造的部分火炮甚至服役到了拿破仑战争时期。

15世纪的火炮

当时间进入15世纪，火炮迎来了进一步的变化。因为火药变得便宜，所以火炮也可以放开手脚越造越大。最初的变化就是人们放弃了原来的箭形弹，改用圆形炮弹。这个时候人们也已经普遍开始使用圆形的铁炮弹，只是大多数情况下还是用便宜的石球。

这个时期，炮管从花瓶状变成了直筒状，并有了新的制造方法，即用很多平行的铁棒围绕中央的芯条排列，焊接后再把芯条拿掉，这样就形成了一个金属管，然后堵上一段，周围用金属（通常是金属箍）加固，再用熔化的铅液浇铸缝隙进行密封。这种火炮因此也叫"拼接式"（Barrel，原意就是木桶，以形容像做桶一样做炮管）火炮。

直筒的炮管能让炮弹在出膛之前一直加速，所以火炮的初速变得惊人地快，炮管口径也因此越来越大。不过当时的人们还没有完全信赖火炮。一位名为克里斯廷·德·皮萨的人在1409年写了一篇关于军事实用的论文，文中认为投石器和其他工具与火炮一样重要，但他的论点却被一场正在进行的战争推翻了。

1415年，英法阿金库尔战役之前，英国国王亨利五世派兵去攻打哈弗勒尔。此战是中世纪的典型攻城战，英国军队包围了该城镇，并且在城墙四周挖掘了壕沟，修筑了工事。与以往不同的是，火药在战争中的作用与日俱增，交战双方也都有原始的火炮。亨利五世军队中有75名炮手，他们由4名高级荷兰雇佣炮手带队。据说按照亨利个人的意志，英军准备一天三次轰击哈弗勒尔。英国军队中有些火炮的炮管有12英尺（3.65米）长，口径有2英尺（60.96厘米）。这些火炮可以把400~500磅（181.44~226.80千克）重的石质炮弹打到城墙内，并且贯穿民房脆弱的屋顶。当然，这些火炮的主要功能还是在城墙上轰出豁口来，不过法国人会在夜幕的掩护下补上这些缺口，所以，第二天早上城墙通常还是完整无缺的。尽管如此，炮火可怕的威力还是震慑了法国居民，并且在1415年9月22日，最终迫使法国人投降。

据说英王亨利五世经常整夜在炮兵阵地上巡视，他不停地派人慰劳这些雇佣炮手，并成功从他们手里得到了先进的作战技术。对此亨利本人是很满意的，他对自己的副官说："一个弓手需要多少个（金币）？我还需要他们干吗？这些家伙（不知道是佣兵还是火炮）只要付一次钱就够了！"可见当时长弓手的价格不菲，让亨利很是耿耿于怀。

之后，在阿金库尔战役中，法军也装备了火炮。尽管这些火炮对最后的战局没有产生什么实质性影响，但是它们的出现标志着一个新时代的开始，预示着战争模式的彻底变革。当然总体来说，英法交战双方使用的火炮虽然已经初露锋芒，但还是缺乏机动灵活性。

在亨利五世的率领下，阿金库尔战役中的英军以长弓手配合下马骑士的阵形击败了法国由大批贵族组成的精锐部队，为英国随后在1419年收复整个诺曼底奠定了基础。这场战役是英国长弓手最辉煌的胜利之一，也让后世对依靠远程火力杀伤密集阵形对手的这种战术留下了深刻印象。

英法百年战争从1337年开始一直断断续续持续到了1453年，被认为是人类历史上持续时间最长的战争。在这场战争的初期，下马骑士与长弓手组成的"英格兰体系"大放异彩。但是随着战斗的进行，法国人熟悉了英国人的战法，并加紧发展自己的火炮技术，最终凭借优秀的火炮技术占据了战争的优势。

不过要承认的是，15世纪的火炮精确度差，石质炮弹分量相对较轻，火炮的射速又慢，对守军往往构不成严重威胁。早期的火炮射程也有限，超过300码（274.32米）威力就会大大减弱，而如果距守军只有100码（91.44米），也许会因太近而遭到守军的破坏。而之前那种放在木架上的早期平射炮，即使是在100码射程内也很难破坏城墙。

不过，职业炮手还是改进发展了一系列炮术技能，这让他们在全欧范围内都能获得高薪水。这些技能不是组装火炮，而是由大车搭载大炮，然后再在土木材料搭建的阵地上开火。为一门14世纪晚期或者15世纪早期的前膛火炮装填弹药是个相当费时又复杂的差事。由于炮弹大小不一，人们得往炮管里塞上些砂质黏土或者密不透气的棉塞。在更早些时候，有五分之三的小型火炮还可能需要在炮口塞上塞子，以增强密闭性，增强推进炮弹的冲击力。于是，那个时候的火炮在发射前看上去有点像香槟酒酒瓶，而不是一门火器。

由于这些缺点，在15世纪，火炮战术是大号的火炮加上大规模的炮击，以其密度和规模来弥补准确性低和射速低的缺陷。因此只有最富有的军队才能装备得上和运输得起这种武器。不过为了战争，很多人是不惜工本的，法国人正是如此。

1430年的一次围攻中，法国人夜以继日的炮击对城墙造成了巨大的破坏，也让修复工作陷入了困境，英国守军不得不投降；1431年的一次围攻中，一天内就有412枚石质球形炮弹落入拉格尼（Lagny）城内；1433年的一次围攻中，法国人的大炮破坏了城墙和城门，造成了十分严重的损伤，迫使英国守军退出城镇；1437年的一次围攻，法国人的炮火让城墙塌陷，最后无法防御。可以说，在法国人专门制造了火炮去对付英国要塞的时候，战争的天平就开始偏转了。

在百年战争最后的这段时间里，要塞已经无法单凭自己的力量去阻止一支装备有重火炮的军队了。任何中世纪模式的防御堡垒都会在火炮的攻击下在几天之内化成一片废墟。位于法国的阿夫勒尔，在1416年曾经进行了6个星期的反围攻战，在1440年的围攻中坚持了6个月；而1447年，因为法军投入了16门火炮，它只坚持了17天就陷落在了查理七世的大军手上。同年5月到1450年8月，英军因为法军的火炮而失去了70座要塞。

当然，这个时期最著名的火炮攻城战，恐怕就是1453年奥斯曼帝国攻陷拜占庭帝国首都君士坦丁堡的战役了。当时奥斯曼帝国投入了著名的乌尔班大炮，该炮长达17英尺（5.18米），重17吨，炮筒厚达8英寸（20.32厘米），便于承受开炮时的巨大冲击力，口径则为30英寸（76.20厘米），所用花岗岩炮弹重达1500磅（680.39千克）。

总之，从 1350 年到 1430 年的一系列战争足以让火炮和炮兵积累足够经验，冶金技术的发展和火药的颗粒化也让火炮变得更有威力。比如 15 世纪

上图： *1449 年造的 "巨型绅士" 炮*

早期的射石炮，火药和弹丸的重量比仅仅是 1：13，这是为了避免出现炸膛的情况。在 15 世纪中期，这个比率增长到 1：2。火炮身管与口径之比也从原来的 1.5：1 增长到了 3：1 或更高。这些都大大加强了火炮的杀伤力。

虽然这一时期火炮得到了普及，但是对于那些打算拥有它的人来说，它依旧属于昂贵的奢侈品。因此，它们的拥有者往往像对待一件珍宝那样珍惜爱护它们，并由此发展出了一些有趣的嗜好，比如给火炮命名。

"巨型绅士"（Mons Meg）建造于 1449 年，它由法国的勃艮第公爵制造，是一门专门用来发射巨形石弹的火炮。它的炮身长 15 英尺（4.57 米），裸重 5 吨，可以发射直径 20 英寸（50.80 厘米）的花岗岩炮弹。它曾经从海路被运到苏格兰，参加了几场攻城战，并发挥了重大的作用，攻陷了数个城堡要塞。对此，勃艮第公爵自然十分得意。

虽然"巨形绅士"威力巨大，但是它的弱点也非常明显。比如 1497 年，人们要将它从爱丁堡运输到战场，才刚出城门，它就意外散架了。为了修复炮架，人们不得不赶工了三天，之后这一由 100 多人和一队牛车组成的运输队再次启程。不过这一次，他们拆了火炮的一部分部件，并且改走水路才勉强完成了运输。

除了"巨形绅士"，火炮名还有"疯狂的玛格丽特"、"雄师"、"怪物"等等。

不过这类锻铁拼接炮的安全性依然成问题，有一门用这种方法制造的火炮在 1460 年炸膛炸死了苏格兰国王詹姆士二世。

不过，这些怪兽中也有侥幸留存到今日的。除了"巨型绅士"，还有另一门德意志地区制造的名叫"帕姆哈特·冯·施泰尔"（Pumhart von Steyr）的臼炮，口径达到了 80 厘米，发射的炮弹重量约为 900 磅（408.23 千克）。

总体而言，英法百年战争后期，谁使用的火炮越多、越好，谁的优势就越大。不过，双方火炮的主要目标是对方的城堡，而不是人员。火炮也主要用于围攻和反围攻，很少用于野战。但是在 15 世纪同期，有另外的一场战争说明了火炮在野战中的威力。战争的地点在捷克，这就是著名的捷克农民战争。

捷克农民战争（1419—1434 年）是欧洲历史上时间较长、影响深远的一次农民战争。从 14 世纪后期起，捷克教士组成的革新派用捷克语讲道，揭露教会的罪恶。到 15 世纪初，运动的规模越来越大。领导这一运动的是捷克伟大的爱国者、神学家，布拉格大学教授兼伯利恒教堂的传教士约翰·胡斯。

胡斯出身于一个穷苦的家庭，他认为教会占有大量土地是一切罪恶的根源，主张没收教会财产，收归国有，结果被处以火刑。这次战争便以胡斯的宗教改革为旗帜，以胡斯党人为领导，所以又称胡斯战

上图： *15 世纪的胡斯炮车，胡斯佣兵使用炮车在作战*

争。胡斯的军队一半来自农民，而另外一半则是用没收的教会财产招募来的雇佣军。他们装备精良，训练有素。胡斯党人依靠他们对军队进行了改革，成功发明了炮车战术。

炮车战术的核心是用火炮和战车相配合，对抗敌人的重装骑士。防御时，战车相互联结成战车工事，保护士兵不受重装骑士的袭击；在野战进攻中，战车要大胆机动，勇猛冲锋，并大量使用轻炮兵；讲究集中使用兵力，重视各种协同动作等等。

上图： *战败者的遭遇*

1419 年 12 月，胡斯军统帅杰士卡去攻打比尔森稍北地区由保皇党人控制的奈克莫尔城堡。保皇军首先进攻，但是他们被胡斯军击退并且受到了重大损失。"战车上是那些毒蛇（火炮），凭借这些东西他们摧毁了城墙。"最终胡斯军在奈克莫尔之战中获胜。此役中杰士卡第一次防御性地使用战车，第一次使用了大炮。胜利让胡斯军队领会到移动式火炮要塞战术是战胜保皇派重装骑兵的关键所在。

1421 年，在第二次反胡斯十字军期间，杰士卡率军进入库塔纳霍拉。与十字军短暂交战后，杰士卡被包围了。12 月 22 日清晨时分，杰士卡命令部队使用枪炮集中攻击十字军包围圈的薄弱点，顺利突围，此役是火炮进攻的早期战例。

1426 年，胡斯军攻打乌斯蒂，他们同那里的守军以及萨克森选侯派来的援军交锋。胡斯军可能有两万五千之多，但是德意志人击退了他们的进攻。这说明在这个时代，严重依赖火器的部队很难在进攻作战中打垮善于肉搏的传统部队。听说敌人援军开到的消息后，胡斯

军放弃了攻城，并且以战车阵的形式把大营扎在了比汉尼山上。

随后，神圣罗马帝国方决定乘胜追击，围攻比汉尼山上的胡斯军，乌斯蒂战役就此爆发。关于乌斯蒂战役中神圣罗马帝国军的人数一直众说纷纭，有的说他们兵力较少，其数量可能不到两万，而有的则说他们人数占优势。

1426 年 6 月 16 日，德意志军队发起了一次中世纪式的全面攻势。胡斯派没有想到敌人会出战。神圣罗马帝国方面由骑兵组成的突击队冲向了胡斯军由战车和火器构成的防御体系。突击队在一处实际上已经形成了突破，但是他们的兵力太少，又被击退了。胡斯军趁机发动反击，神圣罗马帝国军队在付出三四千人的伤亡后四散奔逃。溃军向查波瑞斯（Chaborice）村方向败退下来，胡斯追兵紧随其后压上来并大开杀戒。

很多神圣罗马帝国的贵族不再逃跑，他们在赫伯维克（Hrbovic）村一同投降。因为在早些时候神圣罗马帝国对捷克俘虏一律杀掉，所以这回成为捷克人阶下囚的他们也被集体处决了。是役，编史家估计神圣罗马帝国方面仅阵亡人数就达到了 15000 人。乌斯蒂守军逃跑，此城也在被胡斯军占领后付之一炬，三年内荒无人烟。此后，胡斯战车战术中火炮的使用率成倍地增长，中世纪模式的神圣罗马帝国军队根本奈何不了胡斯派。受此刺激，神圣罗马帝国方面也开始逐步提高大炮的使用率。1427 年，德意志帝国的一项法案规定提到了大炮："这里的物品有纽伦堡的一门大型射石炮，其

可以发射 2 英担（1/20 吨）的炮弹；6 门小型射石炮；12 门炮；60 支火枪；20000 张弓箭；600 支火箭；其他法案要求的物品；还有 6 名高级炮手。"

胡斯战争持续了很久，最后胡斯党人被镇压，很多参加过战争的士兵流亡成了雇佣军，为各国所争相采用。到 15 世纪中叶，投石机配上射石炮的攻城战术最终被废弃，取而代之的是数量众多的小型火器。所有攻城战中都有不计其数的枪炮的身影，而且大多数被围攻的目标不是马上被攻破就是投降。在很多情况下，攻城一方炮轰的密度、力度都很大。比如 1466 年对迪南特（Dinant，位于比利时境内）的围困中，此城遭到了 502 枚大型炮弹以及 1200 枚小型炮弹的轰击。

不过，佣兵也有闯祸的时候。在 1453 年的加福利（Gavere）之战中，根特纳人准备与勃艮第人交战。根特纳人突然乱了阵脚并且开始撤退，原因是其军中的一名雇佣炮手疏忽大意，火星飞落引燃了露天堆放的火药并导致爆炸。附近所有的炮手都撒腿就跑，其他军队见到此状也跟着溃退。多数此战的记事者都认为根特纳人即将获胜，但是他们就这么从战场溃退了，结果勃艮第人轻易地成了胜利者。根特纳人的功亏一篑完全来自对引燃火药的畏惧，这也从一个侧面反映了火器以及相关的火药在战争中的重要性。

16—17 世纪的火炮

当时间从 15 世纪向 16 世纪前进时，火药武器在快速地发展。在火器发展的同时，与之密不可分的火药也在不断地改进。13 世纪时火药

上图：装备新式炮架的勃艮第大炮

被视为模仿上帝力量的一种神秘物质；但是到了 14 世纪，火药已经可以较为方便地制造、供应、运输和保存；在 15 世纪，火药的需求量越来越大，改进后的枪炮也越来越需要火药，制造、供应、运输以及储存火药的问题也越来越多。当火药的生产制造无法满足其日益增长的需要时，人们便转向通过贸易或者掳掠来获得火药。

这一时期火器的制造有了几个基本变化。

首先是炮管长度和口径的比例。最开始，不知为何，人们认为这个比例维持在 5：1 是最好的。但是之后，这一比例逐渐被放大，16 世纪末，有的火炮甚至达到了 50：1。

其次是装药量。毋庸置疑，火炮越大，火药装得越多。

然后是材料和制造技术。因为锻铁拼接的火炮曾数次突然自爆并杀死了自方的重要人物，所以人们开始使用铸造技术制造火炮，大多数使用青铜，少部分使用黄铜和铸铁。大型炮的铸造吸取了钟的铸造技术，人们将金属熔液注入一个黏土模子，铸件冷却后便打碎模子，取出铸件，再用车床镗孔，炮管就制作完成了。

最后是炮弹。其材质从石头变为铁，之后还加入了打磨工艺，以让它们在炮膛里运动时更为顺畅。

另外，这一时期还出现了专门的炮架。

在 15 世纪晚期，火炮作为一个技术军种已经开始分门别类，人们根据不同用途铸造自己想要的尺寸和形状。但是毕竟早期炮兵带有封建行会属性，而且各国内部对于军械的管理都是一团糟，所以火炮的制式也是五花八门，完全没

能统一起来。

形式各异的火炮在15—16世纪的西欧喧闹了将近一百年，但统一化和制式化毕竟是大规模生产的先决条件，这些火炮渐渐还是脱离时代，从军事舞台上谢幕了。

16世纪初，著名的德意志佣兵之父马克西米利安曾指示奥格斯堡的贝克军工厂和纽伦堡的萨特勒军工厂制造一系列火炮，其中已出现攻城重炮、野战炮、曲射炮以及臼炮的大体分类。

马克西米利安的火炮系统在当时是比较先进的，其他各国因此纷纷效仿。16世纪中期，西班牙国王查理五世下令将火炮标准化为7种型号。不久，法王亨利二世也将法国炮规定为6种标准型号。总体上，到了16世纪后半叶，

欧洲各国大致完成了火炮的定型。

火炮形制大体上可以分为四类。

第一类是长炮（Culverin）。其炮管较长，约为口径的30倍以上，炮管管壁较厚。因此精度较高，射程远，但装填困难，射速慢。

第二类是加农炮（Kartaune）。其炮管长度约为口径的20倍，用来发射较重的弹丸。这种炮虽牺牲了射程和精确性，但换来了较强的机动性，又没有降低威力，射速也比较理想。

第三类是曲射炮（Sow）。曲射炮炮管短、管壁薄，长度一般为口径的10~15倍。它的弹道抛物线较高，是后世榴弹炮的前身。

第四类是臼炮（Mortar）。臼炮长度为口径的3~5倍，弹重最多为250磅（113.40千克）。

这个时期，火炮的另一大改进是由法国

▌左图："蒙斯·梅格"（Mons Meg），即之前提过的"巨型绅士"。其有趣的设计是前半段大型炮身和后边的小炮尾是可以拆卸的，这个构思十分巧妙，也许是为了方便运输

▌右图：15世纪早期的"彭哈特"前装炮，产自奥地利地区，口径足有88.9厘米，后部那个突起是它的火药燃烧室，相同的设计被后世用来制造臼炮。实物现存维也纳博物馆

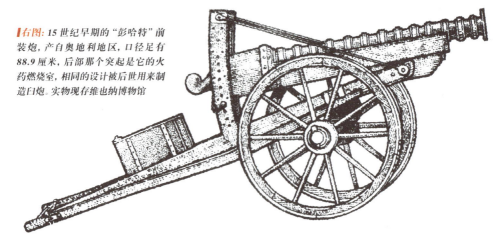

人做出的。他们提出了炮耳的设计原理，这样炮就可以很方便地装在带轮子的炮架上，人们还可以通过垫木和螺栓较为精确地瞄准和升降炮管。

此外，火炮每次发射后再次装弹前都需要冷却、清理炮膛。冷却剂说来有趣，主要成分是醋。

总之，到了 16 世纪末，欧洲火炮已经

16 世纪后半叶火炮规格表

类型	炮弹重量	炮身重量	炮身与炮膛口径比例
双发加农炮	100 磅 （45.36 千克）	20000 磅 （9071.85 千克）	20：1
加农炮	50 磅 （22.68 千克）	9000 磅 （4082.33 千克）	18：1
中加农炮	25 磅 （11.34 千克）	7000 磅 （3175.15 千克）	24：1

■*左图：伯尔尼历史馆藏炮。这门火炮也许是历史上最早的可转动式炮台，时间大约是 14 世纪末到 15 世纪初*

■*左图：最早的后装炮。虽然炮弹还是从前面进去的，但是火药却是从后面放入的，年代不可考*

■*左图：老式多管火炮外观图。这是当初为了提高火炮射速的一种构想，使用了很多个炮管。之后的一种排炮则有 12 门甚至更多的炮管并联*

短炮	16 磅 （7.26 千克）	3500 磅 （1587.57 千克）	28：1
重炮	25 磅 （11.34 千克）	2000 磅 （907.18 千克）	36：1
半重炮	15 磅 （6.80 千克）	1700 磅 （771.11 千克）	40：1
长管炮	6 磅 （2.72 千克）	2500 磅 （1133.98 千克）	32：1
鹰炮	3 磅 （1.36 千克）	1500 磅 （680.39 千克）	36：1
小鹰炮	1 磅 （0.45 千克）	500 磅 （226.80 千克）	40：1

非常成熟，以至于在后来将近三个世纪的时间里，炮的射程、威力以及主要型号基本上没有大的改变。

14—15 世纪的单兵火器

早期单兵火器与火炮的界限非常模糊。1324 年意大利佛罗伦萨城的火器记录里就无法确定指的是小型的手炮还是比较大的火炮。1331 年，还是意大利，在西维达勒城的记录中也提到过类似的小型火器，一样也无法确定到底是炮还是枪。

不过由此我们可以发现一个细节，火器出现于文艺复兴萌发、科技最先进的地区。这也许是一种巧合，但是笔者更将它看作是一种规律：科技的发展必须有其文化基础。

一幅公元 1339 年左右的壁画最终告诉了我们 14 世纪欧洲风格的单兵火器——手炮是什么样子。该画原收藏于意大利斯耶纳（Sienna）附近的圣李奥纳多修道院中，画中的士兵手持长约 1 米的管型火器。

也许有人会问，为什么早期火器会做成这个样子？古人应该有足够的智慧和能力做更精致的武器才对。笔者认为，火器是因为火药的出现而诞生的，所以火器的性能、外形和工艺必然受到早期火药的限制。最早期的火药威力有限，主要就是硝的比例不够高。前面培根的第一份火药配方中，硝的比例只有 41.2%，远低于现代配方的 75%，更何况那时候的精炼技术极差，火药中杂质又多，因此可以想到，火器的杀伤力也很有限。所以早期的单兵火器不能太小，小了装不了多少火药，根本打不远；也不能太大，武器成本加大了不说，单兵使用也困难，装太多火药也不安全。因此这一时期的手炮的大小介于后世单兵火枪和小型火炮之间。

早期的单兵火器比起传统的远程武器在制造成本上更有优势，在威力上也过得去，因此引起了众人的兴趣，并逐渐在战场上扩散开来。有趣的是，火器声响的恫吓作用非常好，这是弓弩等冷兵器所比不上的。而且如果火器口径

上图: 公元 14 世纪中叶的铁制瑞士手炮,枪管长约 10 厘米,口径约 3 厘米,重 2.25 千克,枪管后下方突出的金属插销用于勾住胸墙,有助于瞄准及降低后坐力

上图: 坦能堡出土的手炮之截面图

上图: 15 世纪初波西米亚的铁铸手炮,枪管长 42 厘米,枪口口径 1.8 厘米

够大,杀伤效果也是比较强的,足以在近距离打穿板甲。再加上当时对于火器创伤,医学上还没有什么经验,中弹者即使没有当场死亡,也往往死于其后的感染,甚至会死于各种奇奇怪怪的疗法……

但是,跟当时的其他远程武器做比较的话,早期单兵火器的射程、准确度和发射速率都远远不及技术成熟的弓弩。一般来说,西欧弩的最大射程可以有 120 米,在可视范围内可以瞄准,而且威力巨大,足以在有效距离内洞穿板甲;长弓的射程更可超过 150 米,精锐的长弓手一分钟射出 12 箭,还能在近距离准确命中铠甲的薄弱处。相较之下,手炮的射程大多为 50~100 米,而有效杀伤距离更短。

在手炮大量出现之后,这一系列类似技术的单兵火器被归为"火门枪"。

所谓火门枪,就是在枪上有一个点火的火门。士兵首先要在枪管中装上大约五分之三的火药,用通条压实;捣实后再放上一块薄木片——这是为了充分利用火药的推力——然后才放弹丸;在火门上添上火药后,拿一根点燃的火绳或者一块炭去点火门,来发射装填的石丸或铅丸。这些火药原来放在一个皮质包里,条件不好的有些地方干脆用布袋,有时还会胡乱地堆存在木箱子里,这让火门枪手成了一份危险的职业。而且虽然

上图: 使用早期火门枪的英国士兵

火门枪被称为单兵火器,但因为其操作太过繁杂,常会有两人进行操作。明朝的快枪、三眼火铳也是这类火门枪。

其实火门枪就是将当时的大炮缩小到手持的尺寸。这种手炮没有准星、照门,也没有扳机和握把、枪托,只有一个木制的尾杆。这种武器基本不可能考虑什么精度,而且因为枪身长度不足,射程也很短。但是由于发射时巨大的声音、弥漫的烟雾和偶尔命中时巨大的威力,火门枪对当时的士兵来说就是如恶魔一般恐怖的存在,以至于衍生出了骑兵使用的类型。

德意志地区著名的雇佣军——黑衫骑士就曾用这种武器吓退过对手的步兵。他们所用的手炮射程、精度、威力都有限,但是那轰隆的巨响和弥漫的烟雾却让对手惊恐不

上图：十字弓兵和火枪兵。左边是伯尔尼邦徽，右边是卢塞恩邦徽，上完箭的十字弓可以立刻发射，火绳枪则需要一点时间

上图：西班牙雇佣兵的小型明火枪，可以发射 2 盎司（56.70 克）的子弹

已，以至于在损失极少的情况下就进入了崩溃状态。

总之，火门枪最大的缺点就是无法在发射时一直保持瞄准。因此在 15 世纪早期，有人对它们进行了一些改造：将火门从顶部移到后部的右侧，加装了一根杠杆，杠杆顶端是一个固定一段火绳的夹子；火门上突出一个小碗状的黄铜皿，可以盛放少许火药作为引发药。这种火枪由于枪托成钩状而被称为钩形枪。

之后，欧洲的工匠又想了不少办法改良这些武器，比如将火药池的口用皮革盖着，后来又改成用金属盖子，以使火药在点燃前保持干燥，防止提前燃着。虽然改进后的火门枪只有准星没有照门，也没有扳机，要靠右手的大拇指按压杠杆点火发射，但那却是最初的可以抵肩射击、在发射中保持瞄准的火器。而且由于粒状火药的发明，弹丸的威力和精度都有了巨大的进步。粒状火药燃烧迅速，所以击发后立刻就能爆炸推动弹丸，免去了早期火枪点火后的等待时间，进一步提高了精度，也为后世火绳钩枪的发展打下了坚实的基础。

当然，这时仍有些试图保持老传统的人在批评火器的弱点，不过他们的说法也不无道理。明火枪虽然比手炮强，但是也好不到哪里去，射程不足以及装填时间过长仍使它在实战中无

法和弓弩比肩。明火枪的装填过程也相当之烦琐：首先量出一定量的火药放入枪管中，然后放入铅弹，塞一些碎布固定住子弹和火药，再把另一种精制的火药倒入引发的火药池，再然后还要把火绳固定到扳机上，打开火药池，瞄准，开火……在以上过程中，任何一个差池都会使弹丸无法发射成功。而如果发射成功，不足 1 盎司（28.35 克）的弹丸就会以约 800 英尺（243.84 米）/ 秒的初速飞出枪管，然后有一小半的概率能打中 100 码（91.44 米）开外挨在一起的士兵，而且一分钟能开一枪就很不错了。

即便如此，单兵火器廉价和便于制造的特点还是让它们得到了在战场上发挥作用的机会。极少量的铸铁就可以制作出一把简单的火枪，学会射击也并不复杂，毕竟这个时候的火器无须标准，也无须单兵作战。而精锐的长弓手需要数年才能培养，雇用起来价格不菲，弩手就更不用谈了，一把好弩不仅工艺复杂，使用起来部件也消耗得非常快。

曾经有一段话间接说明了使用火器的成本之低廉："（火器部队）几乎不用费什么心思就可以武装起来，比威尔士人（长弓手）省钱得多……"

14 世纪中叶到 15 世纪初期，改良后的明

上图: 使用轻火器的德意志雇佣军在守城

火枪的木杆形状已经接近后来火枪的形状，还发展出了便于射击的支架，只不过没有蛇形管，所以还需要使用火绳点火的辅助手。严格来说，这种明火枪所处的时期正是火铳和火炮开始分离的拐点时期，其特点就是火门位于管身的正后方，像是火炮，但手柄却是火枪的模样。

不过，在 14 世纪晚期到 15 世纪早期的这段时间里，还有一种叫作钩枪的轻型火绳枪存在。"轻型火绳枪"这一词的来源是法语和德语，而德语中这一词语的意思就是钩枪。它和上文所提到的钩形枪不是同一种东西。但是钩枪在一开始也不是火绳枪，它加上钩是为了勾住城墙以减缓后坐力的冲击，属火门式火器，开火时并不会使用到火绳，后来加上了火绳，才叫作火绳钩枪。这一改变所花费的时间相较于其他的改变来说可以忽略不计。

16—17 世纪的火枪

16 世纪，真正意义上的火枪出现了，但是真正促成这一划时代变革的，不是长型枪管或者肩托，而是一片金属片。

这是一个 S 形的金属片，它的前端有一个夹子，这能让它夹住火绳，这个金属片被钉子固定在枪身的木头上，但仍可自由旋转。它被称为"蛇形管"（Serpentine），枪手只要将蛇形管的后端上移，前端的火绳就会点入引药锅中，点燃引药。其实它就是早期钩形枪的 Z 字点火系统的进化版本。

上图: 瑞士佣兵的火炮和火枪手

上图: 简易的火绳枪机。火绳被固定在螺钉 B 拧紧的蛇形卡口里面，C 是扳机，D 为阻铁，E 为扳动连杆

下图: 手炮形制发展示意图

蛇形管是最早期的枪机系统，它彻底奠定了单兵火枪的一切基础，可以保持手持的状态，并且可以让单兵发射。在西班牙菲利普二世为支持那不勒斯而对抗法国的作战图中，可以清楚地看到单兵的火枪已经完全和火炮区分开来。画作的完成时间是1505年左右，这一时期的火绳枪甚至已经满足了拥有瞄准照门的条件，枪管长，做工牢固，点火射击的时候视线也无须离开目标。

火绳枪发展成熟的重要标志就是富有机械工艺特色的枪机取代了粗糙的点火系统。简易的火绳枪机，火绳固定在简易的蛇形卡口中，那时候的扳机不是单项锁定的，所以需要向枪托方向扣动，之后它会击打阻铁然后扳动连杆，让火药引线点燃药池中的火药。然后"砰"的一声，子弹就射出去了。

当时的火绳枪并非单一制式，可分为轻型火绳枪和重型火绳枪两种。轻型火绳枪看上去更像是由火绳钩枪发展而来的，重型火绳枪则来自于火炮。

这两种武器的区别在于发射子弹的大小。重型的子弹射得更远，威力更大。轻型的虽然威力小但携带方便。所以前者在防守或者消耗战时效率更高，而后者更适合跟随步兵团进行协调作战。

为什么会有轻型和重型火绳枪之分？因为这个时代的野战中经常会出现早期的工事战，但火炮往往只配置在己方的重要地段。那么其他的地方，如果只单纯依靠轻型火绳枪，就会显得火力不足而被对手的重型火器压制。而布置几支重型火绳枪，与布置一门发射缓慢的火炮相比，也许更有利。当然，重型火绳枪又长又重，只有放到叉架上才能射击。

总之，在16世纪，火绳枪是一个庞大的家族，各国的火枪都有其各自的特点，而其中的佼佼者自然是西班牙火绳枪。这一时期西班牙王国正如日中天，对于火绳枪的运用也走在各国前列。

15世纪下半叶开始，西班牙人对明火枪做出了一系列的改造。除了将之大型化外，最主要的两点改进是：增加了照门，保证了瞄准的精度；采用V型弹簧和齿轮的组合，代替了简单的杠杆，可以让火绳夹牢固地保持在待发状态，增加扳机力，降低了走火的风险。

16世纪之后的明火枪，指的已是经过改进之后有很大不同的一种火器了。这其中最负盛名的火枪莫过于"穆什克特"（Musket）火枪。"Musket"这个词第一次出现是在1499年的那不勒斯市兵器库清单中。按现有实物看，该枪的枪身长55厘米，口径30毫米，全长143

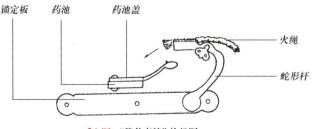

上图："穆什克特"枪机图

上图： *西班牙方阵士兵战斗图*

厘米，枪管为八棱形。16 世纪经过西班牙人改进的"穆什克特"长 1.5~2 米，重 8~11 千克，子弹重 32~50 克，口径在 23 毫米左右。这种火枪射击时须放在叉形支架上，最大射程为 250 米，能有效穿透当时骑兵的胸甲。

"穆什克特"的成功让各国争相仿制同类的火绳枪。

"穆什克特"一词后来成了几乎所有前装火枪的统称，也渐渐成了火绳枪的代名词。不过，"穆什克特"火枪不能算是纯粹的火绳枪，因为在燧发装置发明以后，它又被改成了燧发枪。

"穆什克特"的巨大威力第一次让铠甲成了软弱无力的东西，也促使各国在战场上想方设法地保护自己的火枪手，以便让其尽量开火，同时也争取突破重重保护，杀死对方的火枪手。这使得战争形态发生了变化，并引发了一连串的军事革新，比如西班牙军队。

早期的西班牙军队有三个要素，火枪手位于正中，一边是数量同样稀少却负担机动兵力任务的剑盾手，一边是主力的长枪手。

在 16 世纪早期的战争中，火枪手需要跟随长矛兵方阵作战，由于装备过于笨重，移动困难，所以他们时刻都需要己方部队的保护，免得遭到敌方部队的突袭。火绳枪大规模运用的佼佼者西班牙便围绕火绳枪改变了自己的军制和战术。

贡萨洛·德·科尔多瓦在 1505 年那不勒斯一战取得的经验基础上，经斐迪南二世批准，根据第一次将火绳枪手作为核心力量采用的战术创立了西班牙方阵。

但是，那个时代仍是瑞士雇佣兵以其长戟长枪集团战术称霸欧洲。在瑞士的雇佣兵团中，除了使用长戟的重装步兵之外，弩手——后来是火枪手——也保持着一定的比例。瑞士人的大型火枪可以保证在 100 米左右的距离上击破早期的胸甲，但是数量很少，

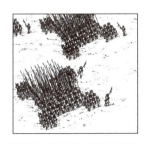

上图： *野战中的西班牙方阵群*

上图： *西班牙方阵的战场行军队形*

上图： *西班牙方阵的单列战斗姿态*

上图：对抗骑士的长枪手们前排蹲下，后排站立，这种阵形对步兵的纪律有极高的要求，对面重骑兵集团冲锋的任何慌张和动摇都将让阵形陷入崩溃

约只占一个团队的 5%。总体上，瑞士人的主要作战方式依旧是重装步兵的集团冲锋和肉搏，而不是保护他们的火绳枪兵。

在历史性的诺凡拉战役（1513）中，瑞士步兵把法国骑兵完全击败，又一次显示了重步兵集团作战的力量，证明了密集方阵冲锋仍是欧洲战场的主流。在那场战斗中，瑞士方阵顶着骑兵和火枪的双重打击，承受了惊人的伤亡，不少连、团战斗到仅剩几个人，但是他们依旧凭借严格的纪律性和悍不畏死的精神压垮了对手，法国人先于瑞士人崩溃了。这场战斗不仅让路易十二几乎彻底退出了对意大利的争夺，还让他哀叹："只要有他们，我就到不了米兰。"

不过，这时候人们也认识到火枪对瑞士方阵构成了威胁，法国人的步兵如果能够获得更好的组织和训练，而不是在骑兵崩溃后也跟着一起崩溃的话，也许就可以完成路易十二的夙愿。只不过，法国人向来不注重步兵的训练，只将其作为骑兵的辅助兵种。于是有人开始思考，如果有另外一支坚强的步兵，是否能使用火枪来击败一往无前的瑞士人？

1522 年的比柯卡之战中，西班牙人就证明了这一点，此战也是火绳枪对传统密集方阵战术的第一次胜利。

在战斗中，西班牙人和德意志雇佣兵并肩战斗，对抗法国骑兵和瑞士步兵。西班牙人的统帅科隆纳利用地形，在阵地前方建立了一道土垒的胸墙，由西班牙火枪手据守，德意志雇佣兵在后面待命出击。

瑞士雇佣兵指挥官不顾法军统帅的劝告，执意强攻胸墙。他们举起如林的长矛，稳步向胸墙冲去，但很快暴露在西班牙人的弹雨中，未及胸墙已有 1200 余人死亡。德意志雇佣兵随后绕过胸墙向瑞士雇佣兵发起猛烈反击。惨烈的肉搏战后，瑞士人丢下 3000 余具尸体后撤了。

三年之后的帕维亚会战，瑞士方阵再次和西班牙火枪手交锋。这次决战中没有胸墙，但依然是火绳枪手大获全胜，而瑞士佣兵们遭受了严重的打击。这次会战结束后，一位当时的历史学家写道："瑞士长矛兵一方面因为数量上的减少，但是更主要的是不再大胆鲁莽了。他们回到了瑞士山区。可以肯定，瑞士兵在战役中的伤亡，极大地影响了他们在以后几年里的作战。他们再也没有了以往的那种气势了。"将一支久负盛名并以忍耐伤亡著称的军队从精神上击垮，可想而知，火绳枪给瑞士人带来的损失到了怎样一种惊人的地步。

火枪对密集步兵的杀伤力在之后又得到了

左图：保护己方骑兵撤退重整的火枪手

上图: 莫里斯操典中的武器操法部分。分别是火绳枪手 42 步动作中的第 1 步 "枪上肩"、第 11 步 "发射" 和第 26 步 "推弹入膛"

无数次证明，传统的方阵步兵也渐渐改变了自己的作战方式，火枪的使用比例则越来越高，长枪对冲成了辅助模式，直至渐渐淡出人们的视线，成了保护兵种。

那么在这个过程中，火枪手凭借的仅仅只是技术上的优势么？

从后世保存下来的莫里斯操典图中，我们或许能找到当初西班牙火枪手的胜利原因。在这本图册中，火绳枪手的动作被刻画到了每一个环节。

依照莫里斯操典的顺序，这些环节分为 25 个分解动作。

值得注意的是，莫里斯操典中的一幅图中，我们可以看到火绳枪的大小和形状已经比较像后世的枪了，还有清晰的 S 形蛇形管。这个时候的火绳枪虽然还是很笨重，却已经成了步兵不可缺少的武器。

没有支架的火绳枪属于轻型火绳枪，重型火绳枪威力巨大，可不是凭双手就可以端起发射的。但是事实上，这支火枪要发挥作用，需要的步骤远不止 25 步。

根据口令，已经完成首次装填的火枪射击时，火枪手行动的步骤大致为：

一、移动状态，火绳枪靠在左肩，左手持枪，右手持叉架。

二、进入准备状态，叉架交左手，空出右手。

三、左手将叉架放下，右手将火绳枪从左肩取下，将枪支架在矗立的叉架上。

四、枪换到左手，同时提起叉架，两者呈一小角度，由左手握持，对火绳轻轻吹气以造成火头。

五、射击状态开始后，将火绳一头装在蛇形管夹子上。枪手需要调整火绳长度，以确定火绳可以正好点入药锅（此时药锅盖是关闭的）。

六、将叉架稍向前倒，将火绳枪平衡在叉架上，左脚向前一步，双脚呈弓步，左弯右直，枪托抵住胸部，扣下扳机射击。

以上是第一轮射击的步骤，但是真正令人厌烦的是第二轮射击的步骤：

一、射击完成后左手拇指与食指握住枪身与叉架。枪口向前，以避免迟发意外，因为在这个时代，因为手工技术的不完善，哑弹、火药残余等现象非常之多。

二、火枪手用右手将火绳从蛇形管上的夹子里取下，这是为了避免重装填火药时发生意外。他需要用左手中指、无名指及小指握住火绳两端（这时的火绳是两头都可以点燃的，这是为了方便一头熄灭时用另一头再

上图: 火绳枪佣兵的全套行头

引燃）。

三、将药锅中剩余的灰渣吹掉或用右手拇指抹净，避免火星引燃引药。新兵很容易在这一点上犯错，然后就成了不必要的战斗减员。

四、火枪手取出随身携带的引药罐，将适量引药倒入药锅中，关上药锅盖。用手指轻敲药锅，抖落药锅盖外的引药，让药锅中的引药落入引火孔并将药锅盖外的引药粉吹掉。因为实际操作中通常是两人一组，所以这一动作也经常由辅助的那位来完成。

五、完成了之前的一轮动作后，火枪手就要进入准备状态。将火枪转成和叉架并列，枪口向上。火枪滑下至身体左侧，左手握枪，不握叉架，叉架用挂在手腕上的一小段绳子挂住。当然，实际的情况中，会有人直接把叉架固定在土地上或者用其他不规范的方式处理，这是因为当时的士兵通常都不是什么老实人。

六、准备状态后进入待发状态，火枪手用右手取一个火药袋，拇指同时打开盖子。将火药从枪口倒入，放掉药袋，右手从弹丸袋取一个弹丸放入枪口，再取一小团布片或纸片塞入枪口，最后取出通条。经常有人忘记取出通条，所以指挥官常用单一的口令强调这一步骤。

七、取出通条，通常需抽两到三次才能取出；此时通条较大的一端在上，右手虎口向下握住通条尾端在下。将通条调转180°，通条前端抵住大腿或臀部，右手顺势下滑，握在距通条前端不远处，舂实弹药，再将通条前端塞入枪口，适度地将弹药舂入枪膛。不能忘记取出通条，然后重复第一轮射击中的部分动作，第二轮射击才算是完成。

而第三轮射击则需要重复第二轮的动作，由此一系列原因，在当时的欧洲军队里，火枪手都要经过严格的训练。老练的火枪手才可以在战场上发挥实际效用，因为稍有慌乱，他们就有可能忘记一些步骤，而后果往往比打不死敌人更糟糕。

16世纪中后期，较轻的火绳枪拥有胡桃木、桦木或枫木制作的木制枪托。枪管长度大约5英尺（1.52米），口径12~20毫米。起初枪管是铜制的，之后改为了铁制。枪机很简单：一个S形钳夹持火绳（浸泡过硝酸溶液的绳子）并将其推入枪的药池。子弹起先是石，然后是

上图：火绳枪骑兵操典

铅、铁（用来对付铠甲）。当时也出现了线膛火绳枪，子弹覆以羊皮或铅。

火绳枪的装填也随着弹药带的发明而被简化，弹药带上悬挂有一定数量的容器（通常是12个，俗称为"12使徒"）。每个容器含有用于一次射击的火药。引药装在角或火药瓶中，而子弹则是单独携带。但最熟练的射手一小时也只能射击40次。

火器发展到这个时候已经变得非常专业，甚至开始有了为某种用途或者某个特殊军种而特别开发的火绳枪。比如龙骑兵就拥有独有的短枪身的大口径火绳枪。

骑马的火绳枪兵很早就已经出现，据信是维特里兄弟之一的卡米罗维特里（Camillo Vitelli）于1496年组建了欧洲第一支成建制的火绳枪骑兵，其后各国军队中都出现了类似的部队。乔万尼德·美第奇（Giovanni de Medici）的黑色兵团火绳枪骑兵闻名天下，而之后瑞典的龙骑兵一度因为娴熟的射击技术而成了哥萨克的死敌。

但是火绳枪骑兵只能作为辅助部队使用。他们在不利地形上支援骑士或者骚扰敌行军纵队时都相当有用，但火绳枪仍是一件不适合在马背上使用的武器。

火绳枪骑兵和他们的敌人一样讨厌自己手里的武器：发出刺鼻气味的燃烧火绳会使马匹不安烦躁，很难维持安静；会在不停的颠簸颤动中对浑身挂满火药的使用者造成危险，这让人提心吊胆；使用起来从装填到发射无时无刻不需要两只手来操作，这就意味着要松开缰绳失去对马匹的控制，这在被突袭的时候几乎是致命的。

因此，尽管在火绳枪骑兵操典中可以看到火枪手在纵马飞奔时用火绳枪瞄准开枪的插图，但火绳枪骑兵多数时候还是骑马行军，下马作战，或者至少也要勒马停止才能装填射击。这让他们颇像后世的摩托化步兵而不是骑兵。

对于骑兵来说，他所使用的火绳枪，虽然有了很多的改进，但仍不适合在马上射击。也因此，拿破仑曾说，骑兵需要的是火炮，而不是火枪。

火器的更新换代很难找到明确的时间分界线，每次有新武器出现并不代表旧武器就此退出，旧武器往往会依依不舍地存留很长时间。因此，在火绳枪称雄的那段时间里，无法划出一个准确的装备时间表，只能对有重要意义的发明总结一下：

一、根据史料记载，大约在 15 世纪就有人发明了膛线，但当时还有外弹道理论，所以膛线的出现是一种巧合。

二、在 1460—1480 年的德意志地区文献中，火绳枪开始出现准心。文献的绘图上，枪的中间部分还出现了几个 V 字形缺口的圆盘，有人说是放置火绳的，但是更有可能是表尺。

三、16 世纪已经广泛采用了枪管更换系统。当时的人在枪管和枪身上射击卡笋系统，可以更换不同口径的枪管，可以用来发射军用子弹和猎枪用的散弹。

四、金属弹壳定装枪的前身和尾部装弹技术都在 16 世纪开始萌芽，只是在当时还无法解决气封问题和点火问题。

五、多管连发的设计开始出现，"胡椒盒"原理诞生，为后世的连珠枪打下了基础。

另外，在火绳枪成熟期的后半段，燧发枪已经出现了。轮燧火枪是早期燧发枪的一种，它是用燧石打火引燃的前装枪，这种转轮打火枪的零件主要有带锯齿的钢轮、链条、弹簧和击锤等。击锤头上有一燧石（即打火石），靠钢轮表面的细齿与燧石摩擦而发火点燃火药。射手射击前，需用小扳手卷链条，在卷链条的过程中将弹簧压缩，弹簧张开带动钢轮旋转，整个过程就像给闹钟上发条。尽管转轮打火枪是人们在克服火绳枪种种不便的基础上产生的，但是关于其诞生却没有一个准确的说法。有人认为是德国钟表师约翰·基弗斯发明了这种枪，也有人说是意大利科学家发明了转轮式发火装置。还有人说这种枪的发明者是一个偷鸡者，并编出了这样一个似乎可信的故事：这个偷鸡贼经常在夜间去做梁上君子，他偷鸡时使用的主要工具就是火绳枪，但是火绳枪又容易暴露目标，于是他开动脑筋，发明了这种较为隐蔽的转轮打火枪。但是公认比较可靠的说法还是它在 1547 年由法国一个出身于枪炮工匠、锁匠和钟表匠家庭的名叫马汉的人发明。

火绳枪整体出现向燧发过渡的变化并不是因为有人想到了用燧石代替火绳，而是因为弹簧或者说弹簧原理在工业上的应用得到了普及。生产力发展导致弹簧的价格下降，这种情况使得大规模应用一种新型枪机成为可能，而且这种枪机廉价并且能极大地提高火绳枪的点火成功率。要知道一支火绳枪在点火的过程中会因为风力等原因而失败，哑火率可能会高达 25% 甚至更多。在改良成燧石发射后，火枪的点火成功率上升到了 85% 以上，而且不怕风力和少量的雨水。各种需求加上工业水平的整体结合，推动了武器的发展。

触发式枪机是弹簧大规模生产后的产物。

上图：触发式枪机

上图：轮燧枪机

上图：燧石枪机。燧石枪机工作时，从机心 C 释放出来后在弹簧的作用力下旋转到 D, E 是带有燧石的机铁，射击的时候它会撞击打火镰 F，然后火星落入火药池，子弹发射

扳机通过击发阻铁进行发射，推动蛇形管，至于护目片的出现也说明武器的设计开始考虑如何安全地精确瞄准，以免士兵的眼睛被弹起的火药灰弄伤。这种击发方式给予了蛇形管相当的速度，也保证燧发成为可能，但是早期这种枪机的点火方式还是使用火绳。

轮燧枪的枪机结构十分复杂，它借助发条钟的原理，利用弹簧片的作用力进行击发工作，但是因为结构过于复杂，未能大规模应用，只少量生产作为民用、收藏用，也偶尔装备雇佣军和精锐部队，前者武装自己不遗余力，后者则是训练费用高昂的骑兵。

后期量产化的燧发式火枪是在轮燧火枪的枪机基础上改进而成的，工匠取掉了发条钢轮，在击锤的钳口上夹一块燧石，传火孔边设有一击砧，射击时扣引扳机，在弹簧的作用下将燧石重重地打在火门边上，冒出火星，引燃火药击发。

真正意义上的手枪，是在轮燧击发装置发明后出现的。轮燧枪单纯依靠机械击发而不需要将点燃的明火揣在兜里，这对于手枪的使用者来说实在是再合适不过了。

轮燧手枪的这种优势使其一度被神圣罗马帝国皇帝马克西米利安明令禁止，因为这种武器藏在衣服下面太容易隐蔽，对社会治安极其不利，但是这种武器依旧被军方人士所喜爱。

真正限制轮燧手枪大规模应用的因素，是其结构实在过于复杂，导致价格昂贵。不过这种武器对骑兵来说十分便利，至少比之前的任何一种火绳枪都要来得便利。

1544年，亨利八世在北方入侵法国，照例为准备战役而雇用重骑兵、长矛兵和火枪手。来自欧洲大陆的雇佣重装骑兵在缺乏骑兵传统的英军中向来受欢迎，他们一般被笼而统之地称为"勃艮第人"，尽管他们中间有相当一部分来自尼德兰或其他地方。

一位名叫埃吉蒙·范·布仁（Egmont van Buren）的佣兵队长给亨利八世提供了一支勃艮第重骑兵部队，但亨利八世发现这些佣兵不是端着重矛准备好为他冲锋陷阵，而是拿着一根猎猪矛（矛头带横档的轻矛），还带着几把在当时还十分罕见的轮燧手枪。这令他大失所望，抱怨说自己上了当，雇来的这些人根本就不是什么正牌的重骑兵。

亨利八世虽然也算是个激进的改革者，但他在军事领域却落伍了。这种不入他法眼的轮燧手枪不仅是当时欧洲大陆军队刚刚装备的新武器，而且在整个17世纪下半叶到18世纪初更是欧洲骑兵的潮流装备。这件小小的武器在军事改革者的推动下，最终使得驰骋数百年的骑士退出战场，让位给后来的新式骑兵部队。

不过，这些骑兵手中的轮燧手枪到底有多大的威力？

当时轮燧手枪的测试结果是在30码（27.43米）的距离上射击真人大小的目标成功率为85%。当时的记录说"合理的穿透率是2毫米的钢板"，虽然我们不太明白这个"合理的穿透率"具体标准是什么，但是显然对于重甲单位来说，在远距离，这种程度的伤害无法立刻致命。

根据《马克思恩格斯全集》中的叙述，轮燧手枪在实际测试中，在9米距离上精准度很高，在18米处的射击达到合理，命中率80%，到更远的距离则很难命中，准确率直线下降，甚至到了10%。

当时骑兵的战术号称"在战马碰到敌人前绝不开火"，可见轮燧手枪实战的效果可能比测试更糟。但是对于骑兵来说，他们依旧有了一种利器，足以让他们在靠近步兵严密阵线的时候撕扯开一个缺口，然后一拥而入，或者掩护自己的步兵从缺口中冲进去。

16—18 世纪，有一支来自德意志地区南部的著名雇佣军。由于这些佣兵喜欢身穿黑色衣服和铠甲，且善于骑马射击，故被西方世界称为"黑衫骑士"。

黑衫骑士的作战单位通常是 300~400 人的连队。他们冲锋时会排成 20~30 排的紧密横队。前排的骑兵开火后向两侧分开，退到阵列后方重新装填弹药。有人说这是受神圣罗马帝国军队中西班牙标枪骑兵战术的启发而发明的战术，不过它看起来更像是火枪步兵反向运动射击术的骑兵版本。这种战术的另一个前提是一项弹药新技术的出现。当时人们开始用一个纸筒携带弹药，而子弹也安放在里面一起密封好。在战斗的时候，这种纸筒方便装弹，士兵只要撕开纸筒就可以快速装弹。这种包装，德国人叫它"Partons"，意思为"保护者"，法语则叫"Cartouche"，之后被英语国家引进，解释为"纸壳枪弹"。

总之，黑衫骑士作战时要等到对方的队形松动后才一拥而上，用佩剑和枪柄驱散敌人。这让他们在面对意志坚定、直接冲击的传统骑兵时反而落于下风。

由于是雇佣军，黑衫骑士没有固定的服装。他们可能简单地披件锁子甲，也可能穿厚重的胸甲；可能戴轻盔（Burgonet），也可能戴无面甲的重盔（Morion）。他们装备的轮燧手枪尺寸较大，被称为球型把式（Faustrohre）。在德语中，"Faust"指拳头形状，"Rohre"即管状。"Faustrohre"就是指握把球形、枪管圆筒状的手枪。这种手枪枪管长 50 厘米左右，重 3 千克，发射的子弹重 30 克，有效射程在 20 米以内。当然，子弹在 45 米之内都具有杀伤力。

一般来说，每名骑兵通常携带两到三支轮燧手枪，两支插在马鞍前桥旁的枪套里，一支挂在右腿的枪袋上。不过雇佣骑兵往往将手枪的数量翻倍，马鞍旁四支，两边大腿各挂一支。

当时的波兰地区，有着和黑衫骑士类似的重骑兵，那就是威名赫赫的波兰翼骑兵。这些家伙除了传统的超长枪和马刀外，通常也携带四五支轮燧手枪。

那么这样武装到牙齿的骑兵要多少钱呢？装备这么多的枪支岂不是贵得离谱？其实不然。

在 16 世纪中叶，英国马匹的平均交易价格接近 100 先令，而好的战马甚至更贵，一副普通的骑兵铠甲也要价 40~50 先令。与马匹和铠甲的花费比起来，10 来先令一把的轮燧枪实在算不上什么大的投资，但是却能让他们拥有意外的作战效能。

1544 年，神圣罗马帝国与法国交战。当时黑衫骑士装备了轮燧手枪，法国军队仍装备火绳枪。战斗正在进行，突然风雨大作，装备火绳枪的法军几乎没能打出一枪一弹，而以轮燧手枪为主要武器的黑衫骑士则越战越勇，将法军士兵打得落花流水。不久，法国国王让自己的骑兵配备了轮燧手枪。这样，轮燧手枪慢慢成了欧洲骑兵的主要武器之一。

不过骑兵战并没有成为轮燧手枪的主场。

这个时代的骑兵战斗在一些地方开始变成双方互射，他们互相忍受伤亡，直到一方崩溃。不过这样的手枪战术没有在山地战中发挥作用，在 1574 年的穆克海德会战中，荷兰的手枪骑兵在打完子弹后遇上了一群老式的西班牙枪骑兵。对手在他们装填子弹的过程中果断发起了冲锋，很快就驱散和击溃了他们。

意识到手枪并非决定性武器的骑士回到了过去的模式，在 1590 年法兰西内战的埃弗雷会战中，亨利四世国王的很多手枪骑兵并没有直接向他们的对手射击，而是果断而勇敢地发起了集团冲锋。他们的对手是一群企图回避肉搏战，用轮燧手枪射击的骑兵。而最终的结果也证明了在近距离战斗中，冲锋的震撼效果依旧十分重要。

总体上，虽然轮燧手枪在英国的内战和欧洲各地的骑兵手里大放光彩，但是它注定不会成为市场上的抢手货，只有在绅士间的决斗和海战中才比较常见。还有一个场合，轮燧手枪也比较常见，那就是暗杀。

1549 年 1 月，英王爱德华六世颁布法令，禁止有人携带轮燧手枪进入他宫廷的半径 3 英里（4828.03 米）内。要知道这个时代的轮燧手枪很难打中 50 米外的东西，但光是其具有的隐藏射击意图的设计就足以让人如此紧张。因为君王的抵触，手枪的发展停顿了一段时间。

后来燧发枪机出现，很快就有人把这个设计应用在了手枪上。

法式枪机系统的特点是它垂直的燧石夹螺钉和圆润的蛇形管。

早期的燧发手枪就有了多管系统，而步兵的长枪比手枪来得晚一些。这时候的燧发手枪一般是每根枪管都有一套枪机，但是这种做法成本实在过高，而且保管起来也很麻烦。

在 1650 年左右，荷兰有了双管的燧发手枪，两根枪管同轴安置，各配一个火镰和带保险盖的引药盘，这就可以只用一套枪机系统射击，减少了很多成本。

双管同轴的设计之后一直延续下来，并在狩猎方面得到了广泛应用。

手枪在 16 到 17 世纪并不是军队和佣兵的专有武器，由于当时的社会治安问题和日渐盛行的决斗风气，几乎每一个富裕阶层的男性都会和手枪打交道。但是作为一种无法在长距离发挥决定性杀伤作用的武器，它仅仅是一个战场的重要配角。

整个 16 到 17 世纪，火枪的发展脉络就是如此。之后的一个阶段，燧发枪成了战争的主导，200 年内无人可以动摇它的地位。值得注意的是，经过很多测试，人们发现明火枪时代火枪难以精确瞄准完全是射击方法不完善、武器笨重和发火极为缓慢所造成的。根据击发原理将许多年代久远的、西班牙制造的明火枪枪身加以改造，安上新的枪托并适当地改短后，其射击十分精确，甚至在较远的距离上具有不寻常的穿透力。

最后补充一点，16—17 世纪的大部分单

上图: 法式的枪机系统

兵火器，无论是火绳枪还是轮燧枪，又或者是燧发枪，都属于前装式滑膛枪，因为它们的枪膛里没有膛线，而且子弹和火药都是从枪口进入的。

上图：排炮

其他火器

在 14 到 17 世纪，火药武器是一种新兴事物，所以在欧洲各地不乏有些新创意，人们根据实地能收集到的素材还有自己使用的需要，尝试开发过各种奇怪的火药武器。

冷热兵器结合是早期火药常见的应用方法，《第一滴血》系列中就有过类似的表现——将火药点上引线，然后用手头有的投射武器发射。百年战争早期还有把火药绑在木棍上或做成球形的。这种武器的容器多半是陶土制作而成，比起杀伤力来，吓唬人的作用更大些。不过，聪明的人类从来不担心找不出伤害他人的办法。他们之后又添加了各种刺激性的原料，比如胡椒还有石灰，制造出一种初级的化学武器。再后来又在里头塞上硫黄、木炭、火药和焦油等等，一扔下去不仅有燃烧作用，还有爆炸力，把容器炸开成为弹片后继续燃烧，杀伤力更强。

排炮是一种专门用来对抗骑兵的密集射击武器。虽然叫排炮，但是它的设计思路已经和后世的机枪类似。这一种火炮性能不佳，除了在近距离使用，或是上帝庇佑外，几乎打不到什么人。著名艺术家达·芬奇就曾发明过管风琴炮，它也是排炮的一种。

此外还有斧枪、剑枪、枪盾等设计新颖巧妙的火药武器。

从 14 世纪到 17 世纪的数百年时间里，我们可以看到西欧科技的飞速发展。各国、各地区之间竞争激烈，"落后就要挨打"的观念在数百年的纷争中刻入了各国的骨髓。当然，西欧火器发展迅速也不光来自于这个层面，这一时期西欧的文化阶层频繁地将自己在文艺复兴中所学到的知识同现实对接，大批优秀科学家涌现出来，大力推进了技术的发展。如果没有冶金、化学乃至数学等各个领域的发展，火器要单独进步也是一个不可能的任务。

参考文献

阿彻·琼斯. 刘克俭, 刘卫国译. 2001. 西方战争艺术. 北京：中国青年出版社

张扬. 2009. 中世纪晚期欧洲军事领域内的技术革命. 北京：首都师范大学学报（社会科学版）

阿诺德·汤因比. 刘北成译. 2013. 历史研究. 上海：上海人民出版社

弗兰克·坎帕. 高桥和弘译. 1990. 雇佣军. 大阪：并木书房

B. P. Hughes. 1975. Firepower: Weapons effectiveness on the battlefield, 1630-1850. New York: Charles Scribner's Sons

Starlig Seagrave. 1981. Flight/Soldiers of Fortune. London: Time-Life Books

William. H. McNeill. 1982. Ancient And Medieval Arms And Armor. New York: Dover Publications

Douglas Porch. 1991. The Frech Foreign Legion: A Complete History of The Legendary Fighting Force. New York: Harper Collins Publishers

Bert S. Hall. 1997. Weapons and Warfare in Renaissance Europe: Gunpowder, Technology, and Tactics. Baltimore: The Johns Hopkins University Press

第三篇

逐胜的哲学

黄金总会用完，但勇气、刚毅、团结却是取之不尽的。

——古罗马谚语

战争的进化是人类历史的常态，它可能迅速，可能迟缓，甚至可能会短暂倒退，但从不会停顿。

在绝大多数情况下，富人战胜穷人、强者战胜弱者、骑马的战胜步行的、人多的战胜人少的。但历史引人入胜的地方就是其总是有例外发生。瑞士人首先凭借方阵从一群默默无闻的山民一跃成为欧洲最强大的军事力量，击败了勇敢的勃艮第公爵、意大利高傲的公爵和国王乃至神圣罗马帝国的皇帝。此后新兴的西班牙王国凭借着西班牙大方阵拓土开疆，征战四方。三十年战争更是将军事革命推向了最高潮。创造出线式战术的瑞典国王古斯塔夫乃至日后雄霸欧洲的法国陆军依次脱离潘多拉魔盒，显露出他们嗜血而诱人的风采。

作者／
吴畋

名将的征程

"北方雄狮"古斯塔夫的三十年战争史

"三十年战争"中的早期会战也和上个世纪的战斗极其相似，庞大的步兵和骑兵部队被部署成一个棋盘模式。但到了 1631 年，瑞典的古斯塔夫·阿道夫大王证明了排枪和线形编队的全部潜力。

——杰弗里·帕克 《剑桥战争史》

当瑞典国王古斯塔夫（Gustavus）于 1630 年 7 月 6 日在波美拉尼亚乌瑟多姆（Usedom）挥师登陆时，几乎没有人能够预见到他会将原本已经十分漫长的战争再延续 18 年之久，使得由布拉格"掷出窗外事件"引发的战火燃烧了整整 30 年，最终在瑞典军队久攻不克的布拉格城下熄灭。

乌瑟多姆登陆的军政基础

在当时的瑞典王后看来，她身处的国度"除了岩石、群山和冰冷的空气外一无所有"。虽然这话多少有些夸张，经过古斯塔夫的苦心经营，国家也多少拥有了足以支撑其渡海入侵德意志的军事技术和人力资源，但总体而言，依然贫瘠的瑞典并没有长久维持战争的能力。古斯塔夫事实上是在拿瑞典的国运赌博，他希望能够顺利突破桥头堡，完成丹麦国王失败的事业。在古斯塔夫的前期扩张中，人口还不足两百万的瑞典自 1621 年起陆续征召了 8 万本土兵员（包括芬兰士兵），尽管在波罗的海南岸获得了一系列征服果实，但人员损失却相当惨重。1625 年至 1629 年，先后投入波兰战场的 5 万名瑞典本土士兵中至少有 3.5 万人要么殒命异乡，要么不知所踪。军队已经是

右图: *瑞典国王古斯塔夫二世画像（1887 年绘制）*

瑞典王后玛利亚·埃莱奥诺拉
（Maria Eleonora）（1619 年绘制）

压在瑞典人民头上的沉重负担，庞大的国内财政、政治压力或许也是古斯塔夫热衷扩张的内在动力之一。

古斯塔夫入侵德意志究竟是蓄谋已久的打击哈布斯堡的精心布局，还是种种巧合下顺势而生的杂乱步伐？后世学者对此争论不休，瑞典国王一度取得的辉煌成就往往令人倾向前者。但事实上，古斯塔夫在登陆乌瑟多姆时仅仅携带了延伸到萨克森边界的地图，直到进入萨克森后，他才命令制图学者们绘制能够涵盖德意志南部的新地图。

瑞典的战争目的同样在不断变动，古斯塔夫素来是好战分子，他几乎从不放过任何一个参与战争的机会。早在1627 年 12 月，国王就曾经严肃考虑过介入德意志战事，不过奥克森谢尔纳（Oxenstierna）首相成功说服了他先行解决波兰问题。

上图：瑞典首相奥克森谢尔纳

自 1628 年 2 月开始，瑞典与波兰这两个同样在瓦萨王室治下的国度开始了马拉松式的和谈，最终以次年缔结《阿尔特马克和约》（Truce of Altmark）告终。瑞典并未获得它垂涎已久的但泽港口，只得到了大约每年 50 万塔勒的经济补偿。

古斯塔夫也曾派出代表，试图参与吕贝克（Lübeck）和会，却因为瑞典并未参与丹麦与神圣罗马帝国的战争而吃了闭门羹。虽然如此，丹麦还是尽力调解瑞典与帝国的关系，最终令神圣罗马帝国的斐迪南二世（Ferdinand Ⅱ）皇帝在 1630 年 4 月派遣使节前往但泽与国王会晤。事实上，早在瑞典出兵前半年，奥克森谢尔纳首相就公然告知英国大使托马斯·罗（Thomas Roe）爵士"下一场战役即将来临"。在古斯塔夫大肆渲染瑞典使节在吕贝克受辱一事后，瑞典议会最终于当年 4 月勉强通过了开战决议。而在最终出兵前，他充分利用了丹麦、神圣罗马帝国使节来到但泽的机会释放烟幕弹，以种种托词将谈判拖延到 6 月，直到出兵前夕才让和谈"适时"终结。

瑞典国王希望皇帝将帝国军队撤出北德意志，与此同时瑞典军队却不用退出帝国城市施特拉尔松德（Stralsund）。他的这些"无理"请求掩盖了真实目的，事实上，他从未向斐迪南皇帝展示具有实际意义的具体条款。而在 1630 年 6 月，他还命令萨尔维乌斯（Salvius）以德文和拉丁文撰写了一本宣传手册，声称瑞典的干预行动是正义之举，绝非贪得无厌的扩张主义所致。这本书在半年内便被翻译成五种文字，拥有 23 个不同版本。有意思的是，根据他们所要面对的陈述对象，古斯塔夫与奥克森谢尔纳采取了细节上略有出入的各类说辞，例如在法文版本中，瑞典人就公然宣称他们希望路易十三加冕为神圣罗马帝国皇帝，黎塞留成为教皇。

在普法尔茨选侯弗里德里希五世、丹麦国王克里斯蒂安四世的军事冒险相继失败后，德意志的激进新教徒们自然而然地将希望寄托在了瑞典国王古斯塔夫二世身上。瑞典军于波美拉尼亚登陆后不久，北德意志便出现了国王身穿全套甲胄，接受上帝之手所赐圣剑，毁灭天主教暴君的宣传画。许多天主教徒自然而然地认为在归还敕令中丧失土地的新教诸侯引狼入室，但古斯塔夫却没有这么想，他后来甚至自嘲，倘若真的是新教诸侯为王前驱，他理应对教皇而非皇帝宣战！事实上，瑞典的参战动机大体来自三个方面。

瑞典的首要目的在于维持地缘安全。"佣兵之王"华伦斯坦（Wallenstein）雄心万丈的神圣罗马帝国波罗的海舰队计划曾令古斯塔夫一度寝食难安，尽管斐迪南皇帝已经有所让步，罢黜了华伦斯坦，裁撤了军队，并同意与瑞典进行接触，但瑞典国王需要的是帝国永远无法对本国构成威胁，因此，他所渴求的不是皇帝个人的善意，而是从根本上削弱帝国的实力，遏制北德意志境内的哈布斯堡势力。起初，瑞典官方仅仅将抨击目标局限于斐迪南本人，并未对帝国宣战，即使进行军事干预也是打着"人道主义援助"的旗号。然而，虽然瑞典外交官竭尽全力，大大小小的德意志邦国中却仅有施特拉尔松德在威逼利诱下接受了"援助"。尽管国王日后在国会宣称阿尼姆攻击施特拉尔松德导致双方进入战争状态，却有意掩饰了瑞典使节诱使市议会要求外部势力干预在先的事实。

为了反击斐迪南关于瑞典悍然入侵的指控，古斯塔夫宣称他是在为德意志的自由而战。

■下图：跨海而来，手执橄榄枝，以武力解救新教徒的古斯塔夫

瑞典官方认为欧洲的和平系于神圣罗马帝国内部的权力平衡，因此为了让帝国恢复到它的"正确"状态，为了全欧洲的整体利益，瑞典有必要挺身而出。双方的宣传战迅速升级，诸多互相攻讦的小册子成为主要武器，斐迪南更是毫不留情地使用了天主教会习以为常的公开禁书、焚书招数。

参战的次要原因是瑞典要获得足够的领土报酬。不过，尽管瑞典官方对波罗的海南岸港口的觊觎由来已久，它关于这一点的调门还是要低得多。在帝国军企图攻取施特拉尔松德失败后，奥克森谢尔纳就重新与该城谈判，希望将其纳为瑞典的保护地。瑞典军队登陆波美拉尼亚，兵临首府斯德丁（Stettin）后，古斯塔夫更是立刻以公爵无嗣为由，提出了对整个公爵领地的领土要求，最终迫使公爵承认死后将领地正式交予瑞典。尽管当地的等级会议依然希望重获自治，瑞军铁蹄下的公国事实上却已被完全兼并。

第三个原因则在于需要让军队满意，毕竟瑞典显然无力在财源有限的状况下供养它规模过于庞大的武装力量。正如一名国会议员所述，"把山羊拴在邻居门上总比拴在自己门上好"——让瑞典军队前往德意志以战养战显然不失为明智之举。

根据古斯塔夫和首相奥克森谢尔纳的估计，征服北德意志海岸至少需要 75000 人，与此同时，守卫瑞典国内和已有征服成果还需要 37000 人。然而，入侵前夕的瑞典海陆军总兵力却仅仅只有 43000 名瑞典、芬兰本土兵员和 30000 名雇佣兵。纵然如此，这 7 万多吞噬金钱的杀戮机器已经让瑞典财政难以为继，就在国王登陆波美拉尼亚之际，四千名依然身处普鲁士的骑兵公然要求古斯塔夫付清整整 16 个月的欠饷，否则便拒绝参与军事行动。

1630 年 6 月的瑞典军队分布

部署地点	机动兵力	守备兵力	总兵力
瑞典	13640	15830	29470
芬兰	5395	6455	11850
利沃尼亚	1990	4560	6550
普鲁士	11340	7505	18845
斯德丁	4000	1745	5745
总和	36365	36095	72460

由于船只数目有限，前两批登陆的瑞军仅有两万人。他们随后与身处施特拉尔松德的五千名瑞军会合，加上不断征募来的德意志雇佣兵，截至 1630 年 11 月，德意志境内的瑞军总数已经上升到 2.9 万人，但其中有三分之一是病员。

尽管如此，这支军队的规模也远远超过了古斯塔夫此前指挥的任何军队。然而，他此刻面临的对手已不再是缺兵少将的波兰人，而是北德意志的整整五万名帝国军与天主教同盟军，而在德意志西部和南部，还有三万名敌军随时可能赶来增援。即使失去了伟大的华伦斯坦统帅，生活处境也并不理想，帝国军与天主教同盟军依然堪称劲敌。事实上，尽管齐聚雷根斯堡（Regensburg）的诸侯们对瑞典的入侵有所耳闻，他们的议程却从未被打乱。

此时的古斯塔夫尚未赢得日后环绕着他的层层光环，瑞典军队也并非天生优于它的敌人。当然，对习惯于贫乏波兰战场的瑞典、芬兰士兵而言，德意志，即便是相对贫困的、历经了 12 年战火的北德意志，依然可谓乐土。在战利品的驱使下，他们的士气整体而言相当不错。而在一系列小规模冲突中，芬兰人与苏格兰雇佣兵已经赢得了相当程度的威名。自古斯塔夫登陆之日起，德意志境内就开始滋生关于斯堪的纳维亚人的种种奇怪传说，这些说法无疑为芬兰人的神秘和苏格兰人的勇武增添了若干元素。芬兰骑兵由于其劈砍时的特有战吼"hakkaa päälle!（狠狠砍！）"得到了"哈卡佩尔"（Hackapell）的诨名。德意志农民间甚至流行着这些"哈卡佩尔"渡河如履平地，还能操纵天气变化的种种荒诞传说。古斯塔夫充分利用了这一点，他总是带着一队芬兰骑兵和同样奇异的苏格兰步兵出行。而瑞典方面的官方也吹嘘瑞典士兵不畏严寒，从不兵变，绝不逃跑，靠着极少的给养便可存活，一直战斗到倒下为止……总而言之，在官方的发言中，瑞典士兵是世间独一无二的、不似凡人的完美战斗机器。那么，这架战争机器实况究竟如何呢？

古斯塔夫时代的军队

在描述一支军队之前，我们必须首先熟悉这一时代的具体情况，了解其军事技术等诸方面背景，古斯塔夫的瑞典军队自然也不例外。

火器时代的诸多基本兵器多数已经在16世纪中叶出现在欧洲战场上，火炮、枪支的运用广度已经远超前人，几乎所有后人实践过的想法也都有人着手尝试。事实上，当时各国的能工巧匠们已经设计出各式各样的奇怪兵器，荷兰人甚至开发出了旨在让敌军窒息、失明的原始毒气弹。不过，加工技术水平的限制导致此时的实用武器进步较为缓慢。以火炮为例，尽管数学家已经研究出更为复杂的弹道理论，但铸炮工匠却无法制造出运用到相关理论的火炮。直到17世纪中叶，以钻膛方式制造炮膛的工艺才基本成熟，而在三十年战争时代，火炮依然以既耗费时间又不可靠的卷管法制造为主。简而言之，此时技术发展的主要任务是让兵器更为可靠，而非创造全新的兵器。

此时的重炮大约分为加农炮（Kartaunen）和蛇炮（Schlangen）两种。前者炮身较短，炮管较薄，其中以全加农炮为代表的攻城炮往往需要10匹以上的挽马，可发射重达70磅（约31.75千克）以上的实心弹。后者炮身较长，炮管较厚，使用寿命和射击精度都相对较好，但这也导致蛇炮重量往往相当于同等口径的加农炮两倍之多。在野战当中，通常运用较多的是弹重6磅（约2.72千克）或12磅（约5.44千克）的蛇炮。此外还有大量弹重低于4磅（约1.81千克），往往只需要两匹挽马拖曳的火炮，它们通常被称为隼炮（Falkone）。而在攻城战中，除了重磅加农炮和蛇炮外，还有看似粗短，发射的实心弹和榴弹破坏力却相当可观的臼炮可供使用。

此时的炮兵相对而言组织较为混乱，多数炮手依然视自己为矿工主保圣人圣巴巴拉庇佑的行会成员。操作火炮则被视作拥有独特传统与禁忌的特殊艺术，天主教炮手多数会在开火前画十字，所有教徒都给每一门火炮起了特别的名字。当时的军事理论家认为每一千名士兵应当配备2~4门火炮，不过能够伴随步兵和骑兵作战的火炮通常都是轻型蛇炮或隼炮。重型火炮代价高昂又机动缓慢，在战败时往往会沦为奇货可居的战利品。

枪支这种最为普遍的单兵武器的发展状况也与火炮大体相似。虽然线膛化的枪膛、后膛装填方式乃至燧发、击发等各类发火方式早已存在，但火绳枪依然是主要兵器，手枪则在多数情况下成为骑兵的防身装备。装备进步的主要阻力同样来自加工技术，18世纪风行天下的燧发枪机虽然瞎火率远低于火绳枪机，却依然由于制作较为困难、成本较高、机械易于损坏而应用较少。燧发步枪因而主要用于狩猎，在荷兰等富裕国家的军队中也有所运用，但所有军队的主力装备都是廉价、耐用的火绳枪。

步兵使用的火绳枪长 1.2~1.5 米，重 4~10 千克，重型火绳枪多用于步兵阵列，在发射时往往需要支架支撑，轻型火绳枪也称火绳钩枪（Arquebus），多用于前哨战等散兵战斗，部分轻骑兵也会使用它展开袭扰。火绳枪能够将 40 克重的弹丸打到至少 300 米之外，但多数轻型火绳枪有效射程可能只有 150 米左右。随着技术的进步，重型火绳枪变得越发轻巧可靠，最终导致 17 世纪中叶火绳钩枪和火枪支架的消失。重骑兵除了携带骑枪、剑、刀等近战兵器外，还使用射程很少超过 25 米的手枪，而手枪的金属柄也往往能够在近战中作为棍棒使用。

火枪手通常会携带短剑作为自卫武器，但这种太过廉价的装备往往质量相当低劣，很容易出现折断、卷刃等意外状况。因此，混战中的火枪手往往会直接倒转步枪，使用沉重的枪托一通猛砸。早期的火枪手即使结成较为密集的阵形也难以单纯凭借射击阻挡骑兵冲击。因此，自 15 世纪末期开始，将“射击部队”火枪手和“近战部队”长枪手混编在同一战术阵形中成了通行做法。一般而言，装备重型火绳枪的部队会更接近长枪手以寻求保护，火绳钩枪手则倾向于在外游弋。长枪手通常装备长约 5 米的钢尖长枪，以密集阵形展开攻防，进攻中前几列士兵会平端武器冲击，防守时则通常让第一列士兵右腿向后伸展，长枪尾部插地，斜向前阻挡敌军，其后数列士兵将长枪平举至肩高，以此形成密集的枪尖森林。

考虑到长枪手的近战角色，状况较好的长枪手每人至少需要一顶钢盔和一面胸甲，更为富裕的部队还会配备背甲、护喉等金属防具。由于身体状况限制，胸甲一般不能做得太厚，全身装备总重也不宜超过 20 千克，否则便会严重限制部队活动能力，好在三十年战争中的火绳也不断朝着轻量化方向发展，让胸甲多少还有一些用武之地。但由于军队规模的扩张和经费的短缺，战争中的多数长枪手只能用皮衣替代胸甲，不少人甚至连头盔都没有。相比而言，火枪手的防御装备就更为单薄了，他们在战斗中至多会装备头盔护具，弹药通常放在随身子弹包和角状容器里，斜挎的子弹带上一般会有 12 发散装子弹，人称“十二使徒”。尽管预装一定分量弹药的纸弹壳早已出现，但古斯塔夫麾下的军队由于经费短缺，依然未能推广。每名火枪手需要在战斗中携带 4 米至 6 米长的火绳引火，它们的燃烧速率通常为每小时 10~15 厘米，通常每十名火枪手中有一人需要负责保持火种。不过，射击火绳枪终究十分危险，燃烧的火绳很容易引燃周围的散落火药，因此，火枪手即便在集体射击时，同一列士兵之间一般也得留下 2~3 米的间隔。

款式统一、色彩亮丽的军服在很大程度上依然是奢侈品，尽管早在三十年战争前就有不少德意志诸侯为他们的团装备颜色大体一致的军服，但部队青睐的红、蓝色制服需要价格高昂的染料，因此多数军队制服以灰白色调为主。瑞典军队也不例外，他们只进行过局部统一制服试验，多数时候的多数部队依然身着类似农民、工匠服装的暗色军装。

步兵理论上会分成数目大体相当的火枪手和长枪手，但在实战中各个部队的状况却千差万别，通常情况下火枪手的比例会随着战争的进行而越来越高。此时绝大部分将领都认为"会战结果是由长枪的冲击决定的",就连古斯塔夫也主张在火枪齐射后以长枪兵冲击终结战斗,因此长枪手理论上会选择较为英勇强壮的士兵,享有更高的荣誉和军饷,行伍出身的将领也会被称为"自长枪起步"(von der Pike auf)而非"自火枪起步"。但三十年战争中更为多见的战斗是前哨战、小规模战斗和围城战,在这些场合,火枪手占有无可比拟的优势。此外,一旦部队溃败,装备较重的长枪手在扔掉长枪后几乎毫无反击能力,因而产生了"干掉长枪手是谋杀"的民谚。而在所有军队都喜闻乐见的劫掠当中,主武器长达5米的长枪手显然也不如火枪手轻松灵敏,只能徒劳地抱怨后者太过贪婪。在古斯塔夫征战德意志期间,各支军队中的火枪手与长枪手比例通常为2:1到1:1。

虽然如此,正式会战中的步兵阵形核心依然是长枪集群。受荷兰军队影响较大的新教军队更倾向于将长枪兵排成5~10列的单薄阵形,天主教和帝国军队则倾向于西班牙式的15~25列的厚重阵形。长枪集群两侧的火枪集群通常会列成同等厚度阵形,集群前方还有3~5列的轻型火绳枪手。

各国军队通用的射击方式是后转射击,即第一列士兵射击完毕后后退到阵形后方装填弹药,如此循环往复,直到装填完毕的原第一列士兵又位列最前方为止,这样的做法可以在相当长的一段时间内保持火力输出,却不可避免地降低了瞬时打击强度。后转射击也可以用于推进或退却,前者要求第一列士兵就地装填,后排士兵进抵第一列前方射击,通常能够达到每分钟20~40米的推进速度;后者则要求第一列士兵退往阵形最后方,第二列士兵就地射击,而后继续退却,通常每分钟能够退却10~20米。在火枪集群前进或后退的同时,长枪集群也会展开相应行动。

在三十年战争中,重装枪骑兵作为一个实战兵种已经基本消亡,只有来自波兰、匈牙利的军队还存在有一定数量的枪骑兵。帝国军队中的轻骑兵大约有五分之一属于轻装枪骑兵,不管实际族属如何,他们往往被称为"哥萨克人"或"波兰人",其余部分则被泛称为"克罗地亚人"。他们通常装备马枪、手枪和自卫短兵器,擅长袭扰、追击、劫掠。这一时期的骑兵王者则是胸甲骑兵,他们在理想情况下可以装备全套胸背甲,手臂和大腿也有甲胄保护,以长剑和手枪作为主战兵器。装备轻型火绳枪,介于轻重骑兵之间的火绳枪骑兵通常装备较为轻便,马匹也较为矮小,以火绳枪作为主战兵器,但也能够执剑展开骑乘冲击。由于

帝国军队和天主教同盟军队的"大方阵"理论编制

帝国军队大方阵(约1000人)		
火枪手13×16	火枪手32×3	火枪手13×16
	长枪手32×16	
同盟军队大方阵(约2000人)		
火枪手17×26	火枪手44×4	火枪手17×26
	长枪手44×22	

战斗中的胸甲骑兵

这一兵种成本相对较低，许多胸甲骑兵部队在战争中也演变成了胸甲骑兵与火绳枪骑兵的混编部队，后者主要负责火力袭扰，前者主要负责冲击。随着战争的不断深入，一些威名远扬的火绳枪骑兵部队甚至在装备上还要优于一部分胸甲骑兵。

介于骑兵和步兵之间的则是龙骑兵，或称骑马步兵。他们的装备与步兵类似，战马通常比火绳枪骑兵更为矮小，甚至不会装备难以步行的马靴。在实战当中，龙骑兵通常用于支援步兵的前哨战，或是执行类似于轻骑兵的诸多勤务。

在骑兵与步兵的战斗中，富有经验的骑兵指挥官会通过长枪手的握持姿势判断出他们是否军心稳定，是否会在冲击下溃散。不过一般而言，训练有素的步兵长枪阵往往难以突破，骑兵间的战斗也大体如此，不管对面兵种如何，许多骑兵会在面对密集阵列时畏缩不前。回旋射击由此应运而生，它要求骑兵逐排上前射击并返回阵后装填，牺牲了冲击的心理威慑力，代之以反复射击的杀伤力，本质上类似步兵的后转射击，这一战法易于实践，对马匹和士兵要求较低。

不过，瑞典军队的组织与战术很大程度上是在与波兰军队的曲折斗争中发展起来的。较之西欧、中欧的多数军队，波兰军队更为"东方化"或"东欧化"，这让古斯塔夫更为青睐战斗中的"突击"效果，让他决心将火力投射速率、机动性和冲击力结合起来。瑞典国王虽然并非后人吹嘘的军事上的大创新者，却善于批判地利用已有的诸多军事技术成果，尤其是作为军事革命中心的荷兰的技术进步成果。他采用类似荷兰式枪支的减重版火绳枪，却果断背离了盛行一时的后转射击，也没有广泛采用轮射或排射等复杂的轮换射击手段，

瑞典军队步兵中队的理论阵形

3 磅炮 1 门	火枪手 100 人	3 磅炮 1 门
火枪手 16×6	长枪手 44×6	火枪手 16×6

而是以精度较低但瞬时火力更为强大的全体齐射为主——其目的在于在最短时间内给敌军造成最大的心理影响——而后以长枪兵的猛烈突击彻底粉碎抵抗。为了强化火力、扩张正面战线以免侧翼被包抄，步兵阵形厚度被削减为 6 列。在战斗当中，瑞典步兵基本作战单位是旅（Brigad），通常包括 3~4 个 400 人左右、列成棋盘状阵形的火枪手—长枪手混编中队（Skvadron）。

至于瑞典骑兵，面对骑兵实力强劲的波兰军队，往往力不从心。从古斯塔夫登基前的基尔霍姆（Kirkholm）到远征德意志前夕的施图姆（Stuhm），诸多失利让骑兵实力有限的瑞典人不得不依赖步、骑、炮兵的协同作战。古斯塔夫在骑兵作战中最杰出的创举便是在骑兵中队之间插入了若干百人规模的火枪手部队。尽管瑞典骑兵的确在三十年战争后期表现出了一定的速度与坚定的决心，古斯塔夫也要求骑兵在敌军状况混乱时应当迅速展开全速冲击（但他同时也要求骑兵必须保留一定数量的预备队以防万一），但是在 1630 年登陆之初，由于长期生活在强大的波兰骑兵的阴影下，他们依然在相当程度上采用防御性战术，当敌军骑兵展开冲锋时，便会在近距离上遭遇火枪手的火绳枪齐射和前两列骑兵（满编情况下骑兵会排成 6 列横队）的手枪齐射，有时甚至会遭到伴随作战的轻型火炮的轰击。当瑞军以火力打乱敌军骑兵作战节奏后，原本以保持战线、展开防御为主要任务的瑞典骑兵便在有利状况下伺机展开反冲锋。不过，这些战术在 1630

年尚未得到完全证明，事实上，就在不到一年前，波兰境内的最后一场大战中，占据兵力绝对优势的瑞军骑兵依然在施图姆被波军骑兵击溃。

此外，由于瑞典经济拮据的客观影响和国王本人对过于沉重的装备的厌恶，瑞典本土的胸甲骑兵基本上没有装备护臂或护腿，甚至有相当一部分士兵连胸甲也装备不齐。

古斯塔夫对速度的爱好同样对瑞典炮兵影响深远。国王自称是优秀炮手，实际上也的确如此，他能够熟练操纵火炮，并且异常迷恋火炮集中使用、快速轰击的战术。在攻城重炮方面，瑞典军队主要使用24磅（约10.89千克）半加农炮，但国王更强调虚张声势恐吓守军和直接强攻夺取据点，对按部就班的漫长围城战不屑一顾。野战中的阵列炮兵以12磅的半蛇炮或四分之一加农炮为主，伴随步、骑兵作战的则是弹重3~4磅的轻型蛇炮或隼炮，24磅重炮也时常出现在野战当中。

名噪一时的用皮革卷制而成的皮炮实际上并非瑞军的创造，它早在公元14世纪便出现在了战场上，古斯塔夫对它的试验也并不成功。1626年后，火力过于贫弱的皮炮便逐渐淡出了瑞军队列，以至于有些既听闻皮炮名声，又了解瑞军穷困的帝国士兵讥笑这些火炮大概是被饥肠辘辘的北方蛮族吃掉了。取代它的则是真正令瑞典步兵获得相当战术优势的铜制团属火炮。这种火炮重约280千克，发射的实心弹重1.5~2千克，面对集群目标时极限射程约为1000米，有效射程在200米左右。即便加上炮车重量，三个人或一匹马也能轻松将团属火炮拖动，因而它能够迅速跟上步兵步伐，提供可观的火力支援。

与几乎所有时代一样，三十年战争中的

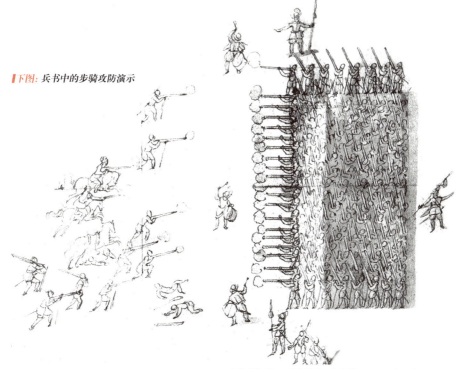

下图: 兵书中的步骑攻防演示

战术很大程度上是寻求主要兵种间的最佳配合。会战通常以双方相隔不到一千米的互相炮击开始，与此同时，两军散兵上前侦察对方阵形，主力部队则完成集结和展开。由于地形各异，指挥官意图也多种多样，实际布阵状况往往千差万别。但总体而言，多数部队都将第一线的步兵布设在战线中央，列成连续密集的队列，各个作战单位间尽量减少间距，以免被敌军骑兵分割。第二、三线部队一般位于第一线后方数百米处。骑兵一般位于步兵两翼，基于在东欧战场上面临机动灵活的土耳其军队时的经验，帝国将领往往更倚赖壕沟乃至车阵等临时防御工事以保护步兵。

一般状况下，这一阶段的步兵、骑兵、炮兵在作战中倾向于先和同一兵种的死敌捉对厮杀。炮兵往往更倾向于压制敌方炮兵，骑兵则寄希望于将敌方骑兵逐出战场，迫使敌军步兵暴露侧翼。交战双方都希望能够以足够的骑兵与炮兵协助步兵投入交战，因为有效协同的两个乃至三个兵种必定会远优于单一兵种的发挥。在骑兵威胁下结成密集阵形的步兵往往会遭遇步兵、炮兵火力的屠戮，而尽力发挥火力的单薄步兵阵形又往往会惨遭骑兵突击，此类两难局面下该如何抉择，始终是将领在临场决断时的最重要环节。

德意志诸侯们的权衡与马格德堡的惨剧

尽管古斯塔夫登陆后轻而易举地攫取了斯德丁，但要将占领地域扩张到波美拉尼亚以外却要困难得多。波美拉尼亚公国的土地太过狭小，物产也不丰富，难以供养整支瑞典大军，古斯塔夫发觉以自己的财力也无法招募到足够的雇佣军，帝国军队则倚仗兵力优势在

东面的奥得（Oder）河一线和西面的梅克伦堡（Mecklenburg）公国境内设立防线。事实上，双方竞逐的焦点是正在瑞典雄狮与帝国双头鹰间徘徊的新教诸侯们。

不过，虽然激进新教徒们渴盼瑞军到来，主流新教徒却对古斯塔夫和瑞典知之甚少，不幸的是，关于瑞典人是半开化蛮族的传言却被瑞典军队乃至国王本人（他自称瑞典人、哥特人、文德人的国王，芬兰人的大公）的苛刻要求部分印证了。古斯塔夫就连在给内兄勃兰登堡选侯的书信中都不假辞色：

> "我不希望听到关于中立的话题。殿下只能成为我的朋友或敌人。当我抵达你的边界时，你必须宣布自己是冷是热。这是上帝与恶魔间的斗争。倘若殿下在上帝一方，就必须加入我，倘若是在恶魔一方，就必须与我战斗。第三条道路不可能存在。"

然而，第三条道路，或者说中间道路，却是大部分新教诸侯所希望的。尽管《归还敕令》让他们胆战心惊，但多数人还是希望以中立姿态迫使斐迪南做出让步。代表新教的萨克森选侯约翰·格奥尔格（Johann Georg）依然在与代表天主教的美因茨选侯进行谈判，帝国方面也同意各教派诸侯在法兰克福（Frankfurt）召开联合大会，约翰·格奥尔格则号召打算选择中间道路的新教诸侯齐聚萨克森的莱比锡拟定对策，几乎所有新教邦国都派出了重要代表——被瑞典阻止的波美拉尼亚则是少有的例外。尽管诸侯们多数对斐迪南有所不满，他们对古斯塔夫却更为恐惧，与会的勃兰登堡首相直言：

> "瑞典国王是外来者，他和帝国毫无关系。"

1631年4月12日，莱比锡大会通过宣言，表示与会各国将挪用原本应当缴纳给帝国军队的贡金，组建一支四万人的中立军队。为了不至于过分刺激帝国皇帝，这支军队的公开目的

在于"维持基本法律，帝国根基和福音派德意志人的自由"。约翰·格奥尔格以此将多数德意志新教徒团结为较为统一的整体，以此增加他们的说话分量——此举的确收到了一定成效。5月，天主教同盟领袖、巴伐利亚选侯马克西米利安（Maximilian）在丁克尔斯比尔（Dinkelsbühl）天主教大会上提出要适当降低《归还敕令》的执行力度，法兰克福的帝国诸侯大会也开始讨论是否应当将敕令搁置五十年。

虽然如此，约翰·格奥尔格坚持在帝国框架内交涉的做法还是令一些依然仇视帝国和天主教同盟的新教徒心灰意冷。对斐迪南皇帝而言，瑞典军队的登陆意味着雷根斯堡的裁军协定事实上作废，尽管帝国军队的规模已经比华伦斯坦时代小了不少，但它依然花费高昂，而皇帝手头实在捉襟见肘，他并不打算大举招募新军，而是计划以撤出意大利战场的军队增援蒂利（Tilly）。毕竟，考虑到瑞军自登陆以来表现一般，斐迪南完全有理由认为蒂利得到增援后将会一举粉碎古斯塔夫。届时，约翰·格奥尔格也将被迫屈服。既然如此，帝国自然没有必要向新教诸侯做出实质性的让步。

神圣罗马帝国的僵硬态度让一些新教徒确信加入武力威胁不失为良策，这些激进分子包括梅克伦堡的流亡公爵，萨克森—魏玛的威廉、伯恩哈德兄弟，符腾堡、黑森—卡塞尔等诸侯。其中，黑森—卡塞尔的威廉五世边地伯爵公然与魏玛的两位公爵联手，组建了7000人的军队，拒绝向天主教同盟缴纳贡赋，甚至拦截运输给蒂利所部的补给。

符腾堡民兵也开始驱逐境内的帝国驻军，计划联合邻近新教邦国展开武装中立。

但是，大多数新教诸侯都保持着谨慎的观望态度，他们需要等到古斯塔夫证明瑞典能够抗衡帝国，保护它卵翼下的诸侯，而后才会正式参与瑞典国王的事业。此外，堪称新教诸侯天然领袖的萨克森选侯约翰·格奥尔格依然在斐迪南和古斯塔夫之间摇摆不定，他似乎希望以接近瑞典但并不与入侵者合作为筹码，迫使斐迪南做出让步——虽然这一希望已经越发渺茫。

无依无靠的马格德堡（Magdeburg）卸任官员克里斯蒂安·威廉（Christian Wilhelm）毫无自觉地成了打破僵局的人物。他彻底倒向了瑞典，改换门庭后纠集了一批帮手，于1630年7月27日潜越马格德堡城外的帝国军岗哨，突入市政大厅，轻而易举地控制了华伦斯坦两度顿兵多日的重镇。教士和市议员们原本将希望寄托在萨克森选侯身上，但克里斯蒂安·威廉的骤然到来却导

上图： *萨克森选侯约翰·格奥尔格*

致他们不得不同意与瑞典结为同盟。几乎与此同时，素来是新教同盟急先锋的黑森—卡塞尔、萨克森—魏玛也开始表现出明确的参战意图，对于困守波美拉尼亚，几乎毫无帮手，兵力不足 3 万的瑞典军队而言，这些宝贵的支持者无疑需要精心保护。

为了确保马格德堡不出尔反尔，古斯塔夫让法尔肯贝格（Falkenberg）上校入城主持局面。作为国王最信任的年轻军官之一，法尔肯贝格不负所望地在当年 10 月化装成船夫潜入城中，继而成为城市守备司令。帕彭海姆（Pappenheim）指挥的帝国军队随即将城市民兵赶回了城墙内部，但仅有 3000 步兵的他显然无法展开正规围攻战，只能加强要点封锁，展开外围争夺，等待蒂利所部主力的到来。

蒂利希望立刻发起攻势，将古斯塔夫赶下大海，但马克西米利安拒绝了这一点，因为这会让天主教同盟军直接介入到对瑞战争，与 1631 年 1 月 23 日瑞、法两国正式缔结的贝尔瓦尔德（Bärwalde）条约相悖。蒂利转而派出 7000 名天主教士兵增援马格德堡城下的帕彭海姆。倘若马格德堡就此沦陷，古斯塔夫的声望将遭到巨大打击，无法有效保护盟友的外来干涉者很难得到新的帮助。虽然瑞典国王必须前去增援，但瑞典军队的实际规模却远不如他的预计。尽管古斯塔夫希望在 1631 年拥有 10 万大军，可他当时在留下 18000 名守备部队后，只能抽出两万名病员多达三分之一的野战部队展开机动作战。当然，在战祸频仍的德意志大地上，任何一位统帅都可以招来大批失去土地、生计的绝望士兵，但前提是他需要赢得一场足以传扬声名的伟大胜利。

瑞典军队在 1 月 5 日冒着严寒发起突然攻势，从帝国军手中夺取了奥得河下游，但守卫屈斯特林（Küstrin）的勃兰登堡军队却粉碎了瑞典人溯河而上的企图。与此同时，老将蒂利指挥 7500 名士兵自哈尔伯施塔特（Halberstadt）驰援屈斯特林，10 天内疾进 320 公里，将正在冬营中的帝国军再度凝聚起来。

计划遭遇重挫后，古斯塔夫当即调整了作战步伐，他小心翼翼地避开了勃兰登堡领地，经过波美拉尼亚向西侵入梅克伦堡（Mecklenburg），于 2 月 25 日夺取代明（Demmin）。蒂利紧追不舍，于 3 月 19 日从 750 名瑞典守军手中强攻拿下了新勃兰登堡（Neubrandenburg），势单力孤的守城部队无愧于他们的声名，有三分之一的战士英勇捐躯。然而，这件事也迅速成了瑞典宣传机器的绝佳素材，他们大肆渲染，将悲壮的守城战扭曲成帝国军趁守军举行新教仪式之际发动的屠杀，在以莱比锡为中心的萨克森地区造成了极大的舆论影响。

随着交战地点越发迫近瑞军基地，蒂利发觉他麾下长途跋涉的军队已经在兵力上处于下风。他随即于 4 月 3 日进抵马格德堡城下，决心集中兵力将其解决。25000 帝国—同盟军队困住了城市，另外 5000 人则把守德绍（Dessau）桥。至于天主教同盟的诸侯们也没闲着，科隆的费迪南德①正在威斯特伐利亚筹备约 7000 人的援军，马克西米利安与其他天主教诸侯则在富尔达（Fulda）集结了 8000 人。此外，由于意大利战事已经告一段落，斐迪南还能抽出大约 24000 人在 5 月翻过阿尔卑斯山，兵临德意志。

帝国—同盟联军的庞大数目让古斯塔夫毫无直接援救马格德堡的可能性，他留下少量部

---

① Ferdinand，为"斐迪南"的另一种翻译。该名用作欧洲君王名时通常译为"斐迪南"，用作一般人名时通常译为"费迪南德"，以示区别。

天主教同盟骁将帕彭海姆

队协助梅克伦堡的领主们围攻当地的剩余帝国军要塞,指挥大约 1.82 万人再度兵临奥得河。古斯塔夫于 4 月 13 日强攻奥得河上的法兰克福,杀死了 6400 名守军中的四分之一,以此作为对新勃兰登堡守城战的报复。毫不意外的是,天主教方面的宣传者立刻声称瑞典人是在守军做礼拜时大肆杀戮的。天主教和新教双方的编造思路如出一辙。两周过后,兰茨贝格(Landsberg)也落入瑞军手中,古斯塔夫牢牢掌握了东波美拉尼亚与奥得河下游。

蒂利则拒绝从马格德堡周边地区抽调部队,他专注于拿下这座极具战略意义的城市。帝国—同盟军队有条不紊地逐个夺取外围据点,在两周时间内拿下了所有郊区。五年前的瘟疫和城市的长年经济萧条导致围城前的马格德堡人口也仅有两万五千,虽然战争中有一些城郊居民流入城市,但在长期的拉锯战后,守城的正规军仅余两千五百人,而五千名武装市民中也只有区区两千名是成人。虽然守城火炮有 77 门之多,储备的火药却相当不足。惨淡

的战争前景和可怕的破坏让许多市民对瑞典军队态度冷淡,不少议员甚至催促法尔肯贝格尽快接受蒂利反复提出的"荣誉投降"条件。但已经决心将马格德堡绑在己方战车上的瑞典上校断然拒绝,他一再宣称古斯塔夫即将到来,形势即将逆转。但法尔肯贝格实际上却相当清楚城中的危急局面,他不断向古斯塔夫告急,声称马格德堡不可能坚持到 5 月初,但瑞典国王最终还是无法及时上前增援。事实上,就在蒂利最终于 5 月 20 日上午 7 时发动总攻时,古斯塔夫依然在整整 90 公里开外的波茨坦(Potsdam),即使他快速行军,也至少需要三天才能抵达马格德堡。

总攻发起前,帕彭海姆给士兵们每人分发了一份酒类配给,这令帝国—同盟军队士气大涨。随着预定的 6 声炮响信号发出,18000 名久经沙场的战士在 32 门攻城重炮的火力支援下兵分 6 路,呼喊着"耶稣,玛利亚"的战斗口号,朝着马格德堡发起向心突击。其中最为重要的突击目标是城市北面"新城"的棱堡工

▌下图:马格德堡的陷落

事，帕彭海姆则亲自上阵指挥。

此后的战况已经得到了多方史学家的充分记载，此外还存在着若干份引人瞩目的亲历记录。不过，这样的个人体验需要小心对待，其中最广为人知的记载源自市议员居里克（Guericke），他一心将城市毁灭的罪过归于法尔肯贝格和新教教士，与此同时则为自己和其他与帝国合作继而掌握城市权力的同僚们辩白。

无论各位亲历者日后如何相互攻讦，在5月20日当天，最为确凿无疑的事实是蒂利突如其来的猛攻完全出乎法尔肯贝格的意料，他虽然多次拒绝投降，却仍然认为蒂利会继续谈判，当帝国军在8时左右攻入城内时，瑞典上校依然在市政大厅和议员们争论是否应当接受条件！听到噩耗，议员们当即赶回住宅寻找家人。居里克回忆说：

> 他（法尔肯贝格）依然在继续演讲，直到圣约翰尼斯尖塔上的警卫发出了警告信号，展开了一面白色战旗为止。我再也待不住了，出去看看发生了什么……我发现克罗地亚人已经突入了渔民的房屋里大肆劫掠。

事实上，尽管守军普遍缺乏弹药，但在帝国军尚未攻破的城墙地段，他们依然遵循"高墙之后逞勇易"的古训，进行了相当顽强的抵抗。为了尽快打开局面，帕彭海姆出动了两个连的"克罗地亚"非正规军在易北河中涉水前行，从河岸边的一道侧门潜入城市大肆纵火，希望能够摧毁守军的抵抗意志，日后臭名昭著的"马格德堡大火"便起源于此。

这把大火不仅摧毁了城市，还在后世掀起了极为热烈的争论。一些新教方面的宣传者声称马格德堡的姑娘们宁死不愿受辱，断然燃起大火拒绝投降，另一些新教史家则将过错全部归咎于天主教方面的指挥官，帕彭海姆自然首当其冲。而天主教同盟的格龙斯菲尔德（Gronsfeld）将军则记载说，帕彭海姆曾亲口告诉他，为了驱逐阻挡帝国军入城的守军火枪手，自己曾下令烧毁房屋，把火枪手从里面撵出去。不管事实真相究竟如何，帝国军的确应当对大火承担大部分责任。尽管这违背了蒂利与帕彭海姆的意愿——他们原本打算拿下完好无缺的城市，将其作为后勤补给要点。当难以遏制的火势蔓延到临时火药仓库后，城市的毁灭便不可遏止了，总攻发起后大约3个小时，马格德堡已是全城浴火。

在帕彭海姆负责的城北，尽管法尔肯贝格英勇地指挥新教军队展开反击，甚至一度阻止了帕彭海姆的推进，却由于指挥位置过于靠前而很快殒命，当地守军的抵抗毫无疑问地全面崩溃，其余各段城墙上的守军此后也相继崩溃。看到守军逃离城墙后，居民们则开始着手设置路障，以防乱兵骚扰。入城后蒂利当即下令士兵停止劫掠、扑灭大火。然而，"趁火打劫"这一成语再一次被证明适用于全世界，许多帝国—同盟部队完全丧失了秩序，根本无法控制，不过大教堂附近的多数部队还是保持了一定程度的纪律，千余名避难其中的市民得以幸免。普雷蒙特雷会教士（Premonstratensian）也在修道院中救下了大约600名妇女。然而，鉴于全城的1900栋房屋中仅有200栋免遭兵燹，大部分居民最终显然或是殒身火海，或是死于乱兵。天主教方面的记载也不得不承认暴力行动持续了数日，甚至有神父看到6名兽兵轮奸一名年仅12岁的少女。尽管少女悲惨死去，却没有人胆敢阻止或追究责任，当蒂利最终得知此事时，已经找不到凶手是谁了。

市议员丹尼尔·弗里泽（Daniel Friese）

换上了旧衣服，逃脱了被当成富人抓起来勒索赎金的命运。不过，他的住宅依然遭到了洗劫，尽管劫掠者的想法千差万别——有些人找到一双新鞋就极度兴奋，另一些人则在找不到财物时大为光火。弗里泽和他的家人们躲在阁楼里，他们起初躲开了乱兵，但原本藏在煤棚里的女仆却不幸找上门来，惹来了新的劫掠者。可这一家子看似已经不剩下什么东西了，所幸丹尼尔·弗里泽刚刚学会走路的小儿子拿出口袋里的一点点零花钱，幼稚地塞给了一名士兵。这个举动当即打动了天良未泯的劫掠者，根据他长子的回忆，士兵立刻"改变了主意，以友善而非残酷的方式对待我们。我们这些孩子围在他面前，他盯着我们说道：'啊，你们是多好的小家伙呀！'"。弗里泽一家跟着那位军人来到了帝国军营地，却发现士兵的妻子十分恼怒，她的男人非但没有带回战利品，反而领回来一串累赘——不过这一家子藏着的少数财物还是很快打通了道路，最终令他们在三天后平安脱险。

虽然这样逃出生天的事件绝非个别现象，但马格德堡的悲惨命运依然罕有其匹，帕彭海姆在 5 月 21 日的战报中简明概要地承认：

> "我相信有超过 20000 人丧生。自耶路撒冷被毁灭以来，这必定是最可怕的神意惩罚。我军所有士卒都变得富足起来，上帝与我们同在。"

"所有士卒都变得富足起来，上帝与我们同在"，这几乎是对三十年战争中各路打着上帝旗号烧杀掳掠的军队的最佳总结。在马格德堡城内，大约有两万名市民和守军不幸罹难，帝国—同盟联军则至少有 300 人死亡，1600 人受伤。由于死者数目太多，及时掩埋遗体已经根本无法做到，大部分暴露在外的尸体被直接扔进了易北河里——但更多的人早已丧生在

灰烬里，或是窒息在地窖里。1632 年 2 月进行的一次人口统计表明，全城居民仅余 449 人，事实上，此次破坏令马格德堡在一个世纪里都未能恢复元气。

马格德堡的惨剧是以残酷著称的三十年战争中的标志性事件，仅仅在 1631 年，就有至少 205 份出版物描述此事。此后数十年间，"马格德堡大屠杀"也成了衡量类似暴行的标杆，当克伦威尔的大军于 1649 年在爱尔兰大肆杀戮时，英伦三岛的人们立刻将其与马格德堡相提并论。

布赖滕费尔德会战

其实早在马格德堡沦陷之前，斐迪南皇帝就开始着手对付并未公然站到瑞典一边的诸侯。5 月 14 日的皇帝敕令废除了《莱比锡宣言》，命令签约者立刻解散军队。自意大利战场返回的两万余军队自然成了斐迪南推进政策的底牌。兵力上众寡悬殊，地理上邻近帝国核心的符腾堡当即成了受害者，被迫于 7 月 24 日接受帝国驻军并缴纳贡赋，法兰克尼亚也随即屈服。帝国—同盟联军攻陷马格德堡后，黑森—卡塞尔的威廉公爵也危在旦夕，所幸蒂利一直等待斐迪南授权出兵，而古斯塔夫又在 7 月 19 日再度越过易北河，牵制着蒂利的主力。由于黑森—卡塞尔已经公开拒绝解除武装，而这在斐迪南看来与叛逆无异，威廉公爵最终于 7 月 27 日公开加入瑞典方面。

虽然斐迪南的政策颇有为渊驱鱼之嫌，萨克森、勃兰登堡两大选侯的态度依然颇为暧昧，古斯塔夫要想获取北德意志的普遍支持，就必须将他们争取到自己一边来。不过，他的手段却和斐迪南大体无异。在皇帝的"武力说服"政策顺利进行时，瑞典国王也使用了赤裸裸的胁迫手段。瑞军一方面封锁了勃兰登堡的

上图：神圣罗马帝国皇帝斐迪南

上图：巴伐利亚选侯马克西米利安

屈斯特林要塞，一方面侵入柏林周边的克佩内克（Köpeneck），迫使格奥尔格·威廉选侯前来谈判。在帝国军杀气腾腾地四处进军之际，古斯塔夫则在柏林城外集中了 26000 大军，将火炮对准了选侯宫殿。6 月 20 日，勃兰登堡正式缔结城下之盟，被迫允许瑞军驻扎，并向瑞典定期缴纳贡赋。为了巩固这种"同盟"关系，古斯塔夫还强令选侯之子弗里德里希·威廉与瑞典公主克里斯蒂娜缔结婚约，但选侯还是设法拖延此事，担心瑞典王室日后将以此为口实，夺走勃兰登堡的波美拉尼亚属地。

瑞典国王派遣奥克·托特（Åke Tott）指挥 8000 人完成对梅克伦堡的征服，随后集中 16000 人进驻韦尔本（Werben）的筑垒营地。他的进军立刻导致蒂利着手反击，将马格德堡附近的部队集中起来赶往韦尔本，就连天主教同盟军也陆续与瑞军发生了若干大小冲突，而马克西米利安根本无力阻止，古斯塔夫则以此为借口，宣布贝尔瓦尔德条约中的相关约束条款无效。在 7 月底 8 月初的炎炎烈日下，蒂利针对韦尔本营地的一系列作战并未收到成效，不过古斯塔夫宣称的帝国军损兵 7000 也可谓极度夸张，毕竟瑞典国王习惯于夸大他所取得的任何一场胜利。总体上，蒂利仍然拥有相当的数量优势，双方对峙期间，由于菲尔斯滕贝格（Fürstenberg）的援军到来，帝国—同盟联军人数增长到了 35000，此外还有两万四千援军正在途中。

最终打破僵局的是萨克森选侯约翰·格奥尔格，他直到最后一刻才被迫放弃中立。鉴于厉兵秣马的萨克森大军足有 180000 之多，其一举一动都足以改变北德意志局面，皇帝斐迪南与天主教盟主马克西米利安都不敢对其采取断然措施，不仅要求蒂利不得侵犯萨克森，甚至还因此减少了针对黑森—卡塞尔的军事行

动。帝国军的军事行动仅仅局限于劫掠黑森—卡塞尔边境，并未升级到军事冲突。帝国外交官们则试图以向约翰·格奥尔格让步，赠予卢萨蒂亚（Lusatia）的方式争取萨克森。马克西米利安也宣布可以在《归还敕令》问题上考虑让步，支持正在召开的法兰克福会议（要求 50 年内暂不执行该敕令）。虽然如此，种种劝说都无法令萨克森加入帝国方面，斐迪南最终授权蒂利可以自由进入萨克森边境"搜寻补给"。当这一武力威胁也无法奏效后，帝国军队终究以武力入侵解决了问题。9 月 5 日，蒂利的大军深入萨克森，解除了梅泽堡（Merseburg）守军的武装；9 月 15 日，莱比锡也被迫屈服。

战争与经济从来都关系密切。由于新教诸侯自 1631 年 4 月起便拒绝缴纳战争税，军队规模日益扩大的蒂利不得不寻找更为富庶的屯驻地点，萨克森因而成了天然目标。尽管越发难以约束的帝国—同盟军队一路烧杀抢掠，但蒂利依然希望能够以此恐吓选侯，迫使其降伏。事与愿违，就在莱比锡投降前三天，约翰·格奥尔格公开加入了瑞典方面。

萨克森的选择令新教阵营欢欣鼓舞，市面上迅速出现了古斯塔夫与约翰并辔而行的招贴画。然而选侯依然有些首鼠两端，他对国王的宏大征服计划毫无兴趣，更拒绝将其视为新教与天主教的宗教之争。约翰·格奥尔格将倒向瑞典视为简单的战术动作，认为此举能够迫使斐迪南在《归还敕令》问题上让步。尽管斐迪南和马克西米利安愿意与萨克森谈判，但他们在这一问题上并未做出令约翰满意的回复，这一举动最终令帝国付出了沉重代价。萨克森放弃中立后仅仅 4 个月，就连斐迪南仰赖的 6 名天主教神学家也建议他取消《归还敕令》，以免令帝国面临毁灭。然而，布赖滕费尔德的硝

上图: *萨克森选侯与军队*

烟已经让他们的建议为时过晚。

得知选侯正式加入瑞典一方后,古斯塔夫在维滕堡(Wittenberg)挥师渡过易北河,南下兵临莱比锡,在城市东北面的迪本(Düben)与选侯会合。富庶的萨克森为 1.6万本国部队提供了崭新的装备与制服,令 2.3万瑞军相形见绌。瑞军中的苏格兰雇佣军官罗伯特·门罗(Robert Monro)写道:"(我军)在田间过了一夜,身上满是尘土,穿着不干净的破衣烂衫,看上去就像是厨子。"然而,瑞军此时已是"久经磨砺的刀刃",而萨克森人多数仅仅从 4 月才开始接受训练,并未经历实战考验。统帅将近四万人的联军无疑为古斯塔夫出了一道难题,但这同样给予了他决战的良机,他最终拥有了优于蒂利的兵力,一旦取胜,整个德意志的新教诸侯

将望风景从。

蒂利同样热衷于战斗。随着政治态势的骤变,他最终得以实施年初便极力鼓吹的进攻战略。斐迪南也给予了全力支持,帝国皇帝认为只有一场全面胜利才能沉重打击萨克森、勃兰登堡这两个强大"叛徒",杜绝新教诸侯的痴心妄想。

双方最终在莱比锡北面的布赖滕费尔德村的宽阔平原上相遇,这是整场三十年战争中影响最为深远的会战,也是整场战争中规模最大的会战之一。蒂利拥有大约 21500 名步兵、10000 名骑兵和 26 门火炮(一说 30门),而古斯塔夫则出动了大约 27000 名步兵、13000 名骑兵和 66 门火炮(一说 56 门)。虽然瑞军在军队和火炮数量上都占有优势,但蒂利的威名和艰苦的行军却导致瑞典部队

逃亡现象颇为严重，来自瑞典本土的兵员竟在战前两天内失踪了15%，反倒是素来好斗的苏格兰雇佣兵减员状况最为轻微，显然，在民族主义并未兴起的17世纪战争中，征召兵并不具备后世所臆想的诸多优势。

在蒂利的3万余名士兵中，菲尔斯滕贝格率领的6000名帝国军新近抵达，身体依然疲惫，但士气相当高昂，士兵"怀有无可匹敌的勇气，相信他们将会取得胜利"。但高估了瑞典军队数量的情报则让"蒂利老爹"有些不愿交战（何况瑞军数量原本便高于帝国—同盟军队），毕竟，他此前近乎百战不殆的胜绩在相当程度上源自必须在优势兵力下作战的信条。考虑到阿尔德林根（Aldringen）即将率领

6500名帝国军抵达，同盟也将派出9000名卫戍部队前来增援，蒂利的持重有着相当的理由。

但在战前的军事会议上，帕彭海姆有效挑战了蒂利的看法。他颇有道理地指出萨克森军队并不可靠，而他们溃败后瑞典军队必定独木难支。此外，若是坐等阿尔德林根到来，古斯塔夫说不定会再度遁入工事后方，制造韦尔本筑垒营地的困局，而来到野战战场上的瑞典国王应当是帝国—同盟军队期待已久的猎物！几乎所有帝国将领都主动支持了帕彭海姆，只有少数跟随蒂利一路苦战的将领保留意见。但"老爹"还是力排众议，拒绝主动出战，只给了帕彭海姆率领两千骑兵侦察敌军状况的权力。

瑞典—萨克森联军则在16日夜间驻扎在

■上图 瑞典国王芬兰大公古斯塔夫·阿道夫·瓦萨（1594—1632年）。他无疑是瓦萨王朝中最杰出的国王，也是优秀的军事改革家、组织者，战术创新者，战略家和富有个人魅力的领袖，1631年的布赖滕费尔德会战是他的军事指挥巅峰

■上图：瑞典王国元帅古斯塔夫·霍恩伯爵（1592—1657年）。霍恩是古斯塔夫国王在军事方面最得力也最信任的副手，他与奥克森谢尔纳首相堪称国王的左膀右臂。尽管缺乏国王的天才和魅力，尽管有时过于谨慎，霍恩依然是一位能干的军人，他的作为往往能够有效平衡国王的冒进。总体而言，霍恩并非幸运的将领，布赖滕费尔德一战则堪称他的最佳时刻

布赖滕费尔德以北约 8 公里处。17 日清晨，由于得到了低估蒂利实力的错误情报，他们连早饭都没吃便匆匆向南行军，大有灭此朝食的架势。与此同时，由于帕彭海姆发回了骑兵分遣队已与敌军交手，若无后续大军支援则必定覆灭的消息，蒂利迫于压力也只得挥师出战，据说他当时颇有预见性地"将双手指向天空"，喊道："这个家伙让我损失了荣誉和声望，让皇帝丢失了土地和人民！"

事实不出蒂利所料，帕彭海姆的确虚报了军情，瑞典大军并未抵达战场，而是被沼泽和克罗地亚前哨部队阻滞在几公里开外。不过，既然军队已经来到布赖滕费尔德平原，再选择退却就为时过晚了。何况，虽然帕彭海姆迫使帝国—同盟军队卷入了一场没有必要的会战，他至少还选择了一个可以接受的开阔、平坦战场，适于蒂利麾下的大方阵和重骑兵发挥威力。

越过沼泽、溪流，以火枪手击退克罗地亚兵的骚扰后，古斯塔夫的军队进入了蒂利手中 14 门重炮的射程范围。国王失望地发现帝国—同盟军队已是严阵以待。直至中午时分，蒂利的火炮完成三次齐射后，瑞典—萨克森军队的轻重火炮才完成放列，开始向帝国—同盟军队发起还击。

古斯塔夫明智地将瑞典军队和相对稚嫩的萨克森军队在莱比锡—迪本大道两侧分开部署，以防后者的溃败波及瑞军主力。阿尼

上图：格奥尔格·冯·阿尼姆中将（1581—1641 年），勃兰登堡路德宗信徒。他原先为帝国军队效力，担任过华伦斯坦的副手，甚至援助波兰军队击败过古斯塔夫。此后由于对华伦斯坦和帝国政策不满，阿尼姆转而加入代表"第三势力"的萨克森。不幸的是，由于阿尼姆自 1631 年 6 月才接手军队，他并没有充裕的时间组织萨克森军队。阿尼姆是一位能干的职业军人、组织者和行政管理者，也是一位有能力的将领，但他既非卓越，也缺乏运气

上图：伦纳特·托尔斯滕森上校（1603—1651 年）。他是瑞典军队中的炮兵天才，对团属火炮的发展贡献极大，日后成了三十年战争后半段最杰出的统帅之一。在布赖滕费尔德会战中，托尔斯滕森负责统一指挥 12 门瑞典重炮

姆指挥萨克森军队的12000名步兵和2350名骑兵进入大道以东，而在大道西侧，瑞典元帅霍恩（Horn）指挥2300名骑兵、464名龙骑兵和940名火枪手紧贴公路，向右依次为7个列成两条战线的步兵旅（13000名步兵和1200名骑兵）和古斯塔夫本人亲自指挥的右翼骑兵主力（3400名骑兵、860名火枪手）。虽然如此，一旦瑞军战败，他们身后通行艰难的沼泽地带必将成为一万多名北国勇士的埋骨之地。

蒂利则将帝国—同盟军部署在平原边缘自西向东延伸的一块地面隆起上。步兵被分为

12个大方阵，每3个编组成1个战斗群以便于指挥，两翼额外部署了2个步兵营协助骑兵：帝国将领菲尔斯滕贝格在右翼指挥3100名最优秀的同盟重骑兵、900名克罗地亚轻骑兵和1200名步兵；同盟骑兵骁将帕彭海姆则在左翼指挥3800名帝国重骑兵精锐和1500名步兵。另有大约1000人留守在莱比锡。

开战前夕，古斯塔夫和蒂利都将团以上的高级军官召集到自己面前。瑞典国王被德意志人敬畏地称为"（来自极北的）午夜雄狮"，由于时间紧迫，他一向富有魅力的演说被压缩

上图 神圣罗马帝国元帅让·采克拉斯·蒂利伯爵（1559—1632年）。作为来自西属佛兰德的瓦隆军人，蒂利在少年时代曾目睹荷兰的新教军队对家乡大肆破坏，因而其一生对新教都极度敌视，几乎始终以天主教卫道士的身份出现在战场。在三十年战争爆发前，蒂利只是为数众多的流浪雇佣军头目之一，而1631年，他已是全欧洲最受尊敬的指挥官，拥有无可比拟的胜利纪录：参与的四十场会战无一失利。在帝国—同盟军队当中，他被称为"蒂利老爹"、"披甲圣徒"、"命运垂青的指挥官"。虽然如此，已近垂暮之年的蒂利不在最佳状态，越发难以控制精力充沛的下属将领，不过总体而言，他依然不失为老练而狡猾的战地指挥官

上图： 神圣罗马帝国元帅戈特弗里德·亨德里希·冯（楚）·帕彭海姆（1594—1632年）。作为古斯塔夫的同龄人，帕彭海姆直至20岁才改宗天主教，自25岁起效力于天主教同盟军中，并发誓要为他留在异端里的每一年承担一处伤口，获得"伤痕累累的海因茨"（Schrammheinz）这一绰号，最终以优异的战绩从上尉一路蹿升到元帅。这位依然相对年轻的将领堪称凶暴骑兵指挥官的最佳典型，他桀骜不羁的表现深得下属骑兵欢心，也滋生了他对蒂利的蔑视。在帕彭海姆看来，蒂利年龄过大，已经不足以指挥军队。帕彭海姆在布赖滕费尔德的鲁莽表现掩盖了他过往的辉煌战绩

得很短，但依然极为铿锵有力，而德语说得很差的蒂利则不用操心此事，实际战前演说最终由他人代劳。瑞典—萨克森军队当天的识别标记为帽檐上缀绿色布条，战斗口号为"Gott mit uns！（上帝与我们同在！）"；帝国—同盟军队标记为手臂缠绕白布带，口号为"Jesu Maria！（耶稣，玛利亚！）"。

由于新教军队的数量优势，古斯塔夫得以将他的部队继续向两翼延伸，造成了威胁帝国—同盟军队侧翼的态势。与此同时，漫长而乏味的炮战持续了大约两个小时，纵深更大、火炮更少、射速更慢的帝国—同盟军队蒙受了更为惨重的损失，正如瑞典国王夸口的那样，"他们每射击一发炮弹，我们就要还击三发"。帝国—同盟军队损失了至少两千名士兵，同盟骑兵的一名优秀团长甚至在萨克森军队的首次火炮齐射中被当场击毙，幸存者不约而同地将炮击描述为"凶猛、可怕、毫无间断"、"可怕的不间断冲击"。

鉴于天主教军队的劣势所在，帕彭海姆观察到古斯塔夫可能继续展开侧翼包抄后，最终于下午2时许发起骑兵冲击。此次冲击究竟系蒂利命令还是帕彭海姆擅作主张已经难以判断。不过，菲尔斯滕贝格观察到帕彭海姆出击后，也随即指挥另一翼的同盟骑兵冲击瑞军左翼，双方骑兵率先在两翼展开搏杀。

帕彭海姆的胸甲骑兵以快步突向古斯塔夫的直属骑兵，火绳枪骑兵则紧随其后，预备扩张战果，瑞典记载也承认这3800名重骑兵的"冲击力相当可观"。倘若帕彭海姆面对的是普通德意志骑兵，几乎可以肯定帕彭海姆会一击成功，对方甚至可能未经接触便直接奔逃。但此刻应战的却是在波兰战场上久经考验的瑞典骑兵精锐。当第一列帝国胸甲骑兵完成射击后，瑞军队列并未崩溃，却用860杆火绳枪和800多把骑兵手枪回之以猛烈齐射，随即以骑兵发起短距离冲击，驱逐已经损失颇多的前排帝国骑兵，继而折返本阵，由火枪手再次展开齐射。苏格兰人门罗日后回忆道：

"双方骑兵猛烈互相冲击，我方骑兵怀有坚定决心，在敌军骑兵第一次射击前决不射击。（敌军射击后）我们步兵在近距离上用一阵齐射予以回击，我方的骑兵也用手枪射击，然后拔剑冲击，等到骑兵回来时，我们已经做好了第二次齐射的准备。因此敌军遭到了我军骑兵的英勇抵抗，被我们各个火枪手小队整得很惨，你可以想象他们在这样两次冲锋被击退之后该有多么沮丧！"

虽然如此，帝国军的重骑兵仍然不愧为纵横德意志十余年的精锐，帕彭海姆也具备敏锐的战场嗅觉。他立刻重组部队，让随同作战的1500名步兵进至瑞军右翼正面，配合火绳枪骑兵作战，胸甲骑兵则不断左转寻找瑞军右翼的薄弱环节。古斯塔夫一再抽调二线骑兵，收拢一线骑兵，调配火枪手协防，避免出现战线缺口。发起前7次骑兵冲击后，帕彭海姆虽然依然能够掌控部队，却发现手中的精锐骑兵已经损失惨重，更糟糕的是，他手上已经没有了预备队，而古斯塔夫手中却攥着两个完整的骑兵团预备队和一个损耗甚少的骑兵团。

下午4时许，瑞典骑兵骁将巴纳（Banér）最终指挥骑兵预备队发起了声势浩大的冲击，500把马刀瞬间撕开了帝国胸甲骑兵的空虚左翼。帝国方面的火绳枪骑兵和步兵也被成片击溃，只有荷尔斯泰因（Holstein）步兵团结成了"王冠状的"环形长枪阵，在庞大的瑞典骑兵浪潮中挣扎求生。他们连续挡住了三个骑兵团的至少三次"凶猛冲锋"，迫使巴纳调来火枪手和团属火炮展开射击，用一轮轮铅弹、霰弹乃至实心弹无情地撕开长枪手阵列。

与此同时，菲尔斯滕贝格挥师猛攻萨克森军队。尽管炮击给纵深较大的萨克森军队造成了相当大的杀伤，但这些稚嫩士兵在天主教军队的火炮轰击下依然坚守阵地。然而，当两军短兵相接，克罗地亚轻骑兵包抄侧翼，同盟胸甲骑兵猛烈冲击步兵正面后，匆忙入伍的乡绅军队便

上图：*约翰·巴纳将军（1596—1641 年）。巴纳出身瑞典大贵族家庭，幼年时目睹父亲卷入王室内斗被处死。尽管如此，他依然以勇猛优异的表现赢得了古斯塔夫的信任，年仅 25 岁便成为上校团长。在布赖滕费尔德会战中，他负责指挥古斯塔夫的右翼骑兵预备队*

率先开始溃逃。状况便正如古斯塔夫所述："萨克森骑兵和炮兵起初展开了英勇抵抗，但在最优秀的炮手被杀后，其余人等就放弃火炮逃跑了。萨克森步兵干得更差，他们整连整连地逃跑，到处传播全都战败的消息，惊吓我军的辎重车队……选侯和他的护卫部队一直逃到了艾伦堡（Eilenburg）。"门罗则更为刻薄："敌军战线迫近萨克森公爵，敌军骑兵冲进了萨克森战线当中，步兵给了他们两轮齐射，接着萨克森步骑兵就一起逃跑了……"阿尼姆收拢两个尚能一战的萨克森骑兵团退入霍恩的阵列，其余部队在损失三千余人后跟随着约翰·格奥尔格一路狂奔。

战至此时，身处战场的士兵们已经无法看清正在发生什么，枪炮轰鸣产生的浓重烟雾，加上成千上万人足马蹄带来的烟尘，令身处高处的将领们也难以判定状况。菲尔斯滕贝格甚至无力重整他的部队，许多人要么是追击萨克森败兵过了头，要么是忙于劫掠萨克森辎重。相比之下，帕彭海姆虽然行为有些鲁莽，却在连续发起多次冲击后依然有效掌控着部队。尽管蒂利在下午 2 时 30 分左右便意识到瑞军左翼可能会门户大开，但大约一个小时后，他右翼的 6 个步兵大方阵才完成了展开进一步攻击的准备，骑兵也到那时才陆续返回菲尔斯滕贝格旗下。霍恩因而得到了重整战线的时间，来自瑞军中路第二线的援军也先后抵达。尽管蒂利有心利用萨克森军队崩溃的战机，但帝国—同盟步兵的攻击作战却执行得相当一般，霍恩则反复抽调少量骑兵展开局部反击，打乱了帝国—同盟步兵的推进节奏。因此，虽然蒂利拥有数量优势，他的步兵却只能添油式地分散投入到战场上，形成了三个小规模交战区域。

蒂利手中最强大的步兵集群是小帕彭海姆（Neu-Pappenheim）手中的四个同盟步兵团，这支 6000 人之众的步兵正好对上了古斯塔夫的 2000 名精锐苏格兰雇佣兵——所谓的"绿

旅"。小帕彭海姆在指挥步兵推进的同时，也抽调骑兵向绿旅展开回转射击，希望诱使苏格兰人过早打出齐射，以此减少步兵主力推进时的阻力。但绿旅上下始终未使出最珍贵的初次齐射火力，等到骑兵最终散开后，才以6~8门团属火炮用实心弹展开轰击，同盟步兵进至距离不足50步时才用火枪齐射和霰弹大开杀戒。门罗回忆说：

"敌军战线稳稳地立定……他们准备好迎接我军的枪炮齐射，但我们的轻型火炮两次（将实心弹）打到他们当中，就在我军（步兵）出动之前，我们展开了一次火枪齐射，随后又重复了一次，我们旅接着以长枪向前冲击，将敌军的一道战线击溃，迫使敌军溃逃。"

尽管这样的说法难免有所夸张，但霍恩的步兵的确充分发扬了火力投射与长枪冲击的威慑力，很快便以劣势兵力击退了蒂利的猛攻。对帝国—同盟军队而言更糟糕的是，由于战线整体右移，帕彭海姆的左翼骑兵与其余部队间出现了危险的空隙，而在此前两个小时战果甚微的搏杀中，他的帝国骑兵已经相当疲惫。如前所述，当古斯塔夫适时投入整整两个新锐骑兵团后，纵使帕彭海姆骁

■下图：**布赖滕费尔德会战版画（上为帝国—同盟军队，下为瑞典军队）**

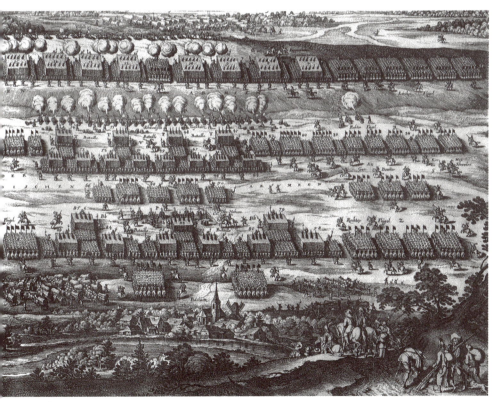

勇异常，也难以挽回左翼崩溃，帝国—同盟军队中路大开的窘境。

　　尽管帝国和同盟的步兵在战场上表现极为英勇，依靠手中的火枪和长矛一次次击退了瑞典军队的猛烈攻击，但当日暮时分团属火炮最终赶到一线向蒂利麾下无助的士兵们倾泻霰弹后，会战结局已经毫无疑问。帝国—同盟军队中最为悲壮的步兵团自然是在左翼勉力坚持的荷尔斯泰因步兵团，该团的1100名帝国步兵中仅有300人幸存，团长荷尔斯泰因－戈托尔普（Holstein-Gottorp）公爵阿道夫昏迷被俘，当夜伤重而亡。尽管他曾被华伦斯坦怒斥懒散无能，却在生命的最后关头迸发出了罕见的勇

气。然而，蒂利军中还有为数不少的步兵团损失甚至要远大于荷尔斯泰因步兵团。除去大量官兵死伤外，仅会战当天就有大约6000人被俘，另有大约3000人于次日在莱比锡向瑞典投降。

　　总体而言，布赖滕费尔德会战当天帝国—同盟军队至少有7000人战死沙场。包括蒂利在内的许多官兵也只能含恨带伤撤出战场。但斗志不衰的帕彭海姆依然收拢了1400余名骑兵，坚持断后死战。他因而可以宣称自己是最后一位离开战场的帝国军人。此外，还有许多人直接逃跑回家。蒂利在会战结束后，迅速着手收拢了1万左右的败兵，最终于几天后进入

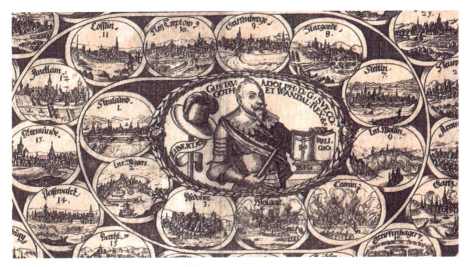

上图：自称瑞典、哥特、文德人国王的古斯塔夫

哈尔伯施塔特。萨克森军队折兵 3000 左右，瑞典军队损失了大约 2100 人，但通过消化帝国—同盟战俘则足以弥补损失。古斯塔夫甚至断言：战俘不仅能够将他原有的团补充完整，还能够组建若干新团。

瑞典国王最终实现了自他登陆以来一直渴盼的辉煌胜利。新教方面的鼓吹手们迅速将这场胜利转化为席卷德意志的武装号召，并将其升华为洗劫马格德堡的天定惩罚。自 13 年前战火初燃以来，这还是天主教军队首次在大会战中遭遇惨败，这令新教激进分子确信古斯塔夫是他们的救星。后世的评论者们则往往将其视为优越军事体系不可阻挡的胜利。尽管蒂利的深厚阵形的确给帝国—同盟军队带来了更为沉重的损失，但真正的失败却在于这位老人已经难以控制如此庞大的指挥体系和军队规模，这为古斯塔夫的决定性反击创造了最终的战机。

瑞典霸权的初建与欧洲新格局

布赖滕费尔德会战彻底改变了瑞典国王的形象，新教徒的主流观点失去了过往的小心谨慎，采用了更为激进的话语。次年春天，古斯塔夫被当作新的约书亚。他的英雄事迹广为流传，影响力甚至波及外国使节，英国驻瑞典大使托马斯·罗爵士公然效仿他的蓄须方式。然而，同时也有许多新教徒保守人士惋惜他未能利用良机进行和平谈判。不过，国王的真正动机却存在着相当的非宗教成分。随着古斯塔夫胜利进军南德意志，阿尔卑斯山两侧开始流传瑞典人将要南下意大利，效法哥特先人洗劫罗马的传言。不过，瑞典人的行为也在相当程度上反映了文化上的哥特人自觉。为了与欧洲其他国度相匹敌，新兴的瑞典国家出现了一股历史发现风潮。一些人宣称瑞典源自希伯来，是诺亚的孙子在大洪水后建立的；瑞典瓦萨王室则略微保守地将它的源头追溯到哥特人，古斯塔夫在 1617 年的加冕礼上便扮作了哥特人。随着古斯塔夫连战连捷，一些人开始宣称他是新的亚历山大，认为他的想法远不在于恢复“德意志的自由”，而是要寻找自己的“马其顿帝国”（Imperium Macedonicum）。

蒂利指挥他的残军迅速向西退往威斯特伐利亚，继而向南穿越黑森进入法兰克尼亚，得到了他期待已久的四万名帝国援军。此外，大约两万名帝国军队正在西里西亚集结，意大利境内的帝国军队也有部分赶回增援。显然，直接追击蒂利已经不在考虑范围之内，在新教地区人心未定时冒险沿奥得河侵入奥地利也并非良策。古斯塔夫决心转向西南方向的图林根，在入冬前夺占德意志西部尽可能多的地盘，确保威廉公爵治下的黑森—卡塞尔，甚至可以争取符腾堡等其他南德邦国。

瑞军面临的抵抗相当轻微，爱尔福特于 10 月 2 日陷落，维尔茨堡（Würzburg）于 10 月 15 日投降。作为富得流油的维尔茨堡主教领地首府，这座城市的防御倚赖于设在美因河畔陡峭山岩上的马林贝格（Marienberg）城堡。虽然如此，守军在微弱抵抗后还是迅速请求投降，但瑞军却回以“马格德堡的慈悲”。稍作休整后，古斯塔夫沿着美因河疾进夺取法兰克福，随后从奥彭海姆（Oppenheim）越过莱茵河，于 12 月 23 日拿下美因茨。下普法尔茨的大部领地在此后两周内基本被征服。与此同时，另一支瑞典军队依然在梅克伦堡境内针对残余的帝国军要塞进行缓慢的拔点，在完成征服后越过易北河，杀入天主教地区。

古斯塔夫旋风般的快速征服奠定了瑞典王

国在德意志境内的存在方式，它一共包括四个部分：盟友、波罗的海桥头堡、战略基地和德意志合作者。盟友是其中不可或缺的一环，却也是最薄弱的一环。古斯塔夫坚持要求盟友绝对服从于他，却发现这一点极难维持。在德意志盟友中，萨克森虽然在布赖滕费尔德会战中表现惨淡，却依然是最为重要的帮手。它拥有两万以上的军队，在瑞典军队的协助下一度征服了西里西亚和波西米亚。阿尼姆在 1631 年 11 月中旬攻入布拉格，甚至迫使斐迪南从捉襟见肘的蒂利大军中又抽走了 1.8 万人。勃兰登堡则提供了 1 万余人的辅助部队，此外，两百名波西米亚·摩拉维亚流亡贵族也组建了数千人的步骑兵队伍。

萨克森投入瑞典阵营本身就足以令斐迪南在谈判中让步，约翰·格奥尔格也深知任何符合实际的和平结果都会令激进新教徒失望，皇帝与选侯便开始了虚虚实实的私下交易。当波西米亚的激进流亡军队大肆破坏华伦斯坦的一处庄园后，萨克森军队统帅阿尼姆当即亲自写信向他致歉，甚至通过温和流亡者试探能否将华伦斯坦立为波西米亚国王，华伦斯坦乃至斐迪南则乐于利用此事分化萨克森与瑞典。各方之间虚情假意的戏码来回上演了无数次，却总有人乐此不疲。

在其他同盟者中，勃兰登堡尽管实力较弱，却也在波美拉尼亚问题上与瑞典龃龉颇多。黑森—卡塞尔则由于斐迪南的步步紧迫和古斯塔夫的领土扩张许诺而死心塌地，但黑森军队也因此更热衷于扩张己方领土而非直接协助瑞典作战。此外，新教国家中的荷兰提供了一定的补助金，僻处一隅的英国则派出了 6000 人于 1631 年 8 月在斯德丁登陆，不过这支部队到 12 月便由于逃亡、疾病和营养不良只剩下区区五百人，指挥官汉密尔顿（Hamilton）子爵也以"不幸统帅"的大名载入军事史。

瑞典介入德意志事务的最直接原因便是波罗的海上的诸多港口，包括施特拉尔松德在内的波美拉尼亚被古斯塔夫视为几乎等同于本土的核心征服地，也是进可攻、退可守的桥头堡。当地驻军多数是来自瑞典和芬兰的可靠本土部队，日后也会像本土一样承担征兵的繁重压力。

在波美拉尼亚桥头堡之外，瑞军夺取的大片富庶地区则成了古斯塔夫获得战争必需品的战略基地。瑞典的统治以美因茨、爱尔福特等监视周边地区尤其是天主教邦国的重要城市为核心。此外瑞典还在达姆施塔特修建了古斯塔夫斯堡（Gustavusburg）要塞，作为瑞军南下北上的军事基地。瑞典在占领区内推进激进的反天主教政策，关闭了美因茨等地的大量天主教堂，仅在法国压力下保留了少许装点门面。不过，由于占领军缺乏足够的新教行政人才，依然有大量初等学校和行政机构留用了相当数量的天主教徒。

战略基地最为重要的意义在于维持瑞典的战争开支。通常情况下，维持一名状况良好的士兵需要每年开支 150 塔勒，这大约相当于古斯塔夫预计开支的三倍。因此，尽管瑞典征用了大量的食品和军需，它在 1631 年的实际军费开支也达到了 1000 多万塔勒。其中仅仅准备入侵就花费了 230 万塔勒，远高于原本计划的全年开支 190 万塔勒。作为瑞典—波兰战争的余波，波兰领有的普鲁士地区港口每年需向瑞典缴纳大约 50 万塔勒的贡金，但贫瘠的波美拉尼亚却只能提供每年不到 5 万塔勒的税金，大约与荷兰提供的杯水车薪的补助金相当。相比之下，黎塞留给予的援助则要慷慨得多，还让瑞典得以通过代理人从汉堡、阿姆斯特丹获取贷款。

然而，以上种种资金来源只能占到瑞军总开支的大约三成，其余部分则来自各个德意志邦国的"捐献"。古斯塔夫效法了华伦斯坦的筹资方式，让他的德意志盟友缴纳大量资金，梅克伦堡、勃兰登堡乃至马格德堡都付出了可观的代价。然而，古斯塔夫毕竟不如华伦斯坦熟悉德意志的状况，他往往会开出高得令人咋舌的价码：年度税收几乎从未超过 5 万塔勒的奥格斯堡被他在 1632 年索去了 24 万塔勒，美因茨在 1631 年年底需要在 12 天内筹措 8 万塔勒——这相当于其全年税收的整整 18 倍！在堪称天主教基石的巴伐利亚，瑞典军队榨取资金的方式更为简单粗暴，慕尼黑在无血开城时缴纳了整整 10 万塔勒现金和价值 4 万塔勒的珠宝，但瑞军随即扣押了 42 名重要人质，要求慕尼黑

■上图：瑞典在德意志境内发行的金币

再付出 16 万塔勒赎人……这 42 个倒霉人中仅有 1 人幸运逃脱，4 人不幸死亡，其余 37 人直到 1635 年瑞军兵败如山倒后才被救出。非基督徒商人也成了值得捞上一笔的肥羊，美因茨的犹太社区为了保住会堂，只得将 2 万塔勒拱手送上。

近乎随心所欲的筹资不可避免地滋生了腐败与低效。1631 年秋季，一位瑞军上校据说从图林根攫取了 5 万塔勒，而派往维尔茨堡的瑞典代表则收受了 6000 塔勒的贿赂，将当地的"捐助"金额减免一半。不过，瑞典高层很快就意识到这种过度榨取的危害，逐步转变成依靠原有行政机构征税，从中抽取一定份额的贡金。总体而言，德意志的战略基地不仅提供了招募大批雇佣军的经费，也承担了瑞典本土军队一半以上的开支。

除了资金外，德意志土地提供的充裕人力也是古斯塔夫所急需的。尽管瑞典、芬兰士兵享有吃苦耐劳的美誉，但 1630 年 7 月登陆德意志的瑞典本土士兵却有将近一半在此后 6 个月中回归上帝怀抱，其中绝大多数并非死于战斗，而是在水土不服、疫病流行后长眠异域。本土士兵的严重损耗导致补充德意志士兵的比例急剧上升，截至 1631 年底，古斯塔夫的十多万大军中已经只有 1.3 万人来自瑞典或芬兰。此外，本土军官习惯于波兰等地的开阔战场，在德意志战场的表现往往不尽如人意。

大批德意志合作者的加入缓解了这一危机，他们对当地更为熟悉，拥有更便捷的募兵渠道。与萨克森、黑森—卡塞尔等同盟者不同，合作者往往会被纳入瑞军体系。魏玛公爵威廉、伯恩哈德兄弟堪称其中的典型代表，他们携自己的部队"入伙"，通常还会指挥一些实力较弱的邻近德意志部队。在瑞典军队的极盛时期，为他们效力的德意志仆

从军兵力多达一百多个团。当然，仆从军的战斗力在很多情况下值得怀疑，他们甚至经常打算从邻人（不管他是天主教或新教诸侯）手中攫取土地。瑞典军因而时常派出本土部队加以协助乃至监视。不过，这些本土部队有时也会卷入纷繁复杂的争端，战斗力较强的部队会倒卖夺取的城市或领地，战斗力较弱的甚至难以单独应付天主教同盟军队。

瑞典军队的凌厉攻势令整个天主教德意志为之震颤。蒂利的部队已经大不如前，布赖滕费尔德的惨败粉碎了这位瓦隆老兵的自信。当瑞典人在新近征服的领地中休整时，天主教同盟的主力却缩在巴伐利亚和威斯特伐利亚境内的少数据点。寒冬到来后，自意大利战场归来的帝国军队又带来了新的疫情，这导致部队数目进一步减少。

天主教贵族和教士自然面临着亘古以来的两难处境：是几乎徒劳地保护财产，还是灰心丧气地就此逃命？关于瑞典军队的夸张传说更加剧了恐慌，班贝格（Bamberg）附近的一位修女认真地记载瑞军在维尔茨堡对正在礼拜的天主教守军大开杀戒，鲜血漫过了城墙，她的多数伙伴因而匆忙换上世俗服饰溜之大吉。但当瑞军真正到来后，伯恩哈德公爵与他麾下的瑞典军官却表现得颇为绅士。当然，有些神通广大的人物能够带着庞大的财产跑路，布豪（Buchau）的女修道院长竟带走了 27 匹马和一群奶牛！无论如何，对绝大多数平民而言，飞速传播的战火带来的无非是疫病、困苦和流离不定。

对帝国和天主教同盟高层而言，《归还敕令》已经从福音变成了诅咒。他们匆忙宣布可以搁置乃至废除敕令，这一表态颇受萨克森选侯的欢迎，但新教阵营的主导者却是对此几乎无动于衷的瑞典。帝国军队主力已

经退入波西米亚和西里西亚，天主教同盟的防御难以维系，斐迪南和马克西米利安只得四处求救。教皇乌尔班恢复了给予天主教同盟的资金援助，但这只是杯水车薪。洛林公爵夏尔四世领兵援救莱茵河以东的天主教诸侯，结果不但无功而返，还让法国乘虚而入夺取了洛林的主要城市，打开了通往阿尔萨斯的征服之路。

相比之下，西班牙与法国是更有潜力的求援对象。斐迪南自然更倾向同属哈布斯堡家族的前者，但天主教同盟的反对却让状况变得有点复杂。科隆拒绝了西班牙的3000人援军，增援美因茨的400人西班牙军队则是不可靠的德意志人，城破后顺理成章地改投古斯塔夫麾下。即使到了几乎山穷水尽的地步，马克西米利安依然拒绝西班牙出动援军。而在帝国方面，尽管奥地利与西班牙王室在1631年亲上加亲，但西班牙要到一年后才最终允诺提供2.4万大军和每月20万埃斯库多的金援。家族内部关于阿尔萨斯领地的龃龉又进一步延后了西班牙的援助，这些伊比利亚军人会参与粉碎瑞典霸权的讷德林根（Nördlingen）会战，却赶不上与古斯塔夫的对决。

若说斐迪南是亲西派，马克西米利安就是毫无争议的亲法派，这令皇帝对他大为忌惮。虽然法国对瑞典军队登陆波美拉尼亚乐观其成，但古斯塔夫横扫天主教德意志却让黎塞留颇为不快，他决心将法国与巴伐利亚升格为全面联盟，协助天主教同盟宣布中立，避免瑞典与帝国的战争波及同盟。随着法军攻入洛林，获得进入德意志的通道，以特里尔（Trier）选侯为代表的一系列天主教诸侯公开提出接受法国的中立要求。巴伐利亚选侯马克西米利安却面临着瑞典的强硬威胁，

古斯塔夫只给了他两周时间思考问题，要么承认教会土地的现状，将同盟军队规模裁撤至1.2万人，要么就得面临瑞典的血腥入侵。法兰西的金钱和黎塞留的权谋终究无法驯服瑞典的雄狮。马克西米利安痛苦权衡一番后，只得为了帝国的军事援助彻底倒向维也纳，华伦斯坦复出的最后障碍骤然消失。

华伦斯坦的复出与阿尔特韦斯特会战

教皇、西班牙、法兰西都无力拯救天主教德意志，而维也纳的皇帝则必须依靠华伦斯坦才能继续战斗。甚至早在1631年4月奥得河上的法兰克福沦陷后，随着许多帝国老兵对越发老迈的蒂利丧失信心，斐迪南开始严肃考虑是否起用那位贪婪但才华横溢的名将。布赖滕费尔德会战更加剧了这一状况，它迫使斐迪南最终在12月15日提名华伦斯坦担任为期3个月、权力古来少见的"大将军"（General Capo）。在马克西米利安认可后，帝国最终于1632年4月13日正式完成任命手续。但在华伦斯坦死后，这段临危受命的相关文件多数已被毁灭，后世只能从侧面记载中略窥一二。

除了惯常的慷慨赏赐外，华伦斯坦还得到了罕见的军事、政治权力，这也意味着维也纳完全放弃了此前迫使他辞职时的立场，毕竟他是唯一一个有可能拯救帝国的人。但斐迪南多少还保留着一些最终决定权。华伦斯坦可以进行缔约谈判，但签订条约必须得到皇帝的认可；华伦斯坦可以自由任命团长以下的军官，组建新的部队，但任何将官的提拔都需要皇帝点头；华伦斯坦可以从哈布斯堡土地上获取军需物资，不过，考虑到帝国军已经全面退却，他们所能仰赖的基地也

梅克伦堡公爵华伦斯坦

只有皇室领地。

尽管获得了较之此前更庞大的权力，华伦斯坦的处境却依然孤立，他岳父的死亡导致他在维也纳宫廷缺乏助力。就麾下将领而言，阿尼姆等人投入了新教阵营，孔蒂（Conti）病入膏肓，他只得转而依赖霍尔克、加拉斯、阿尔德林根等复出后亲手提拔的将领。以霍尔克为例，他在 1630 年 3 月还只是个丹麦上校，在华伦斯坦手下不到三年便蹿升为帝国元帅。当然，亲戚和谄媚小人也不失时机地搭上了弗里德兰公爵的快车。

尽管缺点众多，华伦斯坦依然以旁人难以想象的精力完成了帝国军队的重建工作，他迅速拼凑出了整整 128 个团——其中有 51 个是全新的！当然，由于此前多年的裁军影响，帝国境内的无业雇佣兵数目众多，这大大减轻了他的工作难度。此外，战术的变化也导致基本战术单位的规模有所缩小，步兵此时更倾向于以 7 列到 10 列的厚度作战，帝国与同盟步兵都开始效法瑞典采用全体齐射，并以团属火炮伴随作战，骑兵的阵形厚度也降低到与荷兰人类似的 4 列至 5 列。

随着 1632 年春季的来临，霍恩所部瑞典军队对班贝格发起的攻击令战争再度趋于激化。蒂利抽调了来自上普法尔茨的驻军，召集了 8000 名巴伐利亚民兵，自讷德林根率领 2.2 万帝国—同盟军北进，于 3 月 9 日傍晚完全出乎霍恩意料地快速进抵班贝格。城下的瑞典本土部队仅有两个团，其余 1.2 万人均系波西米亚流亡者组织的德意志雇佣兵和新近归附的士兵。同盟军前卫骑兵迅速击溃了霍恩设在城市东南面的骑兵前哨，溃散的瑞典骑兵则把尚在未完成工事后方的步兵带得一同逃跑。帝国军队最终在一处修道院突破了瑞军战线，一名修女看到克罗地亚

兵"在我们的田地里砍倒了一个瑞典兵……把他的头从后向前切开，只留下一只耳朵悬在手上"。霍恩设在城市东面的守军很快就放弃了抵抗，但在城西的关键桥梁上，霍恩依靠两个步兵团展开死守，蒂利只得调来两门重炮展开猛烈炮击。战斗一直持续到午夜，瑞典军队最终放弃了城市。霍恩虽然战斗损失有限，却由于逃亡丢掉了大约三分之一的军队，被迫退回施韦因富特（Schweinfurt）。

然而，蒂利的实力太过虚弱，无法有效利用这场胜利，而古斯塔夫则需要保持连续胜利的势头——由于霍恩的战败，符腾堡的态度又变得游移起来。瑞典国王这头急欲复仇的"午夜雄狮"（Leu aus Mitternacht）离开了美因茨，收拢了霍恩等人的败兵，在 3 月 31 日进入纽伦堡（Nuremberg），不到一个星期后便夺下了多瑙沃尔特（Donauwörth）。但这场胜利却因为不分青红皂白屠戮天主教降兵和新教市民而备受玷污。一连串小胜后，加上从北德意志赶来的援军，古斯塔夫的兵力已经恢复到 3.7 万人和 72 门火炮——这足以让他攻入巴伐利亚。

然而，古斯塔夫面临着一切入侵者都要面对的窘境，多瑙河将巴伐利亚选侯国一分为二，只有英戈尔施塔特（Ingolstadt）、凯尔海姆（Kehlheim）、雷根斯堡（Regensburg）、施特劳宾（Straubing）和帕绍（Passau）拥有足够令部队通行的大桥。如果要从南北两岸同时展开攻势，就必须冒着两支军队难以联系的风险，因此，古斯塔夫决心全力攻击巴伐利亚首都慕尼黑所在的南岸地区。横亘在他面前的是从上巴伐利亚山地飞流直下，在多瑙沃尔特和英戈尔施塔特之间的赖恩（Rain）注入多瑙河的莱希河。大约 5000 名巴伐利亚军驻守在奥格斯堡，其余帝国—同

盟军队则在赖恩河口附近布防。蒂利和阿尔德林根指挥 2.1 万人和 20 门火炮在赖恩以南的阵地上坚守。莱希河在那里分成若干条宽约 60 米至 80 米的平行湍急溪流。连绵的春雨和融化的积雪导致水位暴涨到 4 米以上，两侧的河岸也多是难以通行的灌木丛或沼泽地。越过这一险阻将是古斯塔夫面临的最大挑战之一。

想要越过莱希河，唯一的现实选择是前往赖恩以南大约 5 公里远处，以那里的河中岛屿为跳板渡河。古斯塔夫在 4 月 14 日将大批部队在蒂利军营的正对面展开，展开了猛烈的炮击，似乎表明瑞军打算在此渡河。与此同时，其余部队却纷纷进入岛屿对岸的林地，然后开始在岛屿西侧的运河上架设浮桥。次日上午，瑞军火枪手便已占据了河中岛。在焚烧混杂着火药的湿草，制造烟雾后，334 名得到了 5 个月额外军饷许诺的芬兰志愿者驾船开赴东岸。登岸后志愿者们立刻将事先备好的浮桥部件投入水中，林地和岛屿上的炮兵部队则展开火力压制，确保了后续部队顺利通过莱希河。

得知瑞军过河后，蒂利立刻派出部队南下应战，双方一度战成胶着。不过，蒂利万万没

上图： 约翰·阿尔德林根。他出身卢森堡的破落贵族家庭，从文书之子一路凭借战功跃升为蒂利战死后的巴伐利亚军队总司令，因出身而被华伦斯坦调侃为"墨水罐"

有料到的是，2000 名精锐瑞典骑兵从河中岛以南约两公里处渡过莱希河，在激战正酣的下午 4 时突然打击到帝国—同盟军队侧后方。至此，古斯塔夫的胜利已经毫无疑问了。在混乱的战斗中，阿尔德林根被一发扫过的炮弹短暂致盲；蒂利右腿被一发 3 磅炮弹打得粉碎，当即失去了知觉，两个星期后不治身亡。帝国—同盟军队的指挥权转到了虽然英勇却缺乏作战经验的马克西米利安身上，他只得下令部队全面退却。双方在这场激战中都死伤 2000 余人，但帝国—同盟军队还有 1000 多人在其后的瑞典军追击中被俘。这场失败严重打击了帝国军队的信心，10 天过后，奥格斯堡的守军接受了荣誉投降条件，全体开出城堡。

马克西米利安随后增强了英戈尔施塔特和雷根斯堡的驻军，把野战部队撤到了多瑙河以北。古斯塔夫则在 5 月 3 日徒劳地对英戈尔施塔特发起强攻，损失了将近 2000 人——这几乎与强渡莱希河时相当。鉴于马克西米利安和实力尚存的巴伐利亚军队正位于他北面，瑞典国王显然不能贸然向奥地利进军，他转而疯狂蹂躏选帝侯的领地，计划以此迫使马克西米利安求和。在普法尔茨选侯弗里德里希五世的陪同下，古

斯塔夫于 5 月 17 日进入慕尼黑，在此后 10 天中挖出了马克西米利安埋下的 119 门火炮，将巴伐利亚人没来得及带进山地的财产和物资搜刮殆尽。虽然国王参与了一次天主教弥撒，但没有人相信正在洗劫巴伐利亚的瑞典军队，信仰天主教的农民们立刻对侵略者展开了大规模的"小型战争"，针对瑞典劫掠者的抵抗甚至迅速波及施瓦本（Swabia）境内。

瑞典军人开姆尼茨（Chemnitz）对巴伐利亚治安战描述如下："尽管这片土地状况相当恶劣，但要是当地人没有把巨大的厄运弄到他们头上，我们本该轻松搞到很多东西。在当地人实力强大，派去'保护'他们的瑞典王家骑兵和步兵数量稀少时，他们就会用恐怖的方式对待我军，用最残酷的方式处决我军，砍掉手脚，挖出眼睛，割掉耳鼻甚至私部，或是用其他非人道的方式杀人。这些邪恶行径和谋杀激起了瑞典王家军队的愤怒，他们用火与剑冷酷地报复巴伐利亚农民，许多人被砍死，数百个村庄被夷为平地……"

由于马克西米利安依然立场坚定，再度出山的华伦斯坦又着手组织新军，古斯塔夫只得在迫使符腾堡等施瓦本邦国加入己方后离开奥格斯堡，穿过尚在瑞典军队控制下的多瑙沃尔特，北上迎击劲敌。

蒂利于 1632 年 4 月 30 日"适时"死亡，扫清了华伦斯坦指挥架构中的最后障碍，华伦斯坦总揽帝国—同盟联军。马克西米利安在阿尔德林根的协助下指挥巴伐利亚军队，帕彭海姆则统率依然在德意志西北部作战的各路帝国—同盟人马。

华伦斯坦将帝国军队的规模迅速扩张到 6.5 万人。4 月底，他指挥大约一半的帝国军队自泽奈姆（Znaim）攻入波西米亚境内，

粉碎了萨克森军队和波西米亚流亡军队的抵抗。事实上，塔列朗日后对波旁贵族的评价可以完全套用在跟随萨克森人还乡的流亡者身上——他们"什么都没有忘记，什么都没有学会"。萨克森与波西米亚军队的肆意劫掠甚至让新教徒都希望他们尽早败北。在 6 月中旬将新教军队赶回萨克森后，华伦斯坦再接再厉，决心一举粉碎萨克森。7 月 1 日，他的帝国军队主力与马克西米利安在埃格尔（Eger）会师。在神圣罗马帝国和天主教同盟的危难关头，这两位巨头保持了较好的关系，马克西米利安小心翼翼地称呼华伦斯坦为梅克伦堡公爵，并慷慨划出 30 万弗洛林供其支用。

古斯塔夫知道萨克森选侯依然在与帝国谈判，担心他会临阵倒戈，因此在布赖滕费尔德战后让约翰·格奥尔格自领一军独自作战。发觉萨克森情势危急后，瑞典国王最终选择北上，于 6 月 16 日进入纽伦堡，在此得知帝国军正在前来阻截，索性停留下来设防。事实上，倘若他向西北方向的维尔茨堡进军，就可以安全地进入下萨克森，汇集更多的瑞典、新教诸侯军队。但喜好展开决定性会战的古斯塔夫显然不会错过机会，贸然放弃纽伦堡这样的新教重镇也对他的威望不利。瑞典军队和市政当局迅速征发 6000 名农民沿城市挖掘出了一条深约 2.5 米、宽约 4 米的庞大壕沟，修建了大量的多面堡、半月堡、凸角堡等防御工事，堡垒上架设了从城市军火库里搬出的 300 门大小火炮。骑兵外出巡逻，古斯塔夫则稳坐城中等待其余部队前来会合。

在 7 月 17 日抵达纽伦堡城外后，华伦斯坦并未像蒂利那样犯下强攻韦尔本的错误，他计划展开封锁，以饥饿挫败瑞典军队。

梅克伦堡公爵将营地设置在纽伦堡以西的齐恩多夫（Zirndorf），砍伐了 13000 棵树，运输了相当于 21000 车次现代卡车的土方，构建了长达 16 公里的封锁工事。帝国步兵驻扎在控扼着纽伦堡对外道路的城镇里，骑兵则在乡村中来回巡逻。古斯塔夫身陷困境，他尽管只需供给 1.8 万名军人，却还要应对 4 万城市居民和 10 万难民的庞大需求。然而，帝国军队不但禁止粮食流入，还焚毁了瑞军防御工事以外的所有磨坊，守军很快就被迫以半份配给为生。

帝国—同盟军队营垒中的补给状况起初要好得多，华伦斯坦以充足的精力组织了远达波西米亚和奥地利的补给线，获得了充裕的供给。然而，随着 8 月天气越发炎热，帝国军队的状况也出现了恶化。大约 10 万人的士兵和随营

人员每天都要产生至少 4 吨的排泄物，再加上 45000 匹骑乘马与挽马，情况就更为恶劣了。老鼠和苍蝇很快便在华伦斯坦的营地里泛滥成灾，各种流行病不断发作。华伦斯坦本人也成了他制定的围困战略的受害者。截至 8 月中旬，当瑞典军队俘获一支庞大的运输车队后，帝国军队已经无力组织奥克森谢尔纳将 2.4 万士兵和 3000 辆补给车送进纽伦堡了。

就在双方主力于纽伦堡展开对峙时，阿尼姆成功指挥萨克森军主力和 7000 瑞典援军攻入西里西亚并将其征服。华伦斯坦决心惩罚萨克森，命令霍尔克指挥 1 万人进入选侯国西南部大肆劫掠，以恐吓约翰·格奥尔格。这一举动令古斯塔夫倍感紧张，坚定了他尽快从纽伦堡脱身的决心。奥克森谢尔纳的援军于 8 月

▌下图：瑞典军队视角下的阿尔特韦斯特

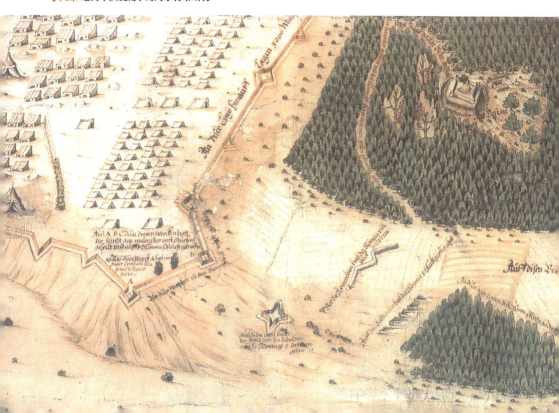

27 日抵达后，瑞典国王手中的军队规模再度达到新的高度：28000 名步兵、17000 名骑兵和 175 门野战火炮。与此同时，疾病流行和霍尔克所部的离开却将华伦斯坦的兵力减少到 31000 名步兵和 12000 名骑兵。虽然如此，考虑到这位梅克伦堡公爵将营地设在距离瑞军营地 6 公里的高地上，又拥有雷德尼茨（Rednitz）河的保护，瑞典军队无法从营地东面发起攻击，倘若选择西面或南面则会不可避免地暴露侧翼。这就让古斯塔夫决心将主攻方向定在阿尔德林根麾下同盟军队把守的营地北面。那里有一处有着废弃古堡的阿尔特韦斯特（Alte Veste，意为"古堡"）高地，但这也是华伦斯坦设防最严密的地方。除去原本就存在的天然斜坡和城堡废墟，同盟军队还伐倒了许多树木，设置了大量尖头朝外的鹿砦障碍。

瑞典军队在 9 月 1—2 日夜间越过了雷德尼茨河，帝国—同盟军队随即意识到大战将至，开始更为紧张地准备防御。古斯塔夫的计划大体与莱希河会战时类似，托尔斯滕森以炮群从雷德尼茨河东岸轰击帝国—同盟军营地，国王与魏玛的威廉公爵一道强攻阿尔德林根把守的阿尔特韦斯特，魏玛的伯恩哈德则挥师绕袭较为薄弱的营地西侧。

虽然如此，帝国—同盟军队的实力却并非在莱希河时可比，托尔斯滕森的炮击未能压制住帝国炮兵，古斯塔夫在 9 月 3 日上午派遣步兵沿着难以通行的高地北坡贸然发起攻击。然而，倾盆的大雨让北坡变得更难通行，瑞典军队引以为傲的团属火炮也根本无法跟上步兵。一整个白天的徒劳攻击与牺牲之后，瑞军在北坡一无所获，倒是伯恩哈德在西面拔除了若干外围据点。在激战中，瑞典军巴纳将军因身先士卒而身负重伤，此后一年都难以出战，炮兵指挥官托尔斯滕森被俘。瑞典军队损失也很大，至少 1000 人战死，1400 人重伤。相比而言，华伦斯坦方面此役战死不过 400 余人，其中多半还是遭遇瑞军精锐逆袭的同盟军。眼看攻击难以得手，古斯塔夫只得命令瑞军全面退却。

尽管数千人的伤亡对于仅在纽伦堡一地即集结了 4.5 万之众的瑞典军而言并非重大损失，但却使其士气严重受挫。此时活跃的帝国军克罗地亚轻骑兵、龙骑兵、火绳枪骑兵又大肆袭击瑞军补给路线，导致瑞军配给捉襟见肘，逃亡与日俱增。古斯塔夫再也无法继续留在纽伦堡，最终于 9 月 15 日撤出城市。总体而言，在纽伦堡的漫长围城煎熬中，瑞典军队和市民至少死亡了 2.9 万人，瑞典骑兵的战马损失最为惨重，他们最终离开这座苦难之城时，只有 4000 人还幸运地保有马匹。尽管复仇心切的马克西米利安强烈要求追击，但华伦斯坦深知己方虽然在兵力上拥有接近 3：2 的优势，但瑞军实力犹在，撤退有条不紊，若急于野战，反倒可能弄巧成拙，加之同盟军骁将帕彭海姆正忙于下萨克森战事，其麾下精锐骑兵无暇来援，遂断然否决此议。

虽然华伦斯坦麾下部队因疾疫流行而损失颇多，纽伦堡也仍在新教徒之手，但纽伦堡战役使得古斯塔夫自登陆以来近乎无敌的令名大受挫伤，而瑞典王在此役中表现出的过分自信和鲁莽，也似乎成了讷德林根会战前瑞军的一大共同错误。对华伦斯坦而言，尽管他表现出了高超的组织能力和战略眼光，但此战中的弹精竭虑和疫病使得他身体状况大不如前。在此后的作战中，这两位名将都出现了一系列的疏忽乃至严重错误。

吕岑会战与英雄的落幕

离开纽伦堡后，古斯塔夫并未远行，而是在纽伦堡以西停留了大约一个星期，密切关注华伦斯坦动向。尽管帝国—同盟军队在 9 月 3 日的阿尔特韦斯特会战中损失不足 1000 人，但长期围困和疫病流行同样给华伦斯坦带来了严重困扰，帝国军队的马匹同样损失惨重。他在 9 月 21 日烧营离开纽伦堡时，被迫扔下了至少 1000 辆装载补给的马车。因此，发觉华伦斯坦无意追击后，瑞典国王便认为由于霍尔克和加拉斯前往萨克森，华伦斯坦手头兵力仅有 12000 人左右，无力构成重大威胁，遂于 9 月 27 日指挥部队南下施瓦本，准备在此地过冬。但古斯塔夫大大低估了华伦斯坦的兵力，其实加上已在萨克森的部队，华伦斯坦手下实际有四万余人，足以摧毁萨克森选侯。

与此同时，华伦斯坦也判断失误了。他认为古斯塔夫将向西北方向移动，对付正在威斯特法伦的帕彭海姆，于是帝国军和同盟军转而挥师东进，在萨克森选侯领地扩张战果。随着战斗季节临近尾声，相对而言还没怎么遭受战争破坏的萨克森必定能为他的军队提供颇具吸引力的冬营。因而华伦斯坦下令部队在萨克森境内约束军纪，减少破坏。毕竟，他的爱将霍尔克、加拉斯此前干得实在有些过分，他们甚至派出克罗地亚轻骑奔赴德累斯顿，公开告知约翰·格奥尔格他的宴会不再需要蜡烛，因为帝国军人焚烧萨克森村庄的火光就足以照明！

南下的瑞典大军轻松驱走了尚在施瓦本的帝国军将领老蒙特库科利。10 月 4 日，瑞军抵达多瑙沃尔特；10 月 9 日，瑞典军夺回重镇赖恩。不过，此时古斯塔夫却得到了令人震惊的消息。

原来，马克西米利安与华伦斯坦早在 10 月 8 日便进抵了萨克森境内的科堡（Coburg），

握有对萨克森腹地展开打击的自由选择权利。虽然巴伐利亚选侯最终决心分开行动，南下巴伐利亚保卫自己的领地，但华伦斯坦依然指挥帝国军主力攻入萨克森，准备就地越冬。巴伐利亚选侯同意将正在威斯特伐利亚作战的帕彭海姆及其麾下同盟部队交予梅克伦堡公爵——尽管帕彭海姆正打得顺风顺水，连续多次羞辱了兵力占据优势的瑞典军队，华伦斯坦则把阿尔德林根和 14 个帝国步兵团借给了马克西米利安。这一安排给日后造成了诸多不便，不仅让两人龃龉不断，甚至导致选侯和皇帝关系持续紧张。华伦斯坦总是抱怨帕彭海姆执行命令迟缓，久久没有出现在萨克森战场上——事实上，最终是斐迪南皇帝的严令和华伦斯坦的反复催促才让帕彭海姆放弃了独立指挥权，离开得心应手的威斯特伐利亚战场。马克西米利安抗议阿尔德林根依然服从华伦斯坦的命令，甚至还在 11 月末给老上司派去了几个团。

古斯塔夫意识到他的错误，华伦斯坦不仅在威胁他的主要盟友，更试图切断他与波罗的海桥头堡的联系。国王拒绝了奥克森谢尔纳的建议，在 17 天时间内北进 650 公里，以损失 4000 匹战马的代价抵达萨克森境内。颇具戏剧色彩的是，就在古斯塔夫疯狂北进的同时，巴伐利亚公爵马克西米利安也正在挥师南下援救自己被瑞军洗劫、破坏的领地，两军在途中最近距离仅有 25 公里，几乎迎面碰上，却丝毫不知道对方的存在。此时，萨克森军队主力依然和阿尼姆待在西里西亚境内，选帝侯约翰·格奥尔格手中只有 4000 名可用之兵。此外，还有大约 2000 名吕讷堡军队和他们的格奥尔格公爵一起抵挡正在通过下萨克森的帕彭海姆。莱比锡随即再度向帝国军队投降，守备司令在返回己方军队后被暴怒的萨克森选侯处决，甚至连累了他的遗孀为军事法庭负担支出。

帕彭海姆最终在 11 月 7 日与华伦斯坦会合。此时，萨克森军队正退往托尔高（Torgau），古斯塔夫的军队则在长途跋涉后劳累不堪。天气已经十分寒冷，华伦斯坦将他的部队分散开来就食，他和霍尔克指挥的主力部队留在莱比锡附近，有 15000~18000 人。帕彭海姆则没有展开休整，他急于从萨克森返回他热衷的威斯特伐利亚战场。身患痛风的华伦斯坦无力与之争辩，只能让他带走 5800 人。帝国军统帅转而从波西米亚边境上召回了加拉斯（Gallas）和接近 7000 名士兵，任命他取代帕彭海姆的位置，不过他还需要一定的时间才能收拢部队前来会合。

古斯塔夫沿着萨勒（Saale）河东进，在 11 月 8 日抢在帝国军之前几个小时夺取了瑙姆堡。华伦斯坦虽然知道古斯塔夫来势汹汹，却对他的速度和实力都不甚了了。而古斯塔夫却发现华伦斯坦的实力强于他的估计，骑兵方面的差距更是相当明显，凭借他和伯恩哈德的两万军队难以在野战中将其撼动，遂决心等待约翰·格奥尔格乃至阿尼姆的援军。古斯塔夫在瑙姆堡设置防御工事，试图再次上演韦尔本筑垒营地的好戏。然而，短短几天后瑞典国王便又惊又喜地得知梅克伦堡公爵竟然主动选择了分兵。他略带疑惑地挥师出战，计划强迫华伦斯坦接受会战，赢得一

上图: *神圣罗马帝国元帅，弗里德兰与梅克伦堡公爵阿尔布雷希特·欧西比乌斯·文策尔·冯·华伦斯坦（1583—1634 年）。华伦斯坦无疑是第一流的军队组织者和后勤专家、出色的战略家、能干的战术理论家。然而，他并不适合战地指挥官的角色，在临阵指挥时很大程度上依赖阿尔德林根、霍尔克、帕彭海姆、皮科洛米尼等下属将领。华伦斯坦的亲身作战经历相当有限，吕岑事实上是他唯一深入各个层面的大会战*

上图: *神圣罗马帝国元帅海因里希·冯·霍尔克伯爵（1599—1633 年）。作为一位丹麦军人，霍尔克在 1625—1629 年的战争中为新教军队屡立战功，是少数表现优异的丹麦团长之一。在加入瑞典还是帝国的抉择面前，他最终选择了帝国军队，并迅速崛起为华伦斯坦的左膀右臂。华伦斯坦致命的分散军队决定在相当程度上需要归咎于霍尔克尽管他是能干的战地指挥官，却始终没有达到帕彭海姆或皮科洛米尼的高度*

场足以恢复声望的布赖滕费尔德式胜利。

11月15日凌晨5时，瑞典大军离开瑙姆堡。随着瑞军越发接近帝国军，从农民口中得到的消息便越发让古斯塔夫确信华伦斯坦此刻实力虚弱，这令他的决战希望愈加高涨。但出乎古斯塔夫意料的是，在魏森菲尔斯以东的里帕赫（Rippach）溪，布置着帝国军的鲁道夫·科洛雷多（Rodolfo Colloredo）将军指挥的500名龙骑兵、克罗地亚轻骑兵。

瑞典军队在几个小型渡河点上都遭到了帝国骑兵的拦截，只能转而求其次，根据牧羊人的引导从里帕赫村西面1.5公里的浅滩上渡过河去，而后以惯用的火枪手—骑兵阵形击退帝国骑兵，最终在耽误了4个小时后才全体越过里帕赫溪。然而，11月的德意志中部，4点过后太阳就会下山。古斯塔夫只得感慨"要是我们再有三小时白昼就好了"。科洛雷多的阻击战最终粉碎了古斯塔夫在11月15日决战的计划，导致他未能在当天赶到吕岑，这也是科洛雷多元帅与科洛雷多家族奥地利分支日后漫长军事生涯的荣耀起点。里帕赫的小规模战斗给了华伦斯坦一个晚上的时间整队。霍尔克后来写道："如果没有这个喘息时间，面对毫无准备的华伦斯坦所部军队，瑞典国王将取得巨大战果。"

华伦斯坦得到来自科洛雷多的消息后便停

▌上图: 神圣罗马帝国少将鲁道夫·科洛雷多伯爵（1585—1657年）。科洛雷多来自意大利弗留利（Friuli）的军事世家，自1620年起参与三十年战争。他虽然在独当一面时有所欠缺，却是一位出色的下属指挥官。里帕赫溪战斗是他最伟大的成就之一，他因此战功绩于次年晋升元帅

▌上图: 瑞典军队副总指挥萨克森—魏玛公爵伯恩哈德（1604—1639年）。尽管未至而立之年，他已是经验丰富的将领。伯恩哈德和古斯塔夫一样热衷于攻势，因而在战场上堪称意气相投。他凭借坚决攻势赢得了诸多会战，不过也往往损失颇多。但在战场之外，伯恩哈德既野心勃勃，又对国王的粗鲁过于敏感，因而时常发生冲突。在吕岑会战中，作为副手的伯恩哈德极力支持国王抢先进攻的想法

▌上图: 瑞典王家幕僚长多多·冯·因豪森男爵与克尼普豪森男爵（1583—1636年）。克尼普豪森是经验最为丰富的德意志新教军人之一，与伯恩哈德可谓天差地别，屡战屡败令克尼普豪森变得极为谨慎，屡屡反对国王雄心勃勃的计划。然而，他却能够与古斯塔夫相处甚好，有效履行了辅助国王的职责

下了退往莱比锡的脚步，留在距离目的地还有 20 公里的吕岑。这是一个拥有三百栋房屋和一座古堡的集镇，魏森费尔斯—莱比锡大道从城镇中央穿过。华伦斯坦手中仅有大约 8500 名步兵、3800 名骑兵和 20 门重炮，但这位梅克伦堡公爵认为古斯塔夫不会再度直接正面强攻，而是试图从东南面发起迂回，便将部队沿着平行于大道的方向展开，充分利用地形构筑阵地。华伦斯坦右翼有米尔格拉本（Mühlgraben）溪和两岸的沼泽地带掩护，其余部队则在夜间尽力在大道两旁加宽战壕准备防御，400 名火枪手进入吕岑防守。大约一半的骑兵部署在城镇后方，另一半留在

左翼，此外霍尔克也效法瑞典军队，出动部分火枪手协助骑兵作战。步兵主力展开成两条战线，另有 420 名火枪手进驻最前方的战壕。重炮部署在战线两端，可以对攻击战线中央的敌军展开猛烈侧射，包括 5 门 24 磅炮、4 门 12 磅炮和 4 门 6 磅炮的右翼炮群位于吕岑附近的风磨高地上。不过，由于人手不足，华伦斯坦的左翼出现了巨大空档，他只能以 600 名克罗地亚轻骑聊作遮蔽，命令随营人员在后方挥动布片充当旗帜虚张声势，希望帕彭海姆的步骑兵尽快抵达战场填补空缺。

虽然正在托尔高的约翰·格奥尔格拒绝出兵协助，古斯塔夫依然拥有大约 13000 名

步兵、6200 名骑兵和 20 门重炮，国王仍旧信心十足。11 月 16 日清晨，瑞典军队在浓雾中聆听了古斯塔夫最后一次动人心魄的战前演说，对于瑞典、芬兰军人，国王号召道："忠实、英勇的同胞们！愿你们今日奋勇争先，为上帝之道和国王英勇战斗，从而在全世界面前赢得上帝的怜悯与荣誉，我也会真正予以奖赏。但是，如若你们没有英勇战斗，我可以保证，你们的骸骨永远不会重返瑞典！"

对德意志军人，国王则用德语指出："忠诚、可敬的德意志弟兄们，军官和士兵们！我敦促你们全体勇敢前行，忠诚地为我战斗。不要跑开，我会和你们一同冒险，为你们的利益浴血。若你们站在我这一边，我希望上帝给予胜利，你们和后辈的利益将享之无穷。如果行为相反，你们和你们的自由将会一并丧尽。"

最后，国王以铿锵有力的话语终结演说：

"耶稣，耶稣，耶稣！我今日为你神圣名字的光荣而战，帮助我！"

上午 10 时左右，瑞典军队在帝国军和吕岑镇前列阵。鉴于吕岑以西的溪流造成了通行困难，古斯塔夫将主攻方向集中在吕岑及其以东地区，命令 3~5 门半加农炮轰击帝国军队战线。其后不久，帝国军威力更强大的炮群展开还击，古斯塔夫的坐骑也被吓得畏缩不前，只能临阵换马。据说国王曾因此感慨"这对我来说可不是个好兆头，这场仗也许会很困难"。大约一个小时过后，随着雾气散去，瑞军发起全面攻击。按照惯常的做法，古斯塔夫将部队部署成两条战线，最优秀的步兵位于第一线，国王指挥他最信赖的瑞典、芬兰骑兵身处右翼，伯恩哈德率领大约 3000 名德意志军人进驻左翼，克尼普豪森（Knyphausen）则指挥 4 个旅的步兵预备队和全体预备骑兵。瑞军的战线左右绵延大约 2.5 公里，帝国军人们震惊地看到

下图: *瑞典军官绘制的自南向北进攻草图*

上图: 黑甲骑兵遭遇古斯塔夫

他们以"最美丽的战斗队形"推进。

　　尽管瑞典方面宣称华伦斯坦当天始终躺在担架上指挥，梅克伦堡公爵实际上却要活跃得多，一位匿名帝国军官在次年出版于里斯本的书中记载道："（公爵）阁下在当天*表现出非同一般的勇气，在每一个团前方来回回，在需要他出现时便出现：用自己亲临火线鼓舞士气，让每个人都恪尽职守。*"

　　根据霍尔克的估计，守住吕岑镇至少需要1000名步兵，但缺兵少将的华伦斯坦只能抽出400人来防守。在瑞军发起总攻之前，他冷酷地命令帝国军士兵将当地居民关进城堡的地窖，以阻止他们外出救火，而后下令焚烧吕岑，以阻止瑞军进入城镇、包抄帝

国军侧翼。风助火势，烟雾迅速弥漫战场，让人难以观察战况——瑞典军人甚至声称看不清四步以外的人形目标。伯恩哈德的部队因而无法夺取吕岑村或风磨高地。瑞军想要获得突破，真正的希望便在于古斯塔夫本人指挥的一翼，整整6个团的瑞典芬兰骑兵、1000名协同火枪手和5门团属火炮在吕岑以东有着更为广阔的活动空间。同样意识到这一点后，华伦斯坦将手中的少数重骑兵预备队抽调到己方左翼，决心迎击国王的推进。

　　帝国军队左翼的600名克罗地亚骑兵阵形松散、装备轻便，他们显然无法正面抵挡瑞典骑兵的突击，很快便四散开来，有些人甚至劫掠己方辎重车队，朝着莱比锡一路狂

奔。然而,在这层轻骑退避锋芒之后,古斯塔夫却发现数百名隐蔽在壕沟中的帝国火枪手展开了猛烈射击,而在壕沟未曾掩蔽的地区,身着黑色甲胄的帝国重骑兵已然严阵以待。早在进攻之前,国王就曾告诫下属骑兵:"我一点不在乎那些家伙(克罗地亚轻骑兵),但要给我猛冲那些黑衣军队,他们才是能够毁掉我们的人。"

由于轻骑兵的溃散,华伦斯坦的重骑兵同样且战且退,壕沟中的火枪手尽管给瑞典骑兵造成了一定杀伤,却在瑞军火枪手和团属火炮的射击下被迫退却。但两条横断大道的壕沟让骑兵难以通行,古斯塔夫只得留下火枪手守备阵地,自己指挥骑兵大部队继续寻觅通道。

而在步兵方面,尽管帝国军队的左翼炮群不停地撕开瑞军阵列,但状况正如那位匿名军官所述,"虽然有许多炮弹命中了敌军,但我军炮兵始终无法导致他们产生混乱",瑞军步兵迅速夺取了7门重炮,随后将其火门钉死。瑞典人的第一轮攻势在古斯塔夫一侧进展顺利。伯恩哈德的处境就要艰难一些,风磨高地的炮群和依托园圃围墙防御的火枪手已经足够麻烦,而吕岑的大火更让他有些焦头烂额。

虽然如此,火势和烟雾也导致帝国军队难以射击,伯恩哈德趁机扫清了壕沟里的敌军,将部队投入到对磨坊的激烈争夺之中。魏玛公爵手中的德意志骑兵也是身经百战的精锐部队,其中一些团甚至早在古斯塔夫征战波兰时就追随瑞典国王,他们的突击令华伦斯坦右翼的一些火绳枪骑兵出现了溃逃。但胸甲骑兵依然坚持阵地,他们遵守梅克伦堡公爵的命令,原地等待着新教骑兵迫近,而后以骑兵和步兵的联手射击挫败了伯恩哈德的冲击。随后,瑞典步兵的冲击也在帝国方面的炮群轰击和火枪手打击下功亏一篑。

战场形势在午后出现了急剧变化。夜间快速行军35公里后,帕彭海姆最终指挥大约2000名骑兵抵达战场西侧。这位身经百战、受创无数的名将立刻让溃逃中的辎重部队恢复了秩序,转而前往较为安全的帝国军队右翼后方,就连克罗地亚轻骑也重获信心,返回战场后展开大迂回,计划配合重骑兵发起攻势。帕彭海姆亲自指挥卫队率先展开猛烈冲击,却一头撞上了瑞军的弹雨。他几乎在第一次冲击中就身负重伤,伤口迸裂的鲜血染红了华伦斯坦召他回师的命令。他的号兵回忆说:"伯爵的卫队连损失惨重,伯爵本人被一发隼炮炮弹和三发子弹命中。"尽管帕彭海姆被号兵救回本阵,送上马车,但他的落马无疑让帝国骑兵军心大乱,骑兵们纷纷后退,让身负重伤的伯爵又惊又怒。自知时日无多,他摘下戒指,一阵亲吻后让人转交给妻子,又派人将自己的遗愿告知华伦斯坦,不久便死在马车里。虽然流传有帕彭海姆在得知古斯塔夫战死后才笑着辞世的说法,但这多半是后人的附会。

帕彭海姆的骑兵集群在主将战死后当即崩溃。霍尔克需要花上不少功夫才能将其重整,而华伦斯坦自右翼抽调来的皮科洛米尼、格茨胸甲骑兵团虽然一度威胁到行进中的瑞军步兵,却也在瑞典旅火枪手的射击下"损失无算"。按照一位帝国军官的说法,"圣母玛利亚的庇佑和胸甲的保护"才让他们免遭覆灭。虽然如此,两军骑兵依然在雾中陷入了拉锯战,数名瑞军骑兵团长当场丧失战斗力,可能已经负了轻伤的古斯塔夫本人则在率领斯莫兰(Småland)骑兵团冲击时脱离了大部队,国王的随从们希望把他带到安全地带,却不幸碰上了依然在烟幕中激战的双方骑兵。以莫里茨·法尔肯贝格(在马格德堡战死的瑞军法尔

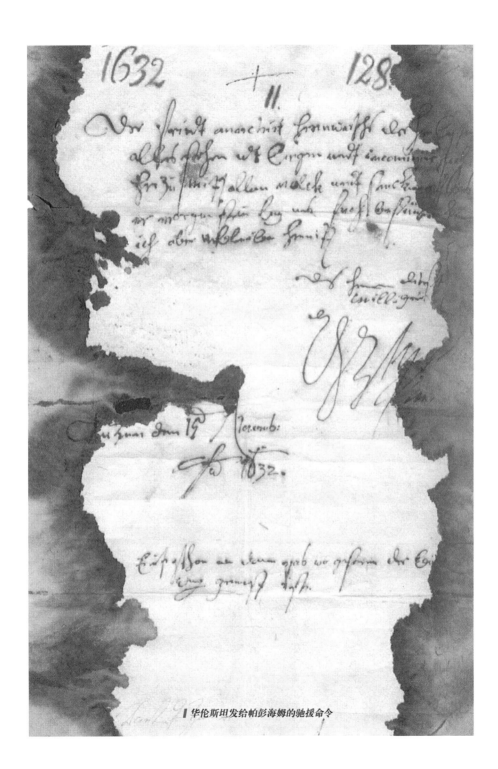

华伦斯坦发给帕彭海姆的驰援命令

肯贝格上校的天主教远亲）中尉为首的几名帝国骑兵当即高呼："这是个正确目标！"法尔肯贝格立刻掏出手枪击中国王后背。而由于颈部旧伤的影响，古斯塔夫并没有穿戴铠甲的习惯，但他随即也被瑞典御厩大臣打死。一番混战过后，古斯塔夫的随从们在黑甲骑兵面前轰然溃逃，国王身上也多出了若干处剑伤和太阳穴上的一处致命枪伤，遗体轰然坠地。

其后不久，逐渐认出国王身份的各路帝国骑兵开始瓜分遗物，帽子、外套、马靴、金表、银马刺、图章戒指相继被皮科洛米尼、霍尔克等将领的下属夺走——最终只余下了内衣，皮科洛米尼本人甚至计划拖走国王遗体，却因为瑞典大队骑兵出现而不得不作罢。

正在瑞军右翼骑兵陷入混战之际，中央战线上久经沙场的瑞军雇佣兵——黄旅和蓝旅也着手展开了冲击。根据古斯塔夫的命令，他们应当"大胆迫近敌军，无须考虑其数量，在帝国火枪手射击前不得展开任何齐射"。换而言之，便是要诱使帝国军队在较远距离上抢先开火，以削弱其杀伤力，而后以较近距离上的猛烈射击与冲击径直击破帝国军战线。华伦斯坦则在保留中路二线预备队的同时，将两个出色的帝国步兵团和一个优秀的同盟步兵团部署到中路第一线，并要求他们直到瑞军极为接近时才能够率先展开射击。

帝国—同盟军的军需总监迪奥达蒂（Diodati）看到，"一大群身着黄色外套的（敌军士兵）用长枪掩护着火枪手，以坚定阵形推进"。然而当帝国火枪手一直忍耐到在极近距离上发起骤然齐射后，众多身先士卒的瑞典军官非死即伤。方寸大乱的瑞军尽管奋力还击，也打死打伤了若干名帝国军官，甚至一度击退三个帝国—同盟步兵团，迫使其二线部队上前增援，却终究无法完成击破战线的任务。迪奥达蒂感慨"（黄旅）在遭遇我军步兵攻击时被

下图：法尔肯贝格遭遇古斯塔夫

上图: 古斯塔夫殒命

完全击退，看到这支军队在一瞬间成为一堆尸体堪称奇观"。蓝旅的命运更为悲惨，同盟步兵指挥官明希豪森（Münchhausen）巧妙利用退却制造了陷阱，正当推进中的瑞典雇佣兵展开火力交锋之际，皮科洛米尼指挥他的胸甲骑兵冲入蓝旅的敞开侧翼，制造了可怕的杀戮。一位倾向瑞典的英国旅行者感慨："这两个旅曾是军中精华，多数人是服役七八年之久的老兵，因为国王最为倚赖他们才把这些人部署到那里……而他们的死尸此刻已经覆盖了生前守卫的同一片土地。这些老兵过去的确曾被击败，然而，他们的

上图: 正在劫掠遗体的帝国骑兵

上次失败间隔太过遥远，竟让他们这次忘了如何逃跑。"尽管蓝、黄二旅严格意义上并未全军覆没，却也几乎丧失了全部进攻能力，直至进攻失败后两个小时，"它们依然集结不起一个中队（一个旅通常包括三四个中队）的兵力"，甚至连长枪都因为战斗损耗和丢弃而严重匮乏。

魏玛公爵伯恩哈德依然执着于向帝国军队右翼发起攻击，他从克尼普豪森手中抽来了1个步兵旅和3个骑兵团，并集结手中的野

上图：在吕岑屡建奇功的意大利军人皮科洛米尼

战炮向风磨高地发起轰击。强大的压力导致若干帝国部队出现崩溃，华伦斯坦和他的庞大随从队伍随即亲自上阵鼓舞士气。结果斐迪南皇帝的一位侄子几乎被火炮打死，就连华伦斯坦本人也一度身陷重围，所幸霍尔克及时抽调预备队上阵，这才遏制了伯恩哈德的突击势头。

帕彭海姆生前布下的一着闲棋此时又给瑞典军队增添了麻烦。千余名克罗地亚轻骑在迂回后突入瑞军后方，尽管他们最终被3个瑞军骑兵中队击退，却凭借劫掠者的"威名"吓得辎重队里的诸多车夫驾车掉头逃跑。一些车夫甚至劫掠了瑞典军队的辎重。惊惶之余，就连古斯塔夫的座驾都加入了逃窜行列。不过，帝国军虽然战线大体完整，却也出现了相当程度的动摇，若干部队濒于崩溃，

对阵两军都陷入了混乱之中。会战在相当程度上演变成不同部队单位间的捉对厮杀。

此时，国王之死的闲言碎语开始迅速在瑞典军队中流传，瑞军骑兵最终在下午3点找到了古斯塔夫的半裸遗体，随即秘密送往后方。负责指挥预备队的克尼普豪森坚持宣称古斯塔夫只是受伤而已，他不断将新锐部队输送到中央战线，再度夺回了7门帝国军队火炮，命令部下将钉子从火门中取出，送上口径适合的炮弹，利用地形优势展开轰击，按照瑞典方面的夸张说法，这导致"敌军左翼在下午3点空无一人"。王家牧师法布里修斯（Fabricius）则要求牧师必须身先士卒，"否则便会激起全军溃败"，继而组织大军余部合唱新教圣歌以鼓舞士气，溃散的人马也逐渐循着歌声聚拢。伯恩哈德则在攻击受阻和流言疯传后带领少数随从赶往预备队方向。

战斗在下午3时左右平静下来，挫折经验异常丰富的克尼普豪森此刻仍然握有2个完整的步兵旅和1个骑兵团，瑞典旅、蓝旅、黄旅的余部正在缓慢集结，不过他依然建议瑞军选择全面撤退，但伯恩哈德却被这一审慎建议激起了战意，宣称他要么死亡要么胜利，无论如何都要让"复仇和损失一样难忘"。

虽然多少有些意气用事，伯恩哈德的决

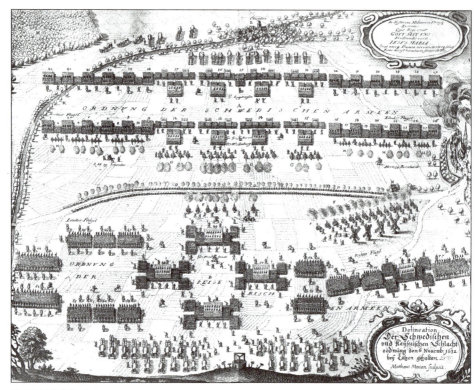

上图： 吕岑会战版画

上图： 瑞典军队夺回国王遗体

断却并非毫无依据，在克尼普豪森和他商议期间，硝烟散去的天空终于明朗起来，他们可以清晰地看到帝国军队也只余下风磨高地附近的"两大块步兵和少数几个骑兵中队"具备一定战斗力——事实上，鉴于伯恩哈德此前已经终止攻击，不少帝国军官认为瑞军当天不会继续进攻，开始退往后方重整部队，直到侦察骑兵传来惊人的消息："敌军正以战斗队形接近我军，和原来一样秩序井然。"霍尔克将仅存的预备队投入战斗，他们的出现让瑞典人心生疑窦——"帕彭海姆的步兵来了，帕彭海姆的步兵来了！"尽管这批步兵距离战场事实上还有两三个小时的行程。

进攻的命令同样在瑞典军队中掀起了波澜，怯懦的士兵感慨："啊，战友，我们必须再度进攻吗？"勇敢的士兵则回复："一起上吧，要有勇气，如果我们必须进攻，就让我们勇敢攻击，干得漂亮！"在硝烟再度弥漫的战场上，双方火枪手直到距离 5~10 步时才展开射击，随即以长枪和枪托短兵相接。几乎所有高级指挥官都命悬一线，过半

的团长非死即伤。恶斗两个小时后，交火最终在暮色中停顿了下来，疲惫已极的帝国步兵逐步撤离火线，许多人甚至累到倒地便睡。伯恩哈德的步兵最终冲入风磨高地，缴获了困扰他们一整天的火炮，但损失惨重的瑞典军队也无法利用这一契机扩张战果。

帕彭海姆的 3000 名步兵则在入夜后大约一个小时抵达战场。华伦斯坦精疲力竭，己方的数千官兵伤亡和大批高级军官死伤最终令他决心退却，在莱比锡留下了火炮和大约 1160 名伤员，随后退回波西米亚。关于帝国的伤亡一直没有准确数字，一般认为帝

下图: 兵人重演的风磨高地战斗

■下图: 吕岑的古斯塔夫纪念石

国的伤亡在 3000 到 6000 之间（含那 1160 名伤员）。瑞典军队大约损失了 6000 人，精锐的瑞典、蓝、黄三个旅都伤亡近半。考虑到此战瑞典军一直在反复强攻，也就不难理解这样的伤亡数字了。因此，当一名帝国军战俘告知瑞典军华伦斯坦已经撤出战场时，瑞典军队也几乎处于撤退边缘。

双方损失数字的差异，以及古斯塔夫位列瑞军阵亡者之中的事实，都令"谁真正取得了胜利"的争论变得更加激烈。新教方面的宣传加上古斯塔夫日后在各国总参谋部学者中的崇高地位，确保了吕岑通常被视为"瑞典军队的伟大胜利"。虽然如此，在这场会战中，华伦斯坦事实上表现出了更为优异的指挥才能，古斯塔夫则企图凭借优势兵力发起前途渺茫的正面突击。鉴于华伦斯坦最终丧失信心，选择了全面退却，他到 11 月 25 日才确认古斯塔夫已死，瑞典军队自然有理由宣称他们胜利。退回波西米亚境内后，这位梅克伦堡公爵对战斗中逃离岗位的部队大为光火，坚持绞死了 11 名军官与士兵。与此同时，赏罚分明的他也给伤员发放了奖励，给予了霍尔克和皮科洛米尼这样的优秀军官丰厚奖赏。

吕岑之战的真正影响在于古斯塔夫的战死。虽然瑞典人继续奋战，协助萨克森军队在 1634 年 1 月将选侯国土地上的帝国军队彻底清除干净，但他们的目标已经发生了变化，奥克森谢尔纳希望以尽可能好的条件令他的国度脱离战争——虽然他不会取得多少成功。只不过，这些故事已经不属于"北方雄狮"古斯塔夫大王了。

"北方雄狮"虽然战死了，但他的影响并没有消失。旧瑞典国会于 1633 年 2 月决定赋予他"大王"（den Store）的称号，他从而成为"古斯塔夫·阿道夫大王"（Gustav Adolf den Store）。至今这一荣誉仍未被给予其他任何瑞典君主。在古斯塔夫死后将近一百年中，瑞典一直雄踞北欧，被视为欧洲第一流的军事力量。时至今日，他依然被视为瑞典历史上最杰出的国王。

但比起一位伟大的国王，古斯塔夫更多的是作为一位伟大军人而被后人铭记，成为后世无数军人的偶像与楷模，并被加诸无数赞誉与荣耀。他的军事改革及在战场上的神勇表现，深刻地影响了欧洲军事的发展，并改变了当时的政治格局。无论在欧洲军事史上还是在世界军事史上，他都是一位极具影响力的伟大统帅。

就连他的死亡，都充满了热血军人的浪漫："在取得连胜威名之后，于最关键会战中英勇战死，余部以其为名赢得会战的胜利！"

参考书目

Robert Monro. 1637. Monro, His Expedition with the Worthy Scots Regiment (called Mac-Keyes-regiment) Levied in August 1626. London: Keys

Thomas M.Barker. 1975. The Military Intellectual and Battle. Albany: SUNY Press

Richard Brzezinski. 2001. Lützen 1632: Climax of the Thirty Years War. Oxford: Osprey Publishing

William Guthrie. 2002. Battles of the Thirty Years War: From White Mountain to Nordlingen, 1618-1635. California: Greenwood Publishing Group

Reichel, Maik, Inger Schuberth, eds. 2007. Gustav Adolf, König von Schweden: die Kraft der Erinnerung 1632-2007. J. Stekovics

Peter Wilson. 2010. The Thirty Years War: A Sourcebook. London: Palgrave Macmillan

Marcus Junkelmann. 2011. Tilly: der katholische Feldherr. Munich: Pustet

Peter Wilson. 2009. Europe's Tragedy: A New History of the Thirty Years War. London: Penguin Books

Reichel, Maik, Inger Schuberth, eds. 2012. Die blut'ge Affair' bei Lützen: Wallensteins Wende. J. Stekovics

Tryntje Helfferich. 2013. The Iron Princess. Cambridge: Harvard University Press

Asbach, Olaf, Peter Schröder, eds. 2014. The Ashgate Research Companion to the Thirty Years' War. Farnham: Ashgate Publishing

Reichel, Maik, Inger Schuberth, eds. 2014. Pappenheim – Daran erkenn' ich meine Pappenheimer. J. Stekovics

作者／
骨架龙

强军的步伐

15—17 世纪西班牙军团征战史

在实现多种武器系统的结合方面，西班牙人最为成功。他们的结合方
法极大地影响着欧洲的战术。
——阿彻·琼斯 《西方战争艺术》

1643 年，三十年战争已经进行到了第 25 个年头，距离瑞典国王古斯塔夫二世战死的吕岑会战也过去了 11 年。战火仍在继续，5 月 19 日，法军与西班牙军在法国罗克鲁瓦城外的旷野上激战正酣。法军的火炮喷射出死亡的烈焰和致命的弹丸，西班牙军团的方阵被犁开了一条条血肉胡同。炮击停止之后，法军的重装骑兵卷地而来，法军的步兵方阵也紧跟着慢慢地向前推进，两军的步兵方阵一经接触便是一场残酷的白刃战。迪亚哥·阿拉特里斯特与他的战友们浴血奋战，在法军的连番攻击之下苦苦地支撑着。尽管败局似乎已经不可避免，但遍体鳞伤的西班牙军团老兵们依然骄傲地拒绝了对方的劝降。阿拉特里斯特跟他那些身经百战的同伴们傲然挺立在方阵的第一线，他们宁愿死战到底，准备迎接最后的时刻。

这是西班牙史诗巨片《佣兵传奇》的结尾，也是全剧的高潮，生动地再现了欧洲近代早期步兵方阵的战斗。影片主人公的经历涉及了西班牙帝国盛衰的某些关键节点，可以给阅读本文的人提供一些线索。但这是远远不够的，好奇的人们可能会提出更多的问题：那种长矛结合火枪的方阵究竟是何时出现的？西班牙人又是怎样借此雄霸欧洲，在一百多年的时间里被视为欧洲劲旅、"步兵之花"的？这就需要我们展开历史的画卷，一起去找寻答案。其实，所有的一切都要从位于欧洲西南的伊比利亚半岛开始说起。

诞生于再征服运动

崛起于公元 7 世纪左右的阿拉伯帝国，在囊括了中东及北非之后，依然没有停下扩张的脚步，又将目光投向了直布罗陀海峡对岸的伊比利亚半岛。

公元 710 年 7 月，阿拉伯帝国派驻北非的长官穆萨投石问路，他的侍从泰利夫率领一支由柏柏尔人组成的侦察部队在伊比利亚半岛的最南端登陆。这支拥有 100 名骑兵、400 名步兵的小部队进展顺利，而且给穆萨带来了很多重要的情报。当时统治伊比利亚半岛的是西哥特王国，西哥特的贵族们为了王位互相倾轧，内部矛盾重重，被压榨的罗马天主教徒和犹太教徒怨气冲天，国内各地的设防并不严密。

掌握了上述情况，穆萨在公元 711 年派

上图： 柏柏尔人的骑兵

其副手塔立格率领 7000 人渡过海峡。塔立格的部队在沿途扩充之后很快达到了 12000 人，得到消息的西哥特王罗德里克集结了 25000 兵马前来迎敌。双方于公元 711 年 7 月 19 日在巴尔柏特河口遭遇，西哥特军队被彻底击溃，罗德里克不知所踪，据传死于乱军之中。随后阿拉伯军队如秋风扫落叶一般横扫了西哥特王国，到夏末，塔立格已经掌握了半个西班牙。

进军如此顺利，穆萨不想让助手独享征服的功劳，他于 712 年 6 月率领另外一支大军进入伊比利亚半岛，花了一年多时间将西哥特人固守的塞维利亚等据点一一攻克，兵锋直抵比利牛斯山脉。这一奇迹般的征服将阿拉伯帝国的版图扩张到了极致。这些被欧洲人称为摩尔人的阿拉伯征服者在此后的数百年间，逐渐征服并统治了伊比利亚半岛的大部分地区。穆萨的继任者甚至曾越过比利牛斯山脉向法兰西进军，一度在今天的法国南部建立了几个据点。直到法兰克军队在图瓦战役中力挫穆斯林大军，这才止住了阿拉伯帝国在欧陆的扩张。

基督教自然不会坐视阿拉伯帝国统治伊比利亚半岛。此后基督教王国收复伊比利亚半岛的行动被称为"再征服运动"。这一运动被认为始于公元 718 年的科法敦加战役。此战中，阿斯图里亚斯的王子培拉约率领部众阻止了摩

下图: 阿拉伯帝国在伊比利亚半岛的统治地区

阿斯图里亚斯王国

图卢兹

奥维耶多

纳博讷

加洛林
帝国
（即查理大帝开创的法兰克帝国）

萨拉戈萨

巴塞罗那

倭马亚王朝

托雷多

瓦伦西亚

里斯本

塞维利亚　科尔多瓦

直布罗陀

上图：与摩尔人交锋的熙德

尔人小股部队向北部山区的深入，避免了伊比利亚半岛完全落入阿拉伯帝国之手。不过，向穆斯林收复失地的再征服运动是个长期的过程，科法敦加的小胜仅仅迟滞了阿拉伯帝国的扩张。

幸运的是，阿拉伯帝国内也是风云变幻，倭马亚王朝被阿拔斯王朝取而代之。新兴的王朝大肆屠戮前朝皇室，倭马亚家族仅存的

男丁阿卜杜勒·赖哈曼经历千难万险，终于逃到了伊比利亚半岛。这位流亡的王孙有着不一般的雄才大略，他依靠忠于倭马亚王朝的旧部，于756年建立了自己的国家，并进一步控制了伊比利亚半岛上所有的摩尔人领地。尽管阿卜杜勒没能实现重掌整个帝国的梦想，但却在半岛上开创了一个兴盛的摩尔人王朝。即便是雄霸欧洲的查理大帝也奈何

他不得，这就大大地延缓了基督徒收复失地的脚步。阿卜杜勒所创立的后倭马亚王朝延续了275年，于1031年灭亡。在这个王朝的废墟上出现了很多小国，这些小国互相攻伐，甚至与基督教王国结盟。

不过，基督教王国并非铁板一块，它们之间也有各种纷争。为后人所传颂的传奇英雄熙德可以说是这一混战时期的代表人物。这位桀骜不驯的骑士先效忠于基督教君主，后来又出走为摩尔人冲锋陷阵，最后干脆一直割据于巴伦西亚。但尽管有着诸多掣肘因素，逐渐崛起的基督教国家还是缓慢推动着再征服运动的进行，并与1096年开始的十字军东征运动遥相呼应。

1212年，在当时教皇的推动之下，欧洲多国的十字军以及伊比利亚基督教诸国的军队展开了联合行动。卡斯蒂利亚国王阿方索八世统率基督教联军与阿拉伯军队在纳瓦斯－德托洛萨展开了激战，号称有60万之众的阿拉伯军队一败涂地。这一战役成为再征服运动的转折点，基督教王国自此确立了优势，而穆斯林再也未能扭转颓势。

多亏半岛上两个主要的基督教国家卡斯蒂利亚和阿拉贡稍后相继陷入了内争，才给了穆斯林喘息的机会。但这样的好运终究不能长久，在基督教势力的挤压之下，摩尔人疆土日蹙，最后只能退守到伊比利亚半岛的东南一隅。在那里，以格拉纳达为首府的奈斯尔王朝扮演了摩尔人最后捍卫者的角色。

时间来到1469年，卡斯蒂利亚的公主伊莎贝拉与阿拉贡的王子斐迪南缔结了婚约。这桩政治婚姻的意义非同小可，意味着伊比利亚半岛上两个主要国家的统一成为可能。卡斯蒂利亚国内外的敌人显然都不愿意看到这一情况的出现，伊莎贝拉为了避开阻挠，不得不与斐迪南秘密会面。1474年，伊莎贝拉在其同父异母的哥哥死后被贵族拥立为卡斯蒂利亚的女王，而斐迪南于1479年继承了阿拉贡的王位，于是这对夫妻开始了对两个国家的联合统治。

两国的统一从一开始就有颇多周折，觊觎卡斯蒂利亚王位的葡萄牙国王阿方索五世率先发难，他率领2万军队攻入卡斯蒂利亚。但随后阿方索五世却在等待中错失良机，伊莎贝拉和斐迪南迅速募集了4万军队，在托罗战役中大破葡萄牙军队，迫使阿方索五世放弃了对卡斯蒂利亚的野心。

消除外患之后，两人又开始着手进行内部整合。较斐迪南年长一岁的伊莎贝拉可谓女中豪杰，她有胆有识，做事雷厉风行。这位女王曾经单枪匹马进入发生骚乱的城镇，当场宣布撤换不合格的地方官，安抚不满的民众。卡斯蒂利亚国内有卡拉特拉瓦、阿尔坎培拉和圣地亚哥三大骑士团，这几个骑士团都拥有重兵，对于中央政权来说是个隐患。伊莎贝拉恩威并施，迫使这三大骑士团都效忠于自己的丈夫，既减少了内部的不安定因素，又加强了中枢的力量。在她的手腕之下，卡斯蒂利亚大贵族也俯首帖耳，不敢造次。为了肃清国内的盗匪，伊莎贝拉规定每100户提供1个人所需要的

■上图：基督教的双王

马匹和武器装备，从而建立了一支规模达到18000人的治安部队。伊莎贝拉的独断专行一度引起了斐迪南的不满，但她对丈夫说："将来的王位必定是我们的孩子来继承。"听到这话，斐迪南的不满也就烟消云散了。

卡斯蒂利亚和阿拉贡的联合，对于摩尔人来说绝非好消息。奈斯尔王朝能延续200多年，很大程度上是因为基督教世界的分裂，同时他们还长期臣服于卡斯蒂利亚，这也算是一种有效的自保手段。对于强邻，奈斯尔王朝的君主本应该小心伺候才是，但第十九任苏丹阿布尔·哈桑却反其道而行之。伊莎贝拉派人前来索要岁币，却得到了一个霸气的回答："格拉纳达造币厂现在铸造的已经不再是黄金，而是钢铁。"这样的言语无疑意味着战争。

1481年12月26日，格拉纳达的军队趁着月黑风高突袭了卡斯蒂利亚的边境城镇查哈拉（Zahara）。城镇陷落之后，全体居民被卖为奴隶。突然爆发的战争，对实行双头统治的卡斯蒂利亚和阿拉贡来说是个好机会。为了对付格拉纳达这个共同的敌人，两国统一的进程势必会加速，整合会更为有效。哈桑大概是个有雄心的君主，但他刺激强敌的做法实在不够聪明，反而引火烧身。

1482年2月28日，卡地兹侯爵罗德里格调集了数千人马主动进行反击。他以奇袭手段一举拿下了位于格拉纳达西北面的阿哈马（Alhama）镇。得到这个消息，斐迪南迅速决定出兵支援侯爵。阿哈马镇距离格拉纳达约25英里，阿布尔·哈桑绝对不会坐视不管。果然，苏丹亲自率领人马试图围攻阿哈马镇，但在援军的威胁之下不得不撤退了事。西班牙人在阿哈马的胜利令教皇塞克斯六世非常高兴，他特意送来一面神旗和一

个巨大的银质十字架表示祝贺。斐迪南以后每次出征都要带上这两件教皇赐予的圣物，以宗教的力量来号召和鼓舞西班牙的军民，上帝的赐福让基督徒信心倍增。

斐迪南在进入阿哈马镇之后，又集结了更多的军队。他率领4000骑兵和1.2万步兵向洛哈（Loja）城进发，打算彻底扫清支援阿哈马镇的通道。斐迪南志在必得，他手下那些初次与摩尔人交锋的战士也意气风发，完全不把对手放在眼里。但洛哈的守将阿里·安塔尔不是等闲之辈，他预料对方会占据俯瞰城池的高地以便攻城，所以事先布置了一支轻骑潜伏在山上的森林里。当敌人军队在山头上出现时，安塔尔便率领部队出城挑战。卡斯蒂利亚的骑兵迫不及待地冲下山来与敌人交锋。双方刚一交战，摩尔人的军队就开始败退，将卡斯蒂利亚的骑兵诱离了阵位。随后摩尔人的伏兵果断出击，扫荡了对方还没完工的营垒，围攻被留在后面的炮兵和辎重。前锋骑兵这时才发现自己中了圈套，慌忙回援，而安塔尔也转身杀回，与伏兵前后夹击，直到卡斯蒂利亚的增援部队赶到，摩尔人才方撤出战斗。

安塔尔这一击让斐迪南损失不小，更动摇了他的信心，他决定放弃尚未完工的山头阵地，撤到安全的地方等待更多的军队前来会合。摩尔人迅速占据了被放弃的山头并竖起了自己的旗帜，卡斯蒂利亚的后续部队并不知道前锋撤退的消息，以为敌人攻取了山头，顿时军心动摇，队伍在仓促后撤中陷入了混乱。久经沙场的安塔尔当然不会错失这样的机会，他迅速挥军追击，斐迪南看势头不妙，率领自己的近卫和少量骑兵占据了路边的高地来抵抗摩尔人的追兵，卡地兹侯爵也率领一部分重装骑兵突击敌人的侧翼，经

过一番苦战，摩尔人被击退，形势终于转危为安。洛哈城下的挫败无疑给斐迪南好好上了一课，他和他麾下那些初出茅庐的将士头脑发热，正需要冷水浇头。这场败仗之后，战场变得沉寂起来，双方只在边境地区进行了一些小规模的袭击作战。

1483 年 3 月 19 日，圣地亚哥骑士团的大团长与卡地兹侯爵等几位边境地区的领主携手出击。

上图：格拉纳达的骑兵和十字弓手

他们计划直接穿越人烟稀少的阿克沙尔奎亚（Axarquia）山脉，攻击港口城市马拉加附近的地区。根据事先得到的情报，马拉加的守军当中只有少量骑兵，缺乏机动能力。卡地兹侯爵曾就这一作战方案提出过不同的意见，他建议将目标限于阿尔莫希亚的山村，不要冒险深入敌方的腹地。傲慢的大团长否决了侯爵的提议，而年轻的骑士急于建功立业，完全不曾考虑潜在的风险。

这支部队主要由骑兵组成，没有炮兵，只有少数步兵和辎重。此外部队中还有大量的随营人员跟军队一起出发，这些平民渴望从战场上捞一把。因为主要在夜间行动，所以部队的行军速度很慢。西班牙人的军队一路扫荡经过的村镇，马拉加的守军很快就观察到了他们纵火焚烧所产生的黑烟。实际上，正在马拉加的哈桑掌握着大量骑兵部队以及格拉纳达一流的弩手和火枪手。之前苏丹迫不及待地打算与来犯之敌决一雌雄，但他最后被自己的弟弟——更为谨慎的阿卜杜拉所劝阻。随后苏丹干脆将军队交给阿卜杜拉指挥。阿卜杜拉派出一支精锐的骑兵在正面诱敌，主力部队则布置在道路四周的高地上，正好可以侧击卡斯蒂利亚的军队。

此时，卡斯蒂利亚的军队仍醉心于劫掠路上的村镇，除了骑士团大团长所掌握的后卫部队还保持着一定的纪律之外，其余的人马早已是一盘散沙。穆斯林的军队突然从山谷两侧开始攻击卡斯蒂利亚的军队，立刻就占据了上风。后卫部队的骑士们还尽力抵抗了一阵子，但破碎的地形更有利于摩尔人的战术，很快后卫部队也被击溃了。

利用骑士团争取到的时间，战场经验丰富的卡地兹侯爵尽力收拢了自己的部下并前去支援骑士团。侯爵本试图将摩尔人引到更为开阔的地势上实施攻击，但这一策略却被阿卜杜拉所识破。摩尔人将自己的部队撤回到山上，将卡斯蒂利亚的军队逼入了困境。

到底该如何摆脱眼下的困境呢？是前进还是后撤？经过一番讨论，卡斯蒂利亚的将领们决定冒险前进。谁知道，前方的道路越来越危险，即使是步兵也寸步难行，而占据着高地的摩尔人则加强了攻势。他们顺着山势丢下滚石，给西班牙人造成了大量伤亡。很快卡斯蒂利亚的将领们就失去了对部队的掌握，只能趁着夜色各自逃生。骑士团的大团长和卡地兹侯爵等主要将领都突出了重围，可他们的部下则损失惨重，摩尔人抓获了大量俘虏，连马拉加的妇女也有不小的收获。再一次的惨败，足够让那些盲目乐观的西班牙人清醒过来，重新审视征服格拉纳达的前景。

两次失利让卡斯蒂利亚蒙受了不小的损失，看起来似乎这场战争会跟从前一样无限期地拖延下去。但上天却在此刻眷顾了西班牙人，为他们送来了一个战略上的转机。

事情还要从洛哈之战时说起。当时哈桑率领人马前往洛哈支援，结果他的儿子博艾布迪在格拉纳达造反，自立为苏丹。哈桑回不了都城，只好避居在弟弟阿卜杜拉那里。阿卜杜拉在马拉加城外取得的辉煌胜利让博艾布迪感到嫉妒和害怕。他感觉必须要干出点名堂来，才能降低父亲和叔叔的影响力，否则支持自己的人恐怕会越来越少，更何况斐迪南的部下正在袭扰他控制的地盘。于是博艾布迪打算给西班牙人一点颜色看看，他亲自率领9000步兵和700骑兵出阵，围攻洛哈城西北面的卢塞纳。

得知卢塞纳被围攻，卡布拉伯爵带了一支步骑混合的小部队前来支援。博艾布迪高估了援兵的数量，他决定撤围。因为携带着战利品和俘虏，摩尔人走得很慢，突然涨水的河流也给撤退带来了意想不到的麻烦，而卡布拉伯爵则趁着晨雾袭击了摩尔人的队伍，博艾布迪在西班牙人的围攻下负伤被俘。从博艾布迪口中，斐迪南和伊莎贝拉搞清楚了格拉纳达内部的状况，他们意识到这是个千载难逢的良机，征服格拉纳达的前景终于出现了一丝曙光。西班牙人给博艾布迪开出了条件：可以给其自由，并给予两年的休战，但前提是必须臣服于西班牙，而且除了交纳贡金之外，博艾布迪还要让西班牙的军队过境以便同他的父亲和叔叔作战。急于获得自由的博艾布迪接受了上述条件。格拉纳达就此一分为二，摩尔人对抗西班牙的力量被严重地削弱了。

尽管格拉纳达的内战给西班牙人创造了

有利条件，但他们也需要改进自己的军事体系。此时卡斯蒂利亚和阿拉贡还是以中世纪的封建式征兵为主，分封于各地的领主在自己的采邑里征召人马。这种方式征召来的人马素质参差不齐，缺乏纪律，所以并不是很可靠。为此，伊莎贝拉采取了多种方法来提高兵员的质量。前文提及的在全国范围内选拔建立起来的治安部队被改造成了一支野战部队，这也是日后西班牙军团的基础。伊莎贝拉还拿出重金招募当时欧洲最为精锐的瑞士步兵。

作为狂热的教徒，伊莎贝拉当然不会忘记借助信仰的力量。她向欧洲各国表明，伊比利亚半岛上正在进行的这场战争是为了捍卫基督教文明，这个意义在奥斯曼土耳其威胁欧洲的情况下显得尤为重要。于是大批的志愿者纷纷从日耳曼、英格兰、法兰西等国

上图：西班牙的骑兵和步兵

■上图：**西班牙的火炮**

加入了西班牙人的阵营，这其中最为知名的是
吴德维理爵士——英王爱德华四世的妻舅。

卡斯蒂利亚和阿拉贡所召集起的各路人马
都开始向科尔多瓦集结，总数多达 8 万。这其
中骑兵有 1 万人左右，而步兵则达到 4 万人，
剩余的 3 万人主要是工程和辎重人员。跟欧洲
其他国家以重骑兵为主不同，这支大军的主角
是轻装部队尤其是步兵。这主要是为了适应格

拉纳达多山的崎岖地形。前两次败北的经历，
确实让西班牙人吸取了足够的教训。

为了对付摩尔人坚守的城塞，伊莎贝拉不
惜斥巨资从欧洲各地聘请了许多技术人员，建
立了自己的兵工厂，大量制造火药和炮弹。经
过一番努力，西班牙建立了一支强大的炮兵。
其最大的攻城炮长达 12 英尺（约 3.66 米），
口径为 14 英寸（35.56 厘米），炮身由 2 英寸
（5.08 厘米）宽的铁棒锻造而成，然后用铁钉
和螺钉绞紧。这些火炮可以发射铁弹、石弹和
火球，不过它们不能升降转动，炮身被固定在
没有轮子的木质炮架上，需要牛进行牵引。为
了让火炮通过格拉纳达复杂的地形，还有一支
多达数千人的工程部队专门负责修建道路。

兵马未动，粮草先行，后勤补给方面同样
也有大量的准备工作要做。拥有 8 万头骡马的
后勤补给纵队建立起来，专门向前线输送武器、
弹药和粮草。伊莎贝拉还为伤员准备了大量的

■下图：**马拉加的阿尔卡扎巴城堡**

帐幕，这开创了近代化野战医院的先河。在保障本方后勤补给的同时，她还为敌人准备了釜底抽薪的一招。西班牙人建立了一支专事破坏的部队，负责拆毁谷仓、农舍和水磨，把一切农产品毁掉，破坏敌人继续战争的潜力。伊莎贝拉在反击葡萄牙入侵时曾采用过这一策略，这次轮到摩尔人倒霉了。

在一系列的准备工作就绪之后，斐迪南统率大军于1485年再次深入格拉纳达。在上次洛哈之战前，曾有人提出要先夺取马拉加，但当时斐迪南并没有采纳。其实这个建议颇具战略眼光，格拉纳达孤立于伊比利亚半岛，遭遇危机时只能向北非的阿拉伯国家求援，而港口城市马拉加则是援军进出的唯一通道。因此，这次斐迪南重拾之前被放弃的战略，他计划先攻取马尔贝拉（Marbella），并在那里建立一个海军基地，以期在海军的配合下攻取马拉加，彻底切断格拉纳达与非洲的联系。

在展开攻势之前，西班牙人先于4月5日扫荡了降而复叛的贝尼马奎兹（Benemaquez）。斐迪南为了杀一儆百，将当地101名头面人物全部吊死在城墙上，其余居民都卖为奴隶。这一霹雳手段旨在震慑那些穆斯林的城镇，告诉他们只有乖乖降服才是唯一出路。

接下来西班牙人展开了对卡尔塔马（Cartarma）和柯因（Coin）的进攻，这两处是马尔贝拉的外围据点。阿卜杜拉集结军队，试图突破西班牙人的包围圈，但未能成功解围。4月底，两城先后被攻克。随后斐迪南又趁着重镇龙达守备空虚的机会迅速进军。西班牙人先切断了城市的水源，然后施以炮击，迫使龙达于5月22日投降。龙达的陷落导致格拉纳达西部的防御土崩瓦解，包括马尔贝拉在内的大批城镇易手。这样，

卡斯蒂利亚的海军就获得了一个基地，能配合陆军夹击马拉加。

格拉纳达的外患日甚一日，而内乱也愈演愈烈。阿卜杜拉取代他的哥哥哈桑成为新的苏丹，而倒霉的前任苏丹则从历史上消失，到底是隐退还是被杀，各种说法莫衷一是。阿卜杜拉的能力远超哈桑是毋庸置疑的，不过到底能否拯救危局也要看他的运气。阿卜杜拉先试图拿下背叛老爹的不肖侄子，可惜被博艾布迪逃脱了。

趁着叔侄两人内斗的机会，斐迪南挥军攻向格拉纳达，他在格拉纳达外围的莫克林等地与阿卜杜拉展开了激烈的交锋。摩尔人的顽强抵抗一度令战事陷入了胶着状态。这时博艾布迪跑来"帮忙"了，他与自己的叔叔达成和解，并参加了防守洛哈城的战斗。可博艾布迪很快就反戈一击，使得洛哈于 1486 年 5 月陷落。洛哈的陷落几乎封闭了摩尔人增援马拉加的陆上通道。

为了酬谢博艾布迪，斐迪南授予他一个公爵的头衔，并将位于格拉纳达东北部的巴萨（Baza）、瓜迪克斯（Guadix）等城镇封给了他。其实这些地区都在阿卜杜拉的控制之下，斐迪南之所以将这些地区封给博艾布迪，是为了挑起摩尔人之间的内战。在西班牙军队的支持下，博艾布迪带领他的追随者跟叔叔展开了争夺地盘的拉锯战，让摩尔人本来有限的力量更为分散。

斐迪南一方面挑动摩尔人内斗，一方面有条不紊地实施着围攻马拉加的计划。1487 年 4 月，西班牙人的大军从安特克拉出发，艰难地通过最为复杂的地形，抵达了贝莱斯－马拉加（Velez-Malaga）城下。该城靠近海岸，位于马拉加的北面，一旦这里失守，马拉加就会被彻底孤立。阿卜杜拉当然清楚此地的重要性，

上图：摩尔人坚固的防御工事

尽管博艾布迪一再扯他的后腿，但他还是尽力去支援贝莱斯－马拉加，希望能在半路上拦截敌人的炮兵并摧毁火炮，但西班牙人严密的防守没有给摩尔人可乘之机。阿卜杜拉又计划与守军里应外合破围，但这一努力因消息泄露而失败。在炮击的威胁下，贝莱斯－马拉加于 5 月初投降，马拉加被完全包围了。

马拉加是仅次于首都格拉纳达的第二大城市，守将哈米特手下有数千来自非洲的精锐。尽管城里的许多民众打算开城投降，但哈米特依然拒绝了斐迪南的劝降。摩尔人依托坚固的城堡进行防守，要想攻克绝非易事。于是斐迪南做好了长期围困的准备，他指挥人马在陆上修筑了一道封锁线，而舰队则负责封锁海路。伊莎贝拉也来到前线视察，她的到来极大地鼓舞了部队的士气。

西班牙人集中了大量火炮，从陆地和海上炮击马拉加，摩尔人也用手中的火炮进行还击。除了炮击之外，西班牙人还使用云梯等攻城器械进行突击，并且挖掘坑道进行爆破。来自非洲的穆斯林战士都很狂热，他们拼死抵抗，这使攻城战斗进行得异常激烈。哈米特甚至还派出了死士，试图刺杀斐迪南夫妇。这名死士故意被俘后混入了西班牙人的营地，但因认错了目标导致功败垂成。围困持续几个月之后，马

拉加的军民已经到了山穷水尽的地步，他们吃光了一切可以食用的东西，包括骡马、狗以及树叶。阿卜杜拉曾试图救援马拉加，但博艾布迪的牵制和西班牙人的严密封锁让他的努力化为泡影。在绝望当中，民众于1487年8月17日开城投降，稍后哈米特及其部下也不得不向西班牙人投降。

斐迪南对马拉加实施了残酷的报复，城中的大多数居民被出卖为奴，幸存的守军被当作礼物分送给欧洲各国王室，至于基督教的叛徒和犹太教徒则统统被处决。马拉加被攻克之后，格拉纳达西部城市尽数落入西班牙人之手，格拉纳达的结局已经注定。

从1488年开始，斐迪南的攻势转向了格拉纳达的东部，不过这一年因为阿卜杜拉的顽强抵抗，西班牙人并没有太多收获。

1489年，斐迪南统率大军再次发起进攻。西班牙人先攻取了格拉纳达的苏哈尔（Zujar）城，然后通过山地直取巴萨。巴萨的堡垒构筑得十分巧妙，正好位于火炮无法摧毁的天险上。另外当地的富人在城市周围建造了很多别墅，这些别墅也都被摩尔人改造成了坚固的小堡垒。西班牙人经过一番苦战才扫清了城镇外围的堡垒，但之后他们才发现原来选定的营地并不适合用来进攻城市。这种情况使他们陷入了两难的境地，撤退就意味着前功尽弃，而继续在目前的营地进攻又很难取得战果。于是西班牙留下一部分人靠近城市扎营，其余都退回了进攻出发地。

▌下图: *格拉纳达投降*

斐迪南有些气馁了，他写信问计于自己的妻子。伊莎贝拉劝丈夫坚持之前的决定，千万不要动摇。于是，西班牙人放弃了撤退的计划，他们在城市的两边各建了一个营垒。营垒建好之后，斐迪南又派出4000多人砍光了两个营垒之间的树林，消除了可能被敌人利用的隐患。一条连接两个营垒的护城河也挖好了，山中溪流被引入这条护城河，护城河外面还有用鹿砦保护着的土垒。没有护城河的一侧，西班牙人则挖出了一条壕沟，壕沟外垒起了一道石墙。巴萨就这样被牢牢地围困起来，摩尔人插翅也难飞了。不过，长期的艰苦战斗让西班牙债台高筑。伊莎贝拉竭尽全力为军队筹措补给，甚至将自己的珠宝首饰也典当出去。她再度亲临前线慰问将士，鼓舞士气。这一举动也是在向摩尔人表示，他们绝不会半途而废。斐迪南下令修建数千栋木屋，准备就地过冬。尽管滂沱大雨卷走了大部分木屋，营地里疫病流行，但西班牙人依然咬牙坚持围困。阿卜杜拉无力给巴萨的守军提供任何支援，只好让他们自求生路。1489 年 12 月 4 日，巴萨开城投降。巴萨陷落之后，阿卜杜拉彻底放弃了抵抗，他交出了剩下的领土，逃亡非洲度过余生。

博艾布迪终于成为格拉纳达唯一的苏丹，不过他的地盘只剩下格拉纳达城及其周围的一小块地区。斐迪南和伊莎贝拉曾希望他能识相

下图：再征服运动的全过程

一点，但或许是还未尝够权力的甘美，或许是他那些曾经与西班牙人苦战过的部下不愿意屈服，博艾布迪选择了抵抗。这样一来，斐迪南还要进行最后的战役——攻取格拉纳达城。

格拉纳达城人口众多，物产丰富，并且拥有极为坚固的城防。斐迪南没有急于攻城，他首先对格拉纳达城外肥沃的平原采取了行动，破坏工作从 1490 年开始展开，当地的居民饱受折磨。到 1491 年 4 月，西班牙人的大军开始向格拉纳达开进，并再度蹂躏了城外的平原。两次破坏让格拉纳达城周围的 24 座城镇被荡平，大批村落被焚毁，所有粮食和牲畜皆被扫尽，原本遍布果园和麦田的沃土变成了一片不毛之地。完成所有破坏工作之后，西班牙人开始在城外修建营垒。斐迪南并不打算攻城，他认为敌人的补给来源已经断绝，饥饿会使他们屈服。伊莎贝拉也随着丈夫来到前线，除了激励将士之外，她还亲自主持后勤工作。

格拉纳达城中仅剩下几个月的食粮，因此博艾布迪手下的大臣大多主张投降，但大将穆萨坚决主张抵抗，犹豫不决的苏丹支持了他的意见。穆萨故意敞开了几扇城门，试图引诱敌人前来攻击，还极力鼓励部下主动出击，袭扰敌人。摩尔人还不断向西班牙人挑战，要求进行公平的决斗，骄傲的西班牙骑士有时会应战，许多优秀的骑士因此在决斗中阵亡，以致斐迪南不得不禁止手下进行这种毫无意义的争斗。在围城期间，双方只有两次大规模交战。一次是摩尔人发现了国王夫妇的踪迹，当时这对夫妻正试图眺望格拉纳达著名的红宫。另外一次是摩尔人试图抓住西班牙营地失火的有利时机进行突袭。但这两次交战都以摩尔人被逐

退而告终。

到了 10 月，西班牙人所修筑的永久营地终于落成了。此时博艾布迪认识到，抵抗已经没有希望。他开始与斐迪南接触，希望能够获得有利的和平条件。斐迪南也想尽快结束战事，他担心疫病会摧毁军队的战斗力，而经过连年苦战，西班牙人也到了筋疲力尽的地步。在这种情况下，斐迪南欣然接受了博艾布迪开出的所有条件，双方在 11 月达成了协议。穆萨对主君的软弱表示了极大的愤慨，他单骑出城向西班牙人挑战，在身负重伤之后投水自尽。1492 年 1 月 2 日，博艾布迪正式开城投降，他亲自向斐迪南和伊莎贝拉献上了城市的锁钥，格拉纳达被全部征服，历时 700 多年的再征服运动至此画上了句号。

尽管当时伊比利亚半岛上的卡斯蒂利亚王国和阿拉贡王国以及其他一些领地还都有着各自的独立性，但在征服格拉纳达的战争中，民众激发起了强烈的民族热情，为西班牙形成统一的民族国家奠定了基础。这个新兴的国家雄踞伊比利亚半岛，北面有比利牛斯山脉这道抵挡外敌的天然屏障，两面分别为大西洋和地中海，可以同时向两边发展。在后世的战史大师富勒将军看来，当时西班牙的战略态势是再理想不过的。他这样认为："在这个时代中的欧洲，再没有第二个国家，形势上有这样大的便利，足以扩张成为一个大帝国的。这种扩张的血液在其人民的血管中流动着，它的爆发已经在眼前了。"

攻占格拉纳达不仅仅是西班牙兴起的起点，在军事历史上也同样开启了新的篇章。在战争这所大学里，西班牙人学到了很多东西，雇佣来的瑞士步兵不但在格拉纳达冲锋陷阵，而且也成为西班牙军人学习和效仿的

对象。经过严格的纪律约束和训练，组织良好的瑞士长矛方阵有着惊人的威力。方阵依靠整体的迅速推进和凶猛的攻击，不但足以抵御重骑兵，而且其他任何组织不够严密的步兵都无法与之匹敌。而西班牙的广大农村并不适宜饲养马匹，这就大大地限制了其马匹的保有数量；另外一方面，格拉纳达复杂的多山地形和林立的城塞，也必然使步兵成为主角。可以说，在西班牙发生的这场军事变革有偶然因素也有必然因素。总而言之，这场战争让西班牙的军事体系发生了根本性的改变，中世纪的封建制军队被民族国家的常备军所取代，这支以步兵为主体的新式陆军在不久之后就会一展身手，开创西班牙的帝国时代。

崛起于亚平宁逐鹿

格拉纳达的硝烟刚刚散尽，伊莎贝拉就资助一位出生于热那亚的探险家带着四艘船出海了。这位探险家就是后世赫赫有名的克里斯托弗·哥伦布。哥伦布相信地球是圆的，向西航行最终也能到达东方，可他的计划之前一直没有人感兴趣。或许是格拉纳达的胜利让伊莎贝拉信心十足，也可能是哥伦布的计划实在诱人，最终她支持了这次探险。谁也不曾想到，哥伦布的航行开启了一个全新的时代，深刻地影响了欧洲乃至整个世界的面貌。新大陆的发现，在欧洲掀起了一股贸易和殖民的狂潮，西班牙人正是这股浪潮的急先锋，在摩尔人被击败之后，安达卢西亚等地久经考验的老战士纷纷奔向新大陆，开始了新的冒险之旅。

不过新大陆的征服史并非本文的重点，还是让我们将目光转回欧洲吧。1494 年 8 月，欧洲大陆风云再起，法国国王查理八世率领大军进入意大利半岛。查理八世这一进军的目标是那不勒斯王国，他对那不勒斯的王位提出了要求。当时掌握那不勒斯的君主阿方索二世出自阿拉贡王室。他曾毫不留情地镇压安茹派的贵族，这些流亡贵族就跑去向查理八世求援，鼓动法国出兵。查理八世作为安茹家族事业的代理人，本人也对亚平宁半岛的土地抱有很大的野心。因此安茹贵族的出兵请求可谓正中其下怀。

当时的意大利半岛正处于四分五裂的状态，罗马教廷、威尼斯、佛罗伦萨、那不勒斯和米兰五国旗鼓相当，此外还有些更小的割据势力。这些小国之间本来订立着盟约，但因为利益纠纷又有许多矛盾。强大的法军突入亚平宁半岛时，他们纷纷打起了自己的小算盘，只想着怎么保住自己的一亩三分地。在这样的算计之下，法军畅通无阻地通过了险关要隘，直逼那不勒斯。那不勒斯的军队就企图依靠堡垒坚守，但在法军凶猛炮火的攻击之下，堡垒纷纷陷落。1495 年 2 月，整个那不勒斯落入了法国之手。

法国人占领那不勒斯之后，行政腐败，横征暴敛，占领军更是暴行累累，这些所作所为很快就搞得当地民众怨声载道，那不勒斯各地纷纷起义，反抗占领军。查理八世之前曾以出让土地的妥协换取了斐迪南对进军的默认，得到好处的斐迪南乐得看那不勒斯的亲戚倒霉，但他同样对意大利半岛抱有野心，意大利人的暴动正是他等待的机会。

斐迪南首先从外交上展开了行动。他联合神圣罗马帝国皇帝马克西米利安一世与教廷、威尼斯、米兰结成了第一次神圣反法同盟（又称威尼斯同盟）。为了进一步加强联系，对付法国，斐迪南还同马克西米利安一世结成了双重的儿女亲家，这一事件在日后有着深远的影响。

图例：

| 莱萨卢佐侯国 | 蒙费拉侯国 | 特伦托 | 曼托瓦侯国 | 卢卡共和国 | 费拉拉和摩德纳公国 |

萨伏伊公国

米兰公国

威尼斯共和国

奥地利

匈牙利

奥斯曼帝国

热那亚共和国

佛罗伦萨共和国

圣马力诺

威尼斯达尔马提亚

科西嘉岛（热那亚）

锡耶纳共和国

教皇国

拉古萨共和国

萨丁岛（阿拉贡）

罗马

庞特科沃

那不勒斯王国

贝内文托

那不勒斯

巴勒莫

西西里王国（阿拉贡）

锡拉丘兹

上图: *15 世纪末的意大利*

西班牙军队开始在西西里岛集结，领兵的将领是贡萨洛·德·科尔多瓦。贡萨洛是阿吉拉尔伯爵的次子，因为没有继承财产和头衔的机会，他选择了从军这条路，从很早起就追随伊莎贝拉女王。他作为下级军官参加了对格拉纳达的征服，几乎无役不与，屡建功勋，因此被选为圣地亚哥骑士团的大团长。但贡萨洛这次的对手不再是摩尔人，而是欧陆上的头等强国。

经过百年战争的锤炼以及几代君主的苦心经营，法国早已建立了一支强大的常备军。查理八世当政后又对火炮进行了重大的改进，提高了火炮的射速和机动性，将火炮应用于野战。除了独霸欧洲的专业炮兵之外，法国还有一支精锐的常备骑兵——敕令骑士，而大批骁勇善战的瑞士雇佣兵则是法国步兵的主力。就常备军的建设而言，西班牙无疑是落后的。西班牙征募常备军的瓦拉多里德法令在1494年刚刚颁布，该法令规定在12~45岁的西班牙男子中每12人抽1人，抽中的须在国内或国外服兵役，这一法令在很大程度上是效仿了法国的做法。此时的西班牙军队以轻装部队为主，步兵中有三分之一的长矛手，三分之一的剑盾兵，剩下的三分之一使用十字弓或火器，这种构成是基于在格拉纳达取得的经验，是否适用于欧陆还是个未知数。

查理八世面对遭受围攻的局面，可不想陷死在这个泥潭里。他于1495年5月20日开始率领主力撤退回国，结果归路上遭遇了威尼斯和米兰等国同盟军的截击。就此，福尔诺沃战役在波河河谷爆发。兵力上占据优势的意大利同盟军奋勇攻击，但无法压倒法国骑兵。加上天公也不作美，滂沱大雨限制了同盟军骑兵的机动，结果意大利同盟军不但未能阻止法军的撤退，还付出了比法军多出一倍的伤亡。

那不勒斯方面，本来贡萨洛了解法军的优势所在，希望避免与法军在开阔的地形上正面交锋。但急于复国的那不勒斯贵族不愿意等待，他们希望尽快将留守的法国人赶走。那不勒斯国王斐迪南二世自然支持贵族们的意见，贡萨洛别无选择，只能服从大多数人的意见。

1495年7月28日，双方在塞米纳拉（Seminara）附近的平原上展开交战。西班牙军队有5000人左右，而那不勒斯盟友麾下的民兵则有6000人。他们在一条小河边布阵，步兵在左翼，骑兵在右翼。法军只有大约3000人，以重装的敕令骑兵和瑞士雇佣兵为主力。结果反而是数量上处于劣势的法军主动发起进攻，瑞士步兵挺着长矛冲锋在前，与西班牙的步兵展开搏斗。而西班牙的轻装骑兵快速地发动反击，他们冲向敌阵，向法军骑兵投出了一阵标枪，随即迅速退回本阵，这是西班牙人在格拉纳达对付摩尔人的惯常战术。但骑兵的回撤却让盟友的军队大为恐慌，这些来自卡拉布里亚地区的民兵误以为西班牙的骑兵已经败退，眼看着凶猛的瑞士人步步进逼，他们竟然作鸟兽散，转身逃离了战场。斐迪南二世试图阻止自己的部下但徒劳无功，战场形势急转直下。法国骑兵不失时机地向西班牙人猛扑过来，瑞士步兵也乘势击破了西班牙人的剑盾兵。混战中，那不勒斯国王华丽的外衣成了显眼的目标，国王遭到法军的集中攻击，并因此落马。多亏部下舍命相救，斐迪南二世才逃脱了被俘或被杀的噩运。在这危急关头，贡萨洛冷静地指挥着剩下的部队边打边撤，西班牙的长矛兵始终保持着严密队形，顶住了法军骑兵和瑞士步兵的攻击，保证本方部队有组织地撤出战斗，安全退回了塞米纳拉。尽管法军是胜利者，但西班牙步兵在此战中体现出来的素质，将在接下来的几个世纪中为他们赢得声誉。这

上图: 瑞士步兵

是贡萨洛军事生涯中的第一次败北，这场败仗让他开始认真思索未来的战术，他从中领悟到的东西不但将改变西班牙军队的面貌，也将深刻地影响之后的战争。

塞米纳拉战役之后，西班牙人改变了策略。他们不再寻求与法军正面交锋，而是利用骑兵协同当地的同盟军展开了游击战，专门打击法国人的补给线。这种战术对于孤悬亚平宁半岛南部的法军来说是致命的一招。随着时间的推移，瑞士雇佣兵因为欠薪和思乡，自动解散回国了，而剩下的法军则被西班牙军队围困在阿泰拉（Atella）。粮尽援绝之下，法国人于1496年7月投降，那不勒斯王国复国成功。到1497年时，法军已经完全退出了意大利，远征的成果基本上丧失殆尽。本来查理八世不想就此罢休，着手准备再一次远征。可惜天不假年，他于1498年因意外而去世，永远无法实现自己以那不勒斯为基地收复圣城的梦想了。第一次意大利战争结束了，但对西法两国来说，围绕亚平宁半岛的角逐才刚刚开始。

继任的法王路易十二对意大利的野心一点也不比前任小。路易十二的外祖母是米兰公爵之女，所以他深信自己对米兰有着理所当然的继承权。在第一次意大利战争中，当时还是奥尔良公爵的路易十二曾试图夺取米兰，但被米兰军队挫败，因此他决心一定要洗刷失败的耻辱。1499年，法军再度进入亚平宁半岛。上一次的法国入侵并没有促进意大利诸邦国的团结，各国的统治者反而变本加厉地算计如何从法国人那里捞好处，修理自己看不顺眼的邻居。在这种情况之下，教廷、佛罗伦萨以及威尼斯都站到了法国这边。神圣罗马帝国的皇帝马克西米连一世虽然有心干涉，但帝国的诸侯宁可看法国坐大，也不愿意增大皇帝的权力，他只能眼看着帝国领地米兰于1500年落入法国

之手。

路易十二吃下米兰之后，又将手伸向了那不勒斯。那不勒斯的国王照例向有亲戚关系的西班牙求援，不料斐迪南和贡萨洛却置若罔闻，绝望的国王只好求助于奥斯曼土耳其。这下西班牙开始进兵了，要讨伐试图与异教徒结盟的那不勒斯。原来斐迪南早已跟法国订立了密约，双方要平分那不勒斯，他只需要等待一个合适的借口来出卖可怜的亲戚。但西法双雄的暂时联手很快就宣告结束，为了独占那不勒斯，双方于1501年再度兵戎相见。

西班牙的统帅依旧是贡萨洛，面对法军的优势兵力，他决定避而不战。经历了塞米纳拉的失败，贡萨洛确定了一个原则，那就是只有确信情况对自己有利才会投入交战，绝不在敌人掌握主动的时候冒险，这样可以保证部队一直获得胜利的经验和信心。基于这一原则，贡萨洛退守巴列塔（Barletta）。巴列塔是个海港城市，拥有非常坚固的城防工事，又可以从海路上得到来自西西里和西班牙本土的补给，对防御者来说是再理想不过的地方了。

贡萨洛在巴列塔一蹲就是半年，这段时间他可没闲着。一方面部队的士气必须要维持，为此他利用个人影响借钱给士兵发饷和置办冬衣；另外一方面他大力招募间谍，刺探情报，做到知己知彼。此外，贡萨洛还有一项最重要的工作要做，那就是找出克敌制胜的战术。

基于上次意大利战争的经验，贡萨洛知道西班牙军队原有的战术无法有效地克制瑞士长矛兵，这就迫使其寻求改变。贡萨洛对这一问题有着自己的想法，他决定调整现有部队中兵力和兵器的配置，采用新的战术编组。贡萨洛受古罗马军团的启发，组建了新的战术单位——纵队（Coronelías）。纵队下辖连，之前西班牙军队也有连的编制，不过人数并不固

定，而贡萨洛将连的编制固定为500人。每个纵队有10个混合连，每个连由200名长矛兵、200名剑盾兵和100名火枪兵组成，此外还有两个完全使用长矛的连，纵队还配属重装骑兵和轻装骑兵各一队，每队骑兵大约300人。纵队理论上大约有6000人，由一名上校指挥。这样的两个纵队组成一个军，设一名总司令来统率。新战术编组最引人注目的地方就是取消了十字弓，大大增加了火绳枪的数量，达到了总兵力的六分之一，这一比例远超同时期欧洲其他国家的军队。瑞士步兵也使用火枪，不过仅限于支援方阵的

少数散兵，火枪手顶多占总兵力的一成左右。尽管欧洲诸国对是否应该用火绳枪完全取代弓弩有着各种争论，但贡萨洛还是果断进行了改革，他坚信火枪是克制瑞士步兵的利器。

当最后一支增援部队抵达巴列塔之后，西班牙人等待已久的反攻时机已经成熟。尽管有可靠的消息表明西法两国已经达成了妥协，但贡萨洛拒绝相信，他要坚决执行国王之前下达的命令。经过冬天的养精蓄锐，士兵的士气很高，贡萨洛不想错失胜利的机会。

1503年4月28日，贡萨洛率领部队脱离了要塞，他打算吸引法军出战。西班牙军

下图：西班牙步兵

队沿着古老的道路向北开进，路过了坎尼会战的战场，他们并不知道，随后进行的战役也会像坎尼会战一样在军事史上成为标志性的里程碑。4月底的亚平宁半岛，天气已经很闷热了，在烈日的暴晒之下行军，对士兵来说无疑是一种折磨，尤其是那些身穿沉重盔甲的战士，不时有人因为疲劳和脱水而昏倒。贡萨洛在队伍里不停地巡视，想尽办法给他的部下提供必要的帮助，鼓舞因疲劳而低迷的士气。为了减轻士兵的负担，贡萨洛命令每个骑兵都必须带上一名步兵，他自己的坐骑上就搭载了一名德意志雇佣兵。

西班牙人在午后抵达了切里尼奥拉（Cerignola），这是一个建在小山上的镇子。在贡萨洛看来，这里无疑是一处极为理想的阵地，山坡上遍布葡萄园，山脚下有相当深的沟渠。尽管士兵们因为行军已经疲惫不堪了，但所有的人还是迅速动手开始构筑工事。沟渠被加宽，沟里还插上了尖头木桩，在靠近城镇的一侧还垒起了一道相当高的胸墙。贡萨洛明白待在卡诺萨（Canosa）的法国人肯定得到了他们出发的消息，一定会迅速前来堵截，所以一刻也不能浪费。

西班牙人的布置刚刚就绪，明晃晃的兵器和飘扬的军旗就出现在远处的地平线上——法国人果然来了。法军的统帅是内穆尔公爵路易·德·阿马尼亚克。面对已经占据了阵地的敌人，他本打算将战斗推迟到第二天，因为一则时间已经很晚，二则没有侦察敌人的设防就仓促进攻实在太鲁莽了。但公爵的谨慎却在

▌下图: 西班牙火枪兵痛击法国敕令骑兵

临时召开的作战会议中遭到了许多军官的反对，他们声称战士们热切地渴望马上投入战斗，此时犹豫会极大地挫伤他们的求战欲望，一位激动的轻骑兵将领甚至对统帅的勇气表

上图：内穆尔公爵之死

示了嘲讽。这种无理行径激起了公爵的怒火，他把一开始的冷静抛到了一边，愤怒地对部下的将领说："好吧，我们今天晚上就进攻，那些调门最高的人或许会发现马刺要比他们手中的剑管用得多。"一语成谶，公爵此时已经预料到了这一仗凶多吉少。

当法国人在作战会议上争吵不休的时候，贡萨洛则抓紧时间调整了部署。手持长矛的德意志雇佣兵在中间结阵，西班牙火枪手布置在方阵的四周，炮兵放在左翼。重装骑兵则部署到城镇的通道附近，以便投入进攻。轻装骑兵则没有阵线的限制，他们可以视情况向各个方向机动，骚扰进攻的敌人或者支援被攻击的友军。一切布置妥当之后，贡萨洛就等着法国人出招了。法国统帅将手中的部队分成了三路，轻骑兵在左，重骑兵在右，来自瑞士和加斯科涅的雇佣兵组成方阵居中。法军占有兵力上的优势，他们有9000人，而西班牙军只有6000人。

日出之前半小时，内穆尔公爵下令开始全面进攻，他自己身先士卒，在右翼随同重骑兵率先发起冲锋。进攻才刚刚开始，西班牙的炮兵阵地就发生了意外。一个火星偶然间飞进了火药箱里，引发了一场惊天动地的大爆炸，所有的火炮都变成了哑巴。这一意外令西班牙的将士目瞪口呆，但是贡萨洛大声喊道："勇敢点，小伙子们！这是胜利的信号！让那些大炮见鬼去吧，它们在近战里根本就派不上用场！"

西班牙统帅的这番话让他的部下又恢复了镇静。与此同时，轮到法国人有麻烦了，战场上弥漫的硝烟让法军重骑兵根本看不清楚前方的目标，突然一道深沟出现在他们面前，有的骑兵来不及勒马就栽了进去，其余的人都裹足不前。内穆尔公爵催马上前查看情况，试图寻找通过这条壕沟的办法。拥挤在壕沟前的法军骑兵成了西班牙火绳枪手的绝佳目标，他们不失时机地向敌人猛烈开火，年轻的公爵不幸中弹落马，法军在进攻的开始阶段就失去了统帅。

瑞士和加斯科涅的雇佣兵随后也杀到了壕沟边上，他们与混乱的骑兵撞到了一起。雇佣兵没有停下脚步，他们试图越过壕沟，以一贯的勇猛精神压倒对手。但壕沟边堆积的新土又松又滑，既抓不牢靠也无法立足，士兵很难攀登上去。即使有幸运儿越过了壕沟，他们又要面对日耳曼雇佣兵如林的长矛，不能结阵的瑞士步兵很难突破对方的阵线。雇佣兵的指挥官努力督促所有战士不要畏惧，向敌人的阵线猛攻，他闪亮的盔甲和头盔上高耸的白羽毛暴露了自己与众不同的身份，一颗弹丸飞来将他撂倒在壕沟里。

西班牙的火绳枪手依托胸墙向密集的敌人猛射，法军的指挥官接二连三地被射倒，冲在前面的部队完全失去了控制，骑兵和步兵挤在一起，死伤遍地。贡萨洛机敏地捕捉到了敌人已完全陷入混乱的良机，果断下令出击。蓄势已久的西班牙骑兵如怒涛一般扑向敌人，法军本来就凌乱的阵形这下彻底崩溃了，恐惧攫住了每一个人，他们只想各自逃生，几乎完全放弃了抵抗。那位曾嘲讽过内穆尔公爵的军官跑得最快，正应验了统帅之前的预言。瑞士和加斯科涅的雇佣兵损失最为惨重，西班牙的骑兵一直毫不留情地紧追他们，直到夜幕降临方才罢休。

西班牙人这一仗取得了全胜，他们仅仅付出了100多人伤亡的代价，而法军则损失了4000多人。法军全部的火炮、辎重还有大多数的军旗都变成了西班牙人的战利品。内穆尔公爵的遗体被他的侍从从尸堆里辨认了出来，并按照一名真正骑士的礼仪下葬了，贡萨洛还为敌人的统帅洒下了同情的泪水。这位不幸的公爵受了三处伤，他可能是第一位在战场上殒命于火枪的将领，而切尔尼奥拉战役则是历史上第一场靠单兵火器决胜的战役，更成了中世纪军队和近代化军队的分野。贡萨洛对于战术编组的革新取得了成功，火枪在阵地防御中发挥了惊人的威力，师从瑞士的西班牙步兵将长矛兵与火枪兵相结合，从而在与老师的较量中胜出，曾经称雄一时的瑞士步兵开始落伍了。

切里尼奥拉战役之后，贡萨洛乘胜率领部队向北推进，法军闻风而逃。1503年5月14日，贡萨洛以胜利者的姿态进入那不勒斯。残余的法军退向了加埃塔（Gaeta），贡萨洛本打算迅速进兵围攻加埃塔，但他手下的西班牙步兵却罢工了，他们要求必须将长期拖欠的军饷一次性付清，否则不会开拔。贡萨洛怕激起士兵

哗变，只好先派出了骑兵和德意志雇佣兵，留下步兵清扫那不勒斯周围法军坚守的城堡。因为欠饷而引发的各种问题，笔者后面还会提到，在这里不做赘述。步兵罢工这个意外在某种程度上延缓了西班牙人夺取整个那不勒斯的脚步。在扫清法军据守的两个城堡之后，欠饷也被补齐，西班牙步兵终于向加埃塔进发了，但围攻进展得并不顺利，法军一直坚守待援。路易十二不甘心那不勒斯就此被西班牙人控制，他派出了大量的增援部队，法国人及其盟友的兵力达到23000人，再度大大超过了西班牙人，贡萨洛不得不再一次选择退守。

西班牙军队从加埃塔撤围，退到加利格里阿诺河右岸进行防守。在此过程中，贡萨洛通过一系列的袭扰作战，有效地牵制了法军。尽管法军控制了一座跨越河流的桥梁，但始终未能渡河进行有效的进攻。

两军的对峙一直持续到12月。因为寒冷的天气和糟糕的补给，法军出现了大量病员，他们看西班牙人也没有大规模进攻的迹象，就将大部分军队撤离了河边，到更为干燥的地方安营扎寨，准备过冬。贡萨洛的部队同样也出现了不少病员，因此他一直在犹豫到底是进还是退。正在这时，西班牙的增援部队抵达，贡萨洛手中的兵力达到了15000人，这让他定下了进攻的决心。

12月28日黎明，西班牙人利用小船和其他简便器材在法国人营地的上游搭建了一座浮桥，因为恶劣天气的掩护，沿河进行警戒的少数法军并没有察觉敌军的行动，等到他们发现情况不妙时，渡过河的西班牙军队已经多达数千人，法军的警戒部队只能抱头鼠窜。法军统帅得到敌人奇袭的消息大吃一惊，他手下病员太多，已无力派出增援部队阻止西班牙人的进攻。思来想去，他决定抛弃全体病员和部分辎

重，赶快撤退。法军及其同盟军一部退向加埃塔，还有一部退向了罗马。贡萨洛指挥部队转入追击，抓住退向加埃塔的法军不放。

上图：法国16世纪早期野战炮的模型

尽管法国人经过一系列的后卫战成功退到了加埃塔，但在西班牙人的围攻之下，困守的法军被迫于1504年1月投降。加埃塔被攻克之后，整个那不勒斯王国都落入了西班牙人的掌握之中。鉴于连遭失利，路易十二决定跟西班牙缔结和约，暂时承认那不勒斯的现状。

1504年，卡斯蒂利亚的女王伊莎贝拉因病去世，贡萨洛失去了最坚定的支持者。尽管贡萨洛为西班牙打下了半个意大利，但多疑的斐迪南对于这位威名赫赫的将领猜忌颇多，贡萨洛于1507年被调离了意大利，带着一堆国王授予的荣誉赋闲在家。所谓"功高震主"，真是中外皆同。

虽然法国与西班牙讲和，路易十二还将侄女嫁给了西班牙统治者斐迪南，但亚平宁半岛上的烽烟依然没有平息。1509年，教皇纠合法国、西班牙和神圣罗马帝国皇帝马克西米利安一世组成了康布雷同盟，一起对付在前两次意大利战争中扩张势头很猛的威尼斯共和国。法军再度进入意大利，很快就击败了威尼斯。虽然威尼斯的扩张被阻止，但请神容易送神难，教皇又担心侵入意大利的法国军队。他转而组织了第二次神圣反法同盟，昔日盟友转眼间就反目了。作为反法同盟的主力，西班牙第三次与法国角逐于亚平宁半岛。

1512年4月11日，西班牙和教皇国的联军与法军在拉文纳（Ravenna）城下展开会战，联军有16000人左右，而法军则有23000人。西班牙将领佩德罗·纳瓦罗打算复制在切里尼奥拉的胜利，西班牙步兵挖好了堑壕，在阵地前布设了大量障碍物，单等法国人来上钩。法军的统帅是新的内穆尔公爵加斯东·德·富瓦，这位年轻的统帅在之前的作战中已显示了非凡的指挥能力，他围攻拉文纳的意图就是围点打援。对西班牙人的如意算盘，加斯东也了然于胸。鉴于法军正在围城，拥有更多的重炮，他决定充分发挥法军在炮兵方面的优势。

战役以前所未有的激烈炮战开局，法军的火炮压制了对手，部署在两翼的联军骑兵无法忍受炮火的攻击，擅自发起了无组织的冲锋，结果被严阵以待的法国骑兵一举击溃，逐出了战场。法国步兵协同德意志雇佣军向西班牙步兵扼守的阵地发起了冲锋，几次进攻都被西班牙步兵击退，西班牙的剑盾兵让德意志雇佣兵吃了不小的苦头。但这一天决定战场胜负的并不是步兵。联军的骑兵溃退之后，步兵阵地的侧后失去了掩护，法军将2门火炮运到西班牙步兵背后开火，骑兵也投入夹击当中。西班牙步兵在正面与德意志雇佣兵搏战正酣，背后突然遭到猛攻，顿时阵脚大乱，尚能保持建制的步兵只能分头突围求生。是役联军损失9000人，法国方面损失4000多人，纳瓦罗负伤被俘。但法军统帅加斯东跟上一任内穆尔公爵一样不走运，他鲁莽地率领少数骑兵攻击一个组织完整的西班牙步兵方阵，被火枪射落于马下，然后被长矛手结果了性命。

将星的过早陨落让法国人的远征变得虎头蛇尾，第三次意大利战争以法军完全退出意大利而宣告结束。拉文纳之战虽然以联军失利而告终，但西班牙步兵的表现并不比对手逊色，火枪结合堑壕的战术依然是有效的。

拉文纳的失败一度令意大利诸国极为紧张，他们纷纷向国王斐迪南进言，恳求他重新启用贡萨洛。在意大利人看来，唯有"伟大的统帅"（The Great Captain）——这是他们对贡萨洛的称呼——才能战胜法国人。国王迫于无奈，只得命贡萨洛开始召集人马，待命出征。这位负有盛名的统帅一竖起招兵旗，四面八方的人们就纷纷前来投效，有些贫穷的骑士甚至不惜倾家荡产，只为在贡萨洛麾下求得一席之地。这一盛况更加深了国王对贡萨洛的猜忌。未及出征，意大利的战况已然缓和，斐迪南马上下令让贡萨洛解散队伍，一代名将就这样失去了再度驰骋疆场的机会。

1515 年，赋闲在家的贡萨洛在落寞中离开了人世。贡萨洛并非亚历山大、恺撒那样不世出的名将，但他的机警以及强调实用性的战略战术，对后来的西班牙军事思想产生了深刻影响。从某种程度上来说，他将自己的性格注入到了这些理论当中。而贡萨洛在切里尼奥拉的胜利，不但是西班牙步兵称雄欧洲的起点，也宣告了火力时代的到来。

1516 年，西班牙的摄政——阿拉贡国王斐迪南去世，他的外孙——奥地利的查理继承了西班牙的王位（在西班牙被称为卡洛斯一世），是为西班牙哈布斯堡王朝的开始。1519年，查理的祖父马克西米安一世去世，查理通过贿赂又被选为神圣罗马帝国的查理五世皇帝。他从外祖家继承了西班牙的广大领地，又从祖父父亲这一系继承了尼德兰、奥地利等

地，这就构成了一个以西班牙为主体的规模空前的帝国。这个帝国在欧洲面临着两个主要敌人——法国和奥斯曼土耳其。帝国与土耳其的交锋主要是在海上，而陆地上的对手则是宿敌法国，双方围绕意大利的争霸战一直持续不断，这一系列战争以两个敌对王室的名称来命名，被称为哈布斯堡—瓦卢瓦战争。

1521 年，第一次哈布斯堡—瓦卢瓦战争爆发。战局从一开始就对法国不利，他们重夺拉文纳的企图被挫败，而法国在意大利的主要立足点——米兰城也被西班牙—帝国同盟军攻占，法军统帅劳特累克率领余部退守盟友威尼斯的地盘。

1522 年，法国向意大利增派了大量援军，劳特累克手里的兵力达到了 2.5 万人，还有 1万威尼斯同盟军的配合。于是他开始转入进攻，要收复前一年丧失的地盘。与劳特累克对阵的帝国统帅科隆纳在兵力上处于劣势，这让科隆纳选择了坚守不出的策略。法国人不打算让战争无限期地拖延下去，他们围攻帕维亚（Pavia），试图切断帝国军的补给线，从而迫使敌人出战。

1522 年 4 月 27 日，科隆纳率领 18000 人离开米兰前来给帕维亚解围，在离帕维亚不远

上图: 贡萨洛在战场上的英姿

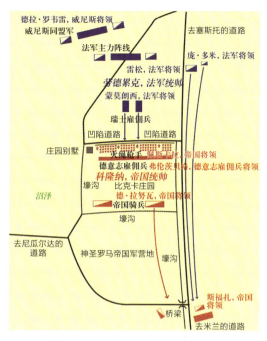

德拉·罗韦雷, 威尼斯将领
威尼斯同盟军
法军主力阵线
去塞斯托的道路
雷松, 法军将领
庞·多米, 法军将领
劳德累克, 法军统帅
蒙莫朗西, 法军将领
瑞士雇佣兵
凹陷道路   凹陷道路
庄园别墅
火绳枪手, 佩斯卡拉, 帝国将领
德意志雇佣兵 弗伦茨贝格, 德意志雇佣兵将领
科隆纳, 帝国统帅
壕沟   比克卡庄园
沼泽
德·拉努瓦, 帝国将领
帝国骑兵
壕沟
去尼瓜尔达的
道路
神圣罗马帝国军营地
壕沟
斯福扎, 帝国
将领
桥梁
去米兰的道路

上图: 比克卡战役中双方的部署和行动

的比克卡设下了营地。科隆纳选择的营地有利于防守, 河流可以掩护侧翼, 而在他的正面有一条凹凸不平的下沉道路, 西班牙军队依托道路设防, 构筑了堑壕和胸墙。作为加斯东的助手, 劳特累克希望复制法国在拉文纳战役中的成功, 先用炮火重创敌人, 而不是鲁莽地直接攻击敌人设防的阵地。但法军中的瑞士雇佣兵却鼓噪起来, 长期的欠饷让他们的不满情绪达到了顶点, 他们要求统帅尽快发起进攻, 否则就要卷铺盖回家。瑞士人的最后通牒让劳特累克没得选择, 只能冒险攻击。

急不可耐的瑞士人没等法国炮兵到位就发起了冲锋, 他们排成两个方阵, 以一往无前的气势冲过开阔地, 扑向了西班

人的阵线。瑞士人自恃骁勇, 认为可以轻而易举地从敌人那里拿到属于自己的战利品。但残酷的现实击碎了瑞士人的美梦, 西班牙人布置在阵线后的火炮首先"发言", 瑞士步兵还未接近敌人的工事, 就付出了上千人的伤亡。

待瑞士步兵冲到下沉的道路前, 才发现西班牙人的工事位于高处, 长矛根本就够不到, 而西班牙的火绳枪手居高临下, 正好可以在近距离内痛击这些狂妄的瑞士人。指挥火绳枪手的佩斯卡拉侯爵将部下分成 4 列横队, 他们根据指挥官发出的信号依次轮流开火, 每队射击完毕以后就蹲下装弹, 避免妨碍其他士兵的视线, 装填完毕的士兵则等待号令准备再次开火, 这种轮流开火的方式保

证了火力的持续性。在西班牙火枪手不间断的火力打击之下，瑞士步兵损失惨重，但有些勇猛的战士还是突入了胸墙。这时候火枪手就后退了，严阵以待的西班牙长矛兵和德意志雇佣兵上前接替他们的阵位，将瑞士人打了下去。

经过半个小时的血战，瑞士人被迫退回了本方的阵线。他们丢下了3000多具尸体，其中包括22名指挥官和大量老兵，而西班牙人的损失几乎可以忽略不计。在瑞士人攻击正面的同时，法国骑兵试图通过一座石桥迂回敌军的侧翼，但科隆纳早有准备，事先布置好的火枪手和骑兵挫败了对方的企图。失魂落魄的瑞士人不敢再战，他们火速开拔，逃回了家乡。失去了瑞士雇佣兵的支援，劳特累克无法继续攻势，只能再次退向盟友的控制区。

下图：乘马的火枪手

之前切里尼奥拉战役的失利，并没有让瑞士步兵真正意识到自己已经落伍的事实，他们将之归咎于法国人糟糕的指挥。在经历了噩梦般的比克卡战役之后，瑞士人凭借长矛方阵统治战场的神话被彻底终结。西班牙人采用的轮流开火的战术并不新鲜，弓弩等投射兵器也有类似的战术，但佩斯卡拉侯爵将这一古老战术移植到火器上，让火枪在战场上发挥出了更大的威力。

1523年，法王弗朗索瓦一世从本土再次发兵进攻意大利北部。法军一开始进展顺利，攻下了诺瓦拉，但随后被科隆纳率领的少数部队所牵制，丧失了急攻米兰的机会，转而长期围困。而更为不利的是，威尼斯与查理五世缔结了和约，这就让法国失去了意大利同盟军的支援。到年底时，迫于西班牙—帝国援军的压力，法军不得不放弃了对米兰的围困。

1524年春天，面对西班牙—帝国方面的大举增援，法国统帅纪尧姆·博德韦尼决定撤回本土。西班牙—帝国军队转入追击，4月30日他们在赛西亚河畔追上了法国军队。这次不同以往，西班牙人需要主动进攻，无法使用堑壕结合火枪的拿手好戏，于是佩斯卡拉侯爵另辟蹊径，西班牙的火枪手乘马机动，选择合适的复杂地形下马设伏，从侧翼狙击法军，一旦法军试图反击，他们就绝尘而去，在法军的前进路线上寻找下一个狙击地点。这种打了就跑的战术让法国人不胜其扰，博德韦尼在撤退中身负重伤，接替他指挥的是法国名将皮埃尔·特利尔，即"无畏骑士"贝亚尔。这位勇敢的骑士善于后卫作战，在第二次意大利战争中曾以两百骑力敌上万追兵，成功掩护主力撤退。但讲究实用的西班牙人缺乏骑士风度，"无畏骑士"的传奇生涯被一枚火枪弹丸终结了。法军最终摆脱了对方的追击，但付出了沉重的代价。在佩斯卡拉侯爵灵活的战术运用之下，火枪的巨大威力在进攻中也得到了体现。

1525 年进行的帕维亚战役也以法军的惨败而告终，他们伤亡超过 8000 人，其中包括很多高级将领，连弗朗索瓦一世也在混战中被打下马来，当了俘虏。而西班牙—帝国方面的伤亡只有 1000 多人。西班牙步兵在这场战役中再次成为主角，没有堑壕的配合，火枪手在进攻战中也能决定战场的胜负，而长矛兵则是火枪兵的得力助手，有效地掩护了他们，使他们免遭骑兵的突击。西班牙步兵是如此强悍，以至于命丧帕维亚的博德韦尼曾这样评价他的对手："我只想说，五千西班牙人看上去似乎是五千重骑兵、五千轻骑兵、五千步兵、五千工兵的混合体，另外还有五千魔鬼的支援。"

沦为阶下囚的弗朗索瓦一世签署了一份文件，声明放弃法国对意大利境内的领土要求。第一次哈布斯堡—瓦卢瓦战争结束了。返回法国的弗朗索瓦一世后来否认了自己签署过的文件，这使得双方在随后的几十年间又进行了四次战争，直到 1559 年法国最终承认西班牙在米兰、那不勒斯等地的统治。意大利被纳入西班牙的势力范围。

亚平宁半岛上这场持续了半个多世纪、经历了数代君主的争霸战争，不但重构了欧洲的政治版图，也给日后的军事变革指出了发展方向。法国强大的专业炮兵部队，让原本坚固的城堡变得非常脆弱，这就促使防御者必须从设计入手改进防御工事，从而催生出了棱堡等新式筑城体系。瑞士步兵的优异表现已经严重地动摇了骑兵原本在战场上的主导地位，而火绳枪在战争中的大规模应用则明确了步兵才是战场的主力，彻底地让战

上图：帕维亚战役场景

争告别了中世纪的模式。对战争的参与者来说，这场战争无疑是个大课堂，他们学到了很多东西。应该说西班牙是个出色的学生，在经历初期的挫折之后，交出了一份出色的答卷。一支雄视欧陆的精锐步兵在战火中应运而生，他们被誉为"步兵之花"——这就是西班牙步兵方阵（Tercio）。

称雄欧洲战场

西班牙步兵方阵究竟是何时成为一个正式军事单位并没有确切的说法。查理五世于 1536 年在一份文件里提到了方阵的组建，但实际上方阵在更早的时候就已经存在了。方阵会以指挥官的名字来命名，也有的采用部队的驻地名。比如那不勒斯步兵方阵于 1509 年组建，西西里步兵方阵于 1534 年建立，伦巴第步兵方阵则成立于 1536 年，这最早的 3 个步兵方阵又被称为"伟大的老方阵"，这是他们引以为傲的非官方头衔，用来区别自己和后来陆续组建的新方阵。"Tercio"这个词也有人翻译为"团"，从人数以及方阵的延续来看，这个翻译是很有道理的。现

代的西班牙军队中有几支部队拥有早期步兵方阵的血脉，步兵第 3 团是伦巴第方阵的延续，步兵第 9 团是那不勒斯方阵的后身，山地轻步兵第 67 团的前身则可以追溯到西西里方阵，这 3 支步兵部队被认为是世界上历史最为悠久的步兵团队。

海军陆战队的起源在某种程度上也跟步兵方阵有关。当时的海战还是火炮与接舷战并用的模式，战船上一般都会搭载为数不少的陆军士兵，所以也有专门为海战而成立的步兵方阵，算得上是海军陆战队的鼻祖。

1536 年，西班牙以步兵方阵为基本单位整编了军队。贡萨洛所创设的纵队变成了步兵方阵下的次级单位，3 个纵队构成 1 个步兵方阵，一般来说每个纵队下辖 4 个连，不过纵队的大小会根据不同的任务进行改变。整个步兵方阵有 12 个连队——10 个连的长矛兵和 2 个连的火绳枪兵。就连队的数量来说，方阵跟原先的纵队差不多，但连队的人数则较过去减少了，一个连队有 250 人左右，这样整个步兵方阵人数在 3000 左右。当然 3000 人只是理论上的编制人数，实际上步兵方阵的兵力一般在 1500 人左右。1560 年，为了增加火力密度，长矛兵被减为 8 个连队，而所有的连队则增加到 300 人。使用火器的实际人数其实早已超过官方规定的人数，大约有三分之一的长矛兵在实际战斗中是使用火绳枪作战的。1567 年，每个连队又增加了 15 名专门使用穆什克特火绳枪的重火枪兵。随着时间的推移，军队对火力的要求越来越高，步兵方阵的编制又发生了更多的改变，到 17 世纪中叶，每个步兵方阵有 15 个连队，每个连队编有 90 名火绳枪兵、40 名重火枪兵和 90 名长矛兵。

跟其他的军事单位一样，为了指挥和管理方阵，军队设置了相应的军官和士官，实施从

上图： *西班牙步兵方阵的士兵和鼓手*

上到下的管理。在方阵这一级主要有以下一些重要的职位：

方阵指挥官。指挥官由王室任命，或者由军司令官指定。方阵指挥官主要负责部队的日常管理，确保下级军官都能切实履行自己的职责，掌握手中的人马，战时则兼任第 1 连的指挥官。指挥官有 8 名贴身卫兵，他们的薪水由王室出资。另外指挥官还率领一个特殊的小队，小队成员是没有指挥职务的军官，这些专家或老战士是指挥官的幕僚，平时协助管理，战时出谋划策，或者随时准备接替空缺的指挥岗位。

军士长。军士长是方阵的副指挥官，这是一个执行官的角色，部队的宿营和行军都由他来负责。其最重要的工作是在战时为方阵组织战斗队形，所以必须精通算术，而且清楚手中到底有多少兵力。由于军士长的职责十分重要，所以享有在将军面前不下马的特权，军士长也是唯一可以骑马穿行方阵的人。军士长同时还兼任第 2 连的连长。

军需官。负责方阵的装备、补给及财务工作，拥有 3 名助理。

宪兵队长。负责方阵的纪律监察工作，有

6 名手下。

首席牧师。有 2 名普通的牧师协助，负责士兵的精神生活。方阵里的每个连队都有牧师。

书记官。负责文案工作。

首席医生。包括内科和外科医生各 1 名。

掌鼓官。直属于军士长，负责训练每个连队的鼓手。掌鼓官必须熟悉包括盟友和敌国军队在内的各国军队的鼓点。

在连队一级则有以下一些重要的职位：

上尉。上尉是连队指挥官，整个连队都要听从上尉的命令。上尉必须身先士卒，为士兵做出表率。能担任上尉的至少是服役十年以上的老兵。

中尉。中尉是连队的副指挥官，必须深谙军务，除了协助上尉指挥连队外，还负责执掌象征连队荣誉的标志。

掌旗官。军旗在战时是敌人攻击的首要目标，所以掌旗官必须是一名身体强壮的战士。掌旗官需要一手持旗，一手拔剑战斗，没有高超的技巧是不能胜任这个职位的。

军士。军士的职责跟军士长类似，战时要负责组织连队的战斗队形，根据战术需要把每个人安排到合适的位置上，这就要求其掌握一些算术知识。军士在平时要将士兵分成 8—10 人左右的伙食单位，并且督促他们训练。

下士。下士是军士的助手，每个连队下面又以 25 人为单位分班，每班由 1 名下士负责。下士组织士兵训练，关注班内的动态，尽力让成员保持良好的关系，并竭尽所能地照顾班内的伤病员。

此外，连队里还有 1 名牧师、1 名文书、1 名理发师和 3 名鼓手。

方阵的兵员主要来自征募，当王室因战争需要扩充兵员时，连队指挥官或者其他希望获得晋升的人就会向军事委员会提出申请，他们的上司会向委员会提交文件，列举候选人的优点。一旦获得晋升，新晋的军官会得到一系列官方文件，包括确认他的任命和将要进行招募的地点、招募的范围等一系列详细指示，连新兵输送路线都会做出详细的安排。

负责招募新兵的军官拿着这一系列文件上路，先与招募地的地方官员取得联系，然后将招兵的标准张贴在醒目的地方，军官穿着自己最好的衣服，通过敲鼓来吸引公众的注意力。大家都围拢过来之后，军官会口若悬河地宣扬自身的冒险经历以及军旅生涯的诸多好处。20 岁以下的青年并不要求服役，但很多渴望冒险的少年虚报年龄参军。还有不少未成年的孩子给士兵或军官当仆人，随军行动，经常被武装起来投入战斗。《佣兵传奇》中的主人公阿拉特里斯特就是从 13 岁时开始服役的。因为西班牙人经历过历时数百年的收复失地运动，所以"以剑获得财富"这个观念已深入人心。征服美洲所带回来的大量金银更刺激了西班牙民众的冒险精神，投身军旅成为一份颇具吸引力的职业。当然，单凭西班牙地区的征募并不能完全满足王室四处拓土开疆的需要，那些盛产雇佣兵的国度也是兵员的募集地，瓦隆人、意大利人、德意志人、爱尔兰人都在西班牙的战旗下服役，这些外国雇佣兵在总兵力里占到八成左右。

如果应募的人超过了需要的数量，那些自带武器的人会被优先接收，而没有武器的人则需要出钱购买武器，这笔钱会从他们的军饷里预支。不过应募的人还要经过医官的检查，确认他们的身体适合服役。通过体检之后，新兵会从军需官那里得到一笔旅费，旅费也是从他们将来的军饷里预支的；还能得到一份官方文件，正式确认他们的士兵身份。拿着预支的旅费溜之大吉是个不坏的主意，不过逃兵一旦被抓住，下场就是上绞架。

伊比利亚半岛被法国隔断了与欧陆的直接联系，而英吉利海峡非常狭窄，舰队容易遭到封锁和拦截，所以新兵一般经地中海抵达意大利，然后再从陆路转运到需要他们的地方。在这漫长的旅途中，军官和老兵会对新兵进行入伍教育和基本训练，没有完成训练的新兵是不能投入战斗的。这些士兵同吃同住同训练，很快就建立起了一种牢固的袍泽之谊。

新兵连抵达目的地之后，通常会被打散分编进入老连队当中，以补充缺额或替代不可靠的士兵。这种混编也会加速新兵的成长。新兵通常是没有盔甲的长矛兵，在积累足够的经验之后，便可以购买一身胸甲，成为重甲长矛兵，当然也可以选择成为火绳枪兵或重火枪兵，这种转职对战士来说意味着更多的薪水。普通长矛兵每个月能挣 3 个埃斯库多金币，而重甲长矛兵和火绳枪手能挣 4 个埃斯库多金币，重火枪兵的薪水更高。当一名战士展现出了足够优异的能力，他就有了获得晋升的希望。

方阵对于士兵的训练大体可以分成两部分。一部分是身体训练，跑步、游泳、球类运动或者其他体育活动，这种训练主要是为了增强士兵的体质，同时培养他们服从命令的意识。另一部分则是战术的训练，战术训练又分成两个阶段。第一阶段是单兵训练，士兵必须熟练掌握方阵中用到的各种武器。完成第一阶段训练之后，士兵还要进行编队训练，熟悉各种号令，进行各种战斗队形的变换，熟悉自己在战术编队中的位置和作用。在闲暇时间，军官会通过大量演习强化士兵

对战术编队的掌握，这样才能避免他们在实战中犯错误。

从之前列举的方阵编制上可以看出，步兵方阵中的主要武器是长矛和火绳枪。在第一次意大利战争中，西班牙步兵使用的长矛比瑞士步兵和德意志雇佣兵使用的长矛要短。后来，西班牙人也采用了更长的长矛，长度一般在5~5.5 米，重约 3.5 千克。另外还有一种 3 米左右的短矛，一般在海战中使用。

除了长矛，方阵还使用少量其他长柄武器。上尉、军士和下士分别使用三种不同的戟。上尉的戟有一个水滴型的刃部，看起来更接近长矛，军士长有时候也使用这种武器；军士使用的戟在锐利的尖刺下还有一个斧头的横刃，在火枪连队负责近战掩护的重甲兵也使用这种戟；下士则使用一种双勾戟。对军官和士官来说，戟主要是用来标志他们的身份的。戟还有一个重要的作用是维持秩序，军官和士官们会在战斗中横握着戟，用戟杆做标杆，让士兵保持行列整齐，将那些晕头转向的士兵推到正确的战位上。真正需要战斗的时候，军官和士官会使用跟其他士兵一样的武器。

▌上图： *步兵方阵准备对付骑兵的冲击*

方阵中使用的火绳枪有两种。较轻的火绳枪重 5 千克左右，枪身长约 1 米，口径一般是 12~14 毫米。重型的穆什克特火绳枪重 7~9 千克，枪身长达 1.5 米，口径在 20 毫米以上，能发射威力更大的弹丸，必须由强壮的士兵来操作，而且要放在叉架上射击。因为穆什克特火绳枪十分笨重，所以更为轻便的旧式火绳枪一直着用武之地。火枪手一般随身携带几十个事先分装好的小火药瓶，这样方便重新装填。如果分装好的火药瓶用完了，就必须使用带称重的工具从后备的火药包里重新分装火药。火绳枪所发射的弹丸也需要火枪手自制，火枪手随身携带着铁模具，可以熔铅筑弹。步兵方阵中的火绳枪一直用到 18 世纪初期才被燧发枪完全取代。

虽然剑盾兵在方阵中消失了，但剑还是作为第二武器被保留了下来。上至将军下至士兵，无论什么兵种，基本都携带一把步兵剑，剑是白刃战中最为得心应手的兵器。

步兵方阵中装备重甲的人并不多，那些站在前几排的长矛手一般会装备全套盔甲，军官大多数也有完善的防护，普通的长矛手则只佩戴一顶金属头盔，火枪手因为武器装备的负担比较大，大多连头盔都没有，只戴一顶宽边帽。直到 17 世纪后半叶，统一军服的概念都还没有出现，除了盔甲之外，士兵一般穿着宽松的白衬衫，外面套一件紧身的短夹克，下穿颜色鲜艳的套裤和袜子。为了识别敌我，官兵们通常会斜披一条与国旗主色一致的红色绶带，或者在盔帽上装饰红色或黄色的羽毛；也有的在胳膊上缠上或缝上红色的识别带，或者将红色的圣安德鲁十字缝制在外衣上。随着时间的推移，政府越来越倾向于为同一个军事单位统一采购服装，这些服装的颜色和材料基本一致，专门

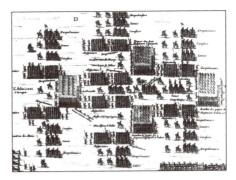

上图: 展开战斗队形的步兵方阵

的军服就在这种情况下出现了。

步兵方阵根据敌情、地形和任务的需要，会排出不同阵形。排兵布阵的时候，军士长和军士会根据手中掌握的实际兵力做开平方的运算，算出组成阵形所需要的行数和列数，不过这些数据一般能从现成的手册和图表中查到，数学家在平时已经完成了大量数据的计算。方阵经常采用的阵形基本上都是以长矛兵居中结阵为核心，火枪兵分成若干个小队，主力布置在长矛阵的四角结成小方阵，还有少数火枪兵布置在长矛阵的侧翼，这样便于向各个方向发挥火力。通常一个长矛兵与左右同伴的距离是 0.3 米，与前后排之间的距离差不多是 1 米。而火枪兵与左右同伴之间的间距是 0.6 米左右，主要是为了防止火药操作时发生的意外波及周围的同伴。敌军逼近时，分散布置的火枪兵会退入长矛阵中，并在长矛兵的掩护下继续向敌人射击。最为血腥的战斗通常会在双方长矛兵对撞时爆发，位居前列的重甲长矛兵必须毫不动摇地直面白刃，将手中的长矛平推出去。前列的战士一旦倒下，后排的战士会自动上前填补空缺。这种惨烈的白刃战考验着双方的意志，直到有一方撑不住为止。

对火器的开创性应用使西班牙步兵方阵傲视欧陆群雄，但比武器和战术更重要的是人的因素。自征服格拉纳达到意大利战争，长期的战火锤炼出了一批久经沙场的职业军人，他们构成了步兵方阵的核心。除了娴熟的技艺，精神因素也在战争中起到了关键的作用。一系列的胜利让西班牙老兵自视天下无敌，而他们的国王和统帅也刻意地强化这种信心。查理五世见拉努瓦的时候，将自己打扮成了长矛兵的模样。当被问到该如何在花名册上留名时，国王这样回答："卡洛斯·德·根特，安东尼奥·德·拉努瓦步兵方阵中的一名勇士。"查理五世这番做派，不仅给拉努瓦带来了莫大的荣耀，也提升了士兵的地位，更激发了他们的荣誉感和自豪感。西班牙将帅在战前动员时常用的手段，也是以激发士兵的荣誉感为主的。

荣誉、忠诚和信念，构成了步兵方阵特有的军团精神，在这种精神的鼓舞下，西班牙的战士敢于承担最艰巨的任务。在老兵的熏陶之下，一代又一代的后继者传承着军团精神，使步兵方阵始终保持着强大的战斗力。

1576 年发生的阿尔斯特哗变，或许最能体现步兵方阵的军团精神。当时驻扎在阿尔斯特镇的 1500 名西班牙士兵正因为欠饷在闹哗变，但此时传来消息，50 公里之外的安特卫普遭遇了优势荷兰军的围攻。这些哗变的士兵没有犹豫，立刻出发了，路上他们会合了另外 1400 人，这样总兵力就有了 3000 人。有人提议先停下来吃完饭再出发，但哗变士兵推举出的代表回答，他们已经做了决定，要么上了天堂再吃饭，要么突进安特卫普吃大餐。尽管围攻安特卫普的敌军兵力是西班牙军的 6 倍，众

下图: 交战中的步兵方阵

寡悬殊，但西班牙人还是义无反顾地投入了战斗。他们突入围城军队的堑壕当中，杀得对方大败而走。根据记载，西班牙方面有 14 人阵亡，而荷兰人则丢下了 5000 多具尸体。倘若没有这群拿不到卖命钱却依然尽忠职守的老兵，这一奇迹般的胜利也就无从谈起了。

在以天主教徒为主的西班牙，宗教也是士兵重要的精神支柱。西班牙与奥斯曼土耳其之间的战争，以及后来与基督教新教国家之间的战争，都带有一定程度的宗教战争色彩。以上帝的名义讨伐异教徒或异端，这种大义名分会鼓舞那些对宗教十分虔诚的战士。

除了精神因素之外，严格的纪律也是战斗力的保障。士兵必须服从他们的军官，不得擅离职守，禁止掠夺平民，并且要尊重妇女。为了减少强奸等针对女性的暴行，妓女被允许跟随部队的辎重车辆行动，官方规定妓女的人数应该限制在部队实际人数的 5%。军队对违纪的惩罚是非常严厉的，对个人来说，最坏的结局是被处决，而集体违纪的下场则是整个步兵方阵被解散。1568 年，撒丁步兵方阵的士兵违背了上级的严令，他们为报复荷兰民众之前的袭击，放火焚烧平民的房屋。士兵的自行其是导致部队一盘散沙，戒备松懈的西班牙军为敌所乘，遭到惨败。西班牙统帅阿尔巴公爵对此大为光火，不但处死了带头违纪的人，还下令解散撒丁步兵方阵。在全体士兵面前，撒丁方阵的军官扯下了身上特有的符号和标志，连同整个部队的所有旗帜一同焚毁，许多人泪洒当场。对于视荣誉为信仰的战士来说，这是比死刑更为屈辱的惩罚。

尽管纪律严格，但方阵士兵哗变的事情还是不可避免地时有发生，这些哗变主要是欠饷引起的。欠饷这一现象本文在前面已经

数次提及，导致作战行动停滞乃至失败的案例都出现过。像西班牙这样常年有大量兵力在各地征战的国家，政府的财政压力很大，而且从西班牙到意大利再转欧洲大陆的运输路线也十分漫长，这就导致军饷在很多时候不能按时到位，拖欠数月甚至一年都有可能。士兵的装备和平时的衣食住行都要依靠饷金，士兵的仆役、跟随军队辎重一起行动的家属也都指望士兵的薪水过活。在长期欠薪的情况下，士兵们会拒绝执行军官的命令，并且推举出代表同高级长官进行交涉。这种代表的工作十分危险，如果交涉失败，他们很可能被失望的同伴干掉。尽管军官的薪水也同样被拖欠，但他们必须置身事外，作为王权在军队中的象征，他们不能让自己的名誉蒙羞。

官方对欠饷的事情心知肚明，所以哗变在某种程度上是得到默许的，只要士兵遵循某些原则，不要做得太出格了。另外，西班牙的战士也比较讲究职业精神，一般不会临阵哗变。不过为了渡过眼前的难关，哗变的士兵会在驻扎的城镇进行强征，搜罗所有的钱财、食物和货物。这种强征并非毫无秩序的抢劫，由临时推举出来的委员代行管理职责，除了征集所需要的物资，其他针对平民的暴行是被禁止的。具有讽刺意味的是，此时的执法反而比平时更严格，因为临时委员为了避免日后可能的报复，会对违纪者下死手。虽然有这种自发的委员会维持秩序，但哗变毕竟是不正常的状态，这些饥寒交迫的大兵很可能完全失去控制。1527 年的罗马之劫和 1567 年的安特卫普之劫中，哗变的军队洗劫了整个城市，给平民带来了巨大的灾难。

长期欠饷还会带来另外一个问题，那就是开小差。当然，士兵开小差的理由不仅仅

是欠饷，还有可能是不适应严格的纪律约束，被惨烈的战斗吓到，或者是受到了军官的虐待，或者只是单纯的想家了——总之有很多原因会促使他们成为逃兵。军队对逃兵的处置是异常残酷的，他们往往会被处死，以儆效尤。死亡的威胁也不能阻止士兵开小差的脚步，在训练有素的单位，减员中逃兵的比率会达到50%，而在纪律废弛的单位，逃兵率则高达75%。以那不勒斯步兵方阵为例，从1571年到1574年这4年时间里，方阵一共减员1290人，其中阵亡者只占38%，其余62%的失踪者绝大多数都开了小差。这些逃兵主要有两个去向，一些返回家乡，另外一些则改换门庭，投奔了其他信奉天主教的军队——到处都需要有经验的老兵。

需要说明的是，哗变和开小差，在同时代的各国军队里属于普遍现象，相对而言，西班牙步兵方阵中开小差的人数还算是少的。

自格拉纳达征服完成之后，西班牙就不可避免地走上了扩张的道路。从安第斯山脉到阿尔卑斯山脉，从波河平原到墨西哥平原，从突尼斯到安特卫普，从阿尔及利亚到菲律宾，西班牙的子弟不分贵贱，不分职业，都聚集在西班牙的军旗下征战四方。步兵方阵从诞生之日开始，就为帝国承担起了拓土开疆的重任。西班牙人在北非、马耳他及地中海沿岸与奥斯曼土耳其搏杀，西班牙历史上最伟大的作家塞万提斯就曾在雷班托的战舰上奋战。几乎与此同时，西班牙人还在欧陆上与法国争夺霸权，后来又为了控制低地国家而鏖兵尼德兰。这是西班牙历史上的黄金时代，西班牙不但拓展了在欧洲的领地，而且还在新大陆及远东征服了广大的地区，建立起了一个"日不落帝国"，而步兵方阵的盛名也伴随着征服的功绩达到了顶峰。

盛极而衰是世间常理，从美洲输入的金银带来了一时的繁荣，也制造了诸多问题。这些金银主要供上层贵族消费，他们竞相从国外购买昂贵的奢侈品，而本国的工商业不但没有获得注资，反而遭到进口商品的挤压。

更雪上加霜的是宗教迫害所引发的问题。当初对摩尔人的承诺并没有兑现，他们被迫改信天主教，但宗教裁判所并没有因此而放过他们。在日复一日的压迫之下，摩尔人发动了叛乱，叛乱被镇压之后，几十万摩尔人和犹太教徒被驱逐出了伊比利亚半岛。这些被驱逐的人口大多是工商业或农业的中坚力量，这对西班牙的经济不啻是沉重一击。

西班牙在多条战线上同时开战，需要巨额的军费开支，即使是美洲输入的金银也经不起这样的消耗。王室为了筹措战费，只能在国内征收重税，这导致民众纷纷破产，很多人远走美洲等殖民地去碰运气，国内百业凋敝，人口急剧减少。

在诸多战场中，最令西班牙王室感到头疼的无疑是尼德兰，在尼德兰所付出的费用一度高达军费总额的四分之一。查理五世出生在低地国家，从自己的父亲那里继承了这块领地，退位时又将这块领地连同西班牙一起传给了儿子菲利普二世，这样尼德兰就成了西班牙的一部分。尼德兰的商业和渔业都很发达，尤其是与英国的羊毛贸易带来了滚滚财源，被视为西班牙不可或缺的钱袋子。但西班牙不但收取重税，还对尼德兰的进出口贸易做出诸多限制，这令当地的贵族和上层人士都非常不满。16世纪时，马丁·路德发起的宗教改革席卷了欧洲，结束了罗马教廷对西欧的神权统治，在基督教里建立了新的教派。尼德兰深受宗教改革的影响，很多人都皈依了新教。而在狂热的天主教徒菲利普二世眼里，任何异端都是不能被容忍的。他在尼德兰建立宗教裁判所，以驻军的武力为后盾，大肆迫害新教徒。经济上的盘剥和宗教上的压迫，最终令尼德兰的民众忍无可忍，在和平请愿失败之后，尼德兰北方的民众首先奋起革命，八十年战争于1568年拉开了序幕。

尼德兰起义军并没有步兵方阵那样的百战精兵，但他们有自己的拿手好戏。以水手和渔夫组成的"海上乞丐"来去如风，在海上神出鬼没地袭击西班牙人的船队，而号称"森林乞丐"的游击队则在陆地上进行袭扰，让西班牙军队疲于应付。尼德兰地形复杂、水网纵横，到处是河流、湖泊和沼泽，军队很难实施机动。尼德兰起义军依托复杂的地形，构筑了大量堡垒和工事。这些堡垒在很大程度上根据意大利战争中取得的经验进行了改进。除了棱堡和半月堡之外，他们还发展出了新月堡和角堡，进一步加强了防御能力或侧面火力。依托这些防御设施，即使是缺乏训练的民兵也可以进行顽强的防御战斗，让进攻方寸步难行。

尼德兰的防御工事扼守着交通要道和主要城镇，西班牙人无法绕开，步兵方阵只能投入到一个又一个围攻战当中去。为此，西班牙人将口径不一的火炮标准化，并且使用可以曲射的臼炮来轰击城墙后的建筑。随着攻击技术的日趋成熟，西班牙降服了一座又一座城镇。但围攻始终是个消耗巨大的过程，无论对人力、物力还是时间而言都是如此。进攻军队为了断绝援军，必须环绕围攻目标修筑大量的连续工事。为了掩护攻城的兵力和兵器，还需要在攻击方向上修筑堡垒、挖掘壕沟和地道，如此大量的土工作业不是短时间内能完成的。而且防御方不会坐以待毙，他们会想尽办法干扰和破坏工事的修筑。

双方在要点上的反复争夺，让围攻进行得异常艰苦。

电影《佣兵时代》里所反映的布雷达围攻战前后持续了1年时间。而西班牙军队对港口城市奥斯坦德的围攻是这场战争中耗时最长的攻城战，从1602年开始一直持续到1604年9月，号称牢不可破的奥斯坦德才最终陷落。在3年的围攻战里双方一共损失了4万人。尽管尼德兰人胜少负多，但四面出击的西班牙实在无法长期陷在这个泥潭里消耗。尼德兰北方七省联盟与西班牙于1609年签订了12年的休战协议，由七省联盟组成的联合省已经获得了事实上的独立地位，联合省成为后来荷兰共和国的基础。此后，战争又断断续续进行了44年，西班牙才正式认可了荷兰的独立。

在这场长期战争中，军事变革正在悄悄地发生，这些步兵组织、训练和战术方面的变革，是由拿骚的莫里斯来主导的。莫里斯是尼德兰革命的主要领导者威廉·奥兰治的儿子，在23岁时成了荷兰军队的总司令。

莫里斯改革的灵感主要来源于古代经典的军事著作。他从这些著作当中汲取灵感，创建了一支规模不大但非常精干的常备军。荷兰人口稀少，所以常备军的主体由外国人构成。为了便于将各国的部队都纳入荷兰体系，莫里斯编写了一本《荷兰条令》，将所有指挥用语和长矛、火绳枪等武器装备的指南全部规范化，制订了统一的标准。

莫里斯还模仿罗马军团的编制组建了规模更小的营，这种营有250名长矛兵和300名火枪兵，营的行列数更少，运用起来更为灵活。营在作战时部署成3个作战阵线，每条阵线都是长矛兵居中，火枪兵位于两翼。这些阵线交错排列，可以相互支援。火枪兵应用反向前进射击法,每一行的士兵齐射完毕以后就退到后一行中装填弹药,如此循环反复,保持不间断的火力。面临骑兵威胁时,火枪兵就退到长矛兵的背后,而这一举动也不会打乱队形。在莫里斯创造的战术体系中,长矛兵和火枪兵真正融合成了一个紧密联结的整体。

通过经常性的训练和高度的纪律约束,莫里斯手中这支精干的常备军具备了与西班牙步兵方阵正面较量的能力。但城镇或要塞的围攻与反围攻是八十年战争中最主要的战斗模式。

在莫里斯的戎马生涯中,他与西班牙只进行过2次野战,全部都取得了胜利,剩下的都是围攻战。

莫里斯的改革并没有引起太大的反响,但其精华却被另外一个新教国家的统帅所吸收,从而发扬光大。那就是瑞典国王古斯塔夫·阿道夫。他年轻时曾受一位荷兰老师的指导,这位老师向他介绍了古代人和当代荷兰人的军事著作。后来古斯塔夫又受到一位荷兰指挥官的教导,并且跟莫里斯的表兄拿骚的约翰有过接触,而约翰也是莫里斯改革的参与者之一。莫

▌下图: 在罗克鲁瓦战役中苦战的西班牙步兵方阵

里斯的荷兰体系，成了古斯塔夫创立瑞典体系的基础。

古斯塔夫的改革增强了火力和机动性，使长矛和火枪战术的结合达到了顶峰。采用新体系的瑞典军队在三十年战争（1618—1648年）中大显身手，将采用西班牙体系的神圣罗马帝国军队打得一败涂地。西班牙步兵方阵统治战场的日子走到了尽头。

在1645年的罗克鲁瓦战役中，孔代亲王统率的法军用骑兵和凶猛的炮击压住了西班牙人。就像《佣兵时代》中表现的那样，西班牙步兵方阵顽强地击退了法国步骑兵的几次攻击，但外籍雇佣兵首先在压力之下退出了战场，西班牙的战士孤掌难鸣，最终难免溃败的结局。西班牙步兵方阵依然出色，但再也不是一枝独秀的"步兵之花"，他们的辉煌如同西班牙日益衰败的国势一样，一去不复返了。

参考书目

徐德源主编. 1993. 世界军事后勤史资料选编：中世纪部分（公元476—1640年）. 北京：金盾出版社
富勒著，钮先忠译. 2004. 西洋世界军事史. 桂林：广西师大出版社
黄洋，赵立行，金寿福. 2005. 世界古代中世纪史. 上海：复旦大学出版社
克里斯托尔·约根森，迈克尔·帕夫科维奇. 周银桂等译. 2008. 图解世界战争战法：装备、作战技能和战术·近代早期（1500—1763年）. 银川：宁夏人民出版社
罗伯特·L. 奥康奈尔，约翰·巴彻勒. 卿劼，金马译. 2009. 兵器史. 海口：海南出版社
Prescott, William Hickling. 1854. History of the Reign of Ferdinand and Isabella, the Catholic, of Spain. Volume II. London: Bradbury and Evans
F. L. Taylor. 1921. The art of war in Italy: 1494–1529. London: Cambridge University Press
Angus Konstam, Graham Turner. 1996. Pavia 1525: the climax of the Italian wars. Oxford: Osprey Publishing
David Nicolle. 1998.The fall of Granada: 1481–1492. Oxford: Osprey Publishing
Keith Roberts, Stephen Walsh. 2002. Matchlock musketeer: 1588–1688. Oxford: Osprey Publishing
Richard Bonney. 2002. The Thirty Years' War 1618–1648. Oxford: Osprey Publishing
JAMES D. TRACY. 2008. The Founding of the Dutch Republic: War, Finance, and Politics in Holland, 1572‐1588. Oxford: Oxford University Press
Ignacio Lopez. 2012. The Spanish Tercios: 1536–1704. Oxford: Osprey Publishing

中国甲胄史图鉴

一场有关甲胄的视觉指南，多方位展现中国甲胄发展史

战争事典

◎高清的陶俑、壁画、出土甲胄图片
◎刘永华教授、复原甲胄画师刘诗巍的精美手绘图
◎函人堂甲胄复原工作室、中式甲胄艺术家李辉提供的精美复原甲图片

战争事典

中国甲胄史图鉴
一部见证朝代兴亡的武备史记
周渝 著